风险隔离的道与术

——破解资产证券化中破产隔离法律原理与实务

路竞祎　刘小丽◎编著

法律出版社
LAW PRESS·CHINA
北京

图书在版编目（CIP）数据

风险隔离的道与术：破解资产证券化中破产隔离法律原理与实务 / 路竞祎，刘小丽编著. -- 北京：法律出版社，2024. -- ISBN 978-7-5197-9561-0

Ⅰ. D922.287.4

中国国家版本馆 CIP 数据核字第 2024TA6725 号

风险隔离的道与术

——破解资产证券化中破产隔离法律原理与实务

FENGXIAN GELI DE DAO YU SHU

— POJIE ZICHAN ZHENGQUANHUA ZHONG POCHAN GELI FALÜ YUANLI YU SHIWU

路竞祎　刘小丽 编著

责任编辑 翁潇潇

装帧设计 贾丹丹

出版发行 法律出版社

编辑统筹 法规出版分社

责任校对 王　丰　郭艳萍

责任印制 耿润瑜

经　　销 新华书店

开本 710 毫米×1000 毫米　1/16

印张 19　　**字数** 292 千

版本 2024 年 12 月第 1 版

印次 2024 年 12 月第 1 次印刷

印刷 保定市中画美凯印刷有限公司

地址：北京市丰台区莲花池西里 7 号（100073）

网址：www.lawpress.com.cn

投稿邮箱：info@lawpress.com.cn

举报盗版邮箱：jbwq@lawpress.com.cn

销售电话：010-83938349

客服电话：010-83938350

咨询电话：010-63939796

书号：ISBN 978-7-5197-9561-0

定价：78.00 元

凡购买本社图书，如有印装错误，我社负责退换。电话：010-83938349

前　言

资产证券化是将预期可以产生稳定现金流的金融资产或资产池隔离出来，并发行以该金融资产或资产池为支持的证券的结构化融资活动。资产证券化与传统债券的显著区别在于，资产证券化主要以被隔离出来的基础资产所产生的现金流为所发行的资产支持证券的偿付来源，而债券是以发行人的一般或整体现金流为偿付来源。因为这一特点，在资产证券化业务中，投资者和评级机构对基础资产质量和现金流产生能力的关注有可能高过对原始权益人主体信用状况的关注，原始权益人可以获得高于其主体评级的证券评级，从而以较低成本从资本市场获得融资。

正因为基础资产在资产证券化交易中的重要性，破产隔离是几乎所有证券化交易中首先要面临的法律问题，也是最核心的法律问题。只有实现了基础资产与原始权益人的破产隔离，资产支持证券的评级才有可能高于原始权益人的主体评级，否则就不能体现资产证券化相较于传统债券融资的优势。

随着信用债违约风险的集中爆发，资产证券化业务的优势会越来越明显，这当然是指那些可以实现基础资产与原始权益人破产隔离的产品。而对于那些不能实现基础资产与原始权益人破产隔离的产品，比较此类资产证券化产品与信用债的法律属性的差别也具有重要意义。

在刚开始接触资产证券化业务时，最简单的想法莫过于：有一部法律明确规定了基础资产的破产隔离，那么，基础资产就可以实现与原始权益人的破产隔离了。但是，在实务操作中，破产隔离的问题变得越来越复杂，越来越让人琢磨不清，问题被一点一点剥开，慢慢发现破产隔离并不是根据某一法律规定作出的简单法律判断。回答破产隔离问题，往往需要经过系统性的法律分析。

经过团队二十几年的积累，我们慢慢摸索出一个回答破产隔离问题的思路，本书尝试把这个思路梳理出来。总结起来，基础资产的法律定性再加上交易结构的法律分析，基本就可以推演出基础资产的破产隔离效果。但具体情境的分析又并不是那么简单。有些章节，我们直接以一个问题作为题目，是因为这个题目对解决破产隔离中的实务问题非常关键，也便于读者在阅读过程中很快查找到对相关问题的分析。

本书未将合规问题作为探讨的重点，因为无论是证券化参与机构要遵循的合规性要求，还是基础资产的合规性要求，都是非常宽泛而具体的问题。本书尽可能设想的场景是：如果一个资产证券化交易发生纠纷后被诉诸法院、仲裁机构，这些机构将如何认定这些交易的法律效力？当然，依据惯例，我们不得不作出声明：本书的任何观点并不构成笔者所在律师事务所、所在团队的正式法律意见。

我们尽可能提供具体的司法案例供读者参考。但对于一些业内比较敏感的案例，仅对其中的一些裁判思路进行探讨。读者如有兴趣，可以进一步进行案例检索研究。

同时，我们也对实务中遇到的一些难点问题进行理论层面的分析。这是因为法律规定总是滞后于法律实践。对于一些困难的问题，我们不得不从理论上加以分析，并尽可能给出一种实务上的方案。

感谢为本书的撰写作出贡献的所有团队成员，主要撰稿人包括（按照姓氏拼音排序）曹瑞琨、方芳、贾雪、江沁娟、刘建剑、刘小丽、刘煜、路竞祎、张志杰、赵红蕾、周琳丽，还有已经离开团队的郭玉璇、李乐辰、张丽娜、张鑫、赵祎、周晨等人也参与了本书部分内容的写作。特别感谢团队带领人刘柏荣律师在我们职业道路上给予的悉心指导，为我们在资产证券化和信托的法律实践打下了坚实的基础。本书的所有内容是团队近二十年来集体智慧的结晶。另外，还要感谢毕马威华振会计师事务所胡东方先生对“破产隔离与‘出表’”这一部分提供的宝贵意见。路竞祎、刘小丽对全书内容进行了审定。

最后需要说明的是，尽管撰写本书的各位作者都已经尽了最大努力，但由于编写者的认识水平有限以及法律法规的不断变化，本书不可避免地存在挂一漏万甚至不当之处。欢迎各位读者批评指正。

路竞祎　刘小丽

二〇二四年九月二十四日

目　录 Contents

第一章　破产隔离的概念辨析

本章关注的重点问题

- 破产隔离是指什么?
- 基础资产与证券化主要参与主体的破产隔离如何界定?
- 破产风险在中国法律实务中的主要表现形式是什么?
- 有了“破产隔离的规定”就能实现破产隔离吗?
- 破产隔离与特定化、出表、真实出售的关系是什么?

“破产隔离”这一概念本身充满争议。从广义上理解破产隔离的概念，凡是可以将证券化的基础资产（不管基础资产的形态如何）独立出来，使其不受到证券化参与机构的破产风险或信用风险的干扰，均属于破产隔离机制所讨论的范围。也就是说，不管证券化的基础资产由谁持有、管理，证券化的基础资产都不会受到持有者、管理者破产风险或信用风险的干扰而成为被追索的资产，除非是以证券化的基础资产为标的资产而发生的交易。因此，破产隔离讨论的范畴必然涉及证券化交易的各个环节、各个主体。

从狭义角度而言，破产隔离往往是指在原始权益人①破产时，基础资产不会被重新纳入原始权益人的破产财产，这是资产证券化交易主要应当避免的风险。而附带地，对破产隔离问题的探讨也往往会扩及在破产情形之外基础资产受到原始权益人的债权人追索的可能性。

本书从更为广泛的角度来探讨破产隔离的问题。同时，需要指出的是，中国的资产证券化市场环境下习惯使用“破产隔离”这个词语，而在国际市场上对应的概念是“破产远离”（bankruptcy remoteness），这并非意味着中国市场对交易风险的避免采取更严格的标准，而只是翻译造成的错觉。资产证券化项目的参与机构只能基于对中国法律和司法实践的理解尽可能去构建远离破产风险影响的资产证券化交易，但无法提供一个交易架构确保100%的风险隔离。

破产隔离的效果主要由基础资产法律特性和交易结构设计这两个方面决定，以下将首先介绍中国市场环境下资产证券化主要采取的不同交易结构类型。

一、国内资产证券化的主要交易结构

（一）信贷资产证券化的交易结构

交易结构简要说明（见图1-1）：

（1）发起机构与受托人签署《信托合同》，将信贷资产委托和转移给受

① 本书使用“原始权益人”这一概念，来表示持有证券化基础资产并与特殊目的载体（Special Purpose Vehicle，SPV）管理人发生基础资产转移交易的主体，包含了信贷资产证券化和资产支持票据的法律规定中“发起机构”的概念，也包含了企业资产证券化中“原始权益人”的概念。在特定的证券化交易背景中，仍然分别使用各自的称谓。

托人，设立特定目的信托。

（2）受托人作为发行人发行资产支持证券，发行人、发起机构与主承销商签署主承销协议，主承销商与承销团成员签署《承销团协议》，组建承销团对资产支持证券进行销售。

（3）投资者交付认购资金成为资产支持证券持有人，受托人将所得募集资金扣除相关费用后的净额作为信托对价支付给发起机构，并以信托财产所产生的现金流为限向资产支持证券持有人支付资产支持证券的本金和收益。

（4）贷款服务机构与受托人签署服务合同，就信贷资产的日常回收、管理、处置提供服务。

（5）资金保管机构与受托人签署资金保管合同，对信托财产产生的现金资产提供保管和划付服务。

（6）中央国债登记结算有限责任公司（以下简称中央结算公司）作为登记结算机构和支付代理机构，负责对资产支持证券进行登记托管，并代为向资产支持证券持有人支付本金、利息和/或收益。

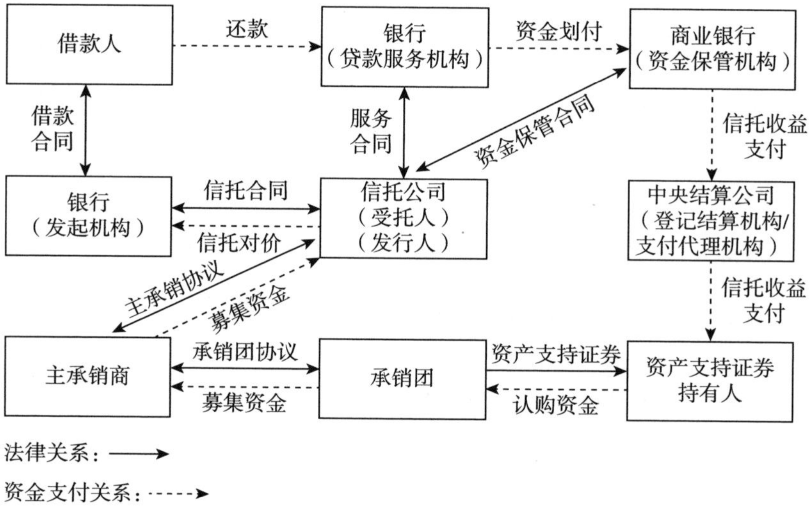

图 1-1　信贷资产证券化交易结构

（二）企业资产证券化的交易结构——单 SPV 结构

交易结构简要说明（见图 1-2）：

（1）原始权益人与计划管理人签署基础资产买卖协议，将基础资产转让给计划管理人，设立资产支持专项计划。

（2）计划管理人发售资产支持证券，计划管理人与销售机构（如有）签署代理推广协议，对资产支持证券进行销售。

（3）专项计划将在足额募集资金后设立，交付认购资金的投资者成为资产支持证券持有人。计划管理人将所得募集资金扣除相关费用后的净额作为基础资产转让价款支付给原始权益人，并以基础财产所产生的现金流为限向资产支持证券持有人支付资产支持证券的本金和收益。

（4）资产服务机构与计划管理人签署服务协议，提供与基础资产及其回收有关的管理和服务。

（5）托管机构与计划管理人签署托管协议，对专项计划资金提供托管和划付服务。

（6）中国证券登记结算有限责任公司（以下简称中国结算）作为登记结算机构，负责对证券进行登记托管，并向资产支持证券持有人转付由托管机构划入的到期应付本金和收益。

（7）监管银行与计划管理人签署《监管协议》，对监管账户进行监管。

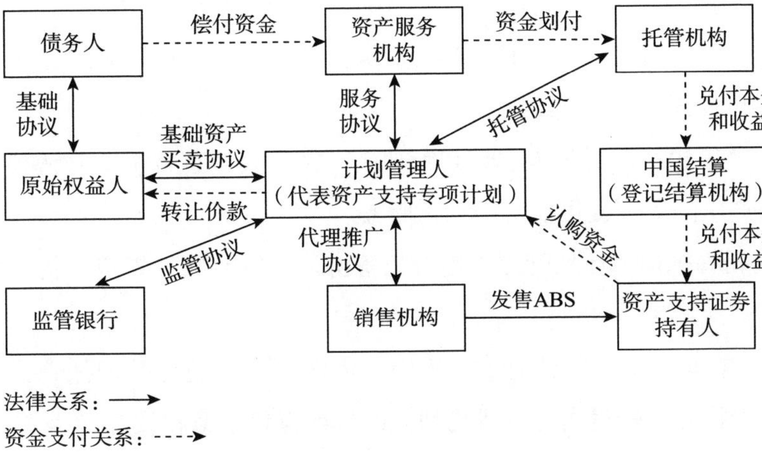

图 1-2　企业资产证券化——单 SPV 结构交易结构

（三）企业资产证券化的交易结构——双 SPV 结构

交易结构简要说明（见图 1-3）：

（1）原始权益人与信托公司（作为受托人）签署信托合同，设立单一资金信托，原始权益人获得信托受益权。

（2）受托人与借款人签署信托贷款合同，向借款人发放信托贷款，借款人以底层资产（如商业物业）所产生的资金作为还款来源。

（3）借款人以商业物业向受托人提供抵押担保，并以商业物业的租金应收账款向受托人提供质押担保。

（4）原始权益人与计划管理人签署信托受益权转让协议，将信托受益权（基础资产）转让给计划管理人，设立资产支持专项计划。

（5）计划管理人发售资产支持证券，计划管理人与销售机构（如有）签署代理推广协议，对资产支持证券进行销售。

（6）投资人交付认购资金成为资产支持证券持有人，计划管理人将所得募集资金扣除相关费用后的净额作为信托受益权转让价款支付给原始权益人，并以基础资产所产生的现金流为限向资产支持证券持有人支付资产支持证券的本金和收益。

（7）资产服务机构与受托人签署服务协议，提供与底层资产及其回收有关的管理和服务。

（8）监管银行与受托人、计划管理人、借款人签署资金监管协议，对底层资产所产生的资金提供监管和划付服务。

（9）托管机构与计划管理人签署托管协议，对专项计划资金提供托管和划付服务。

（10）中国结算作为登记结算机构，负责对证券进行登记托管，并向资产支持证券持有人转付由托管机构划入的到期应付本金和收益。

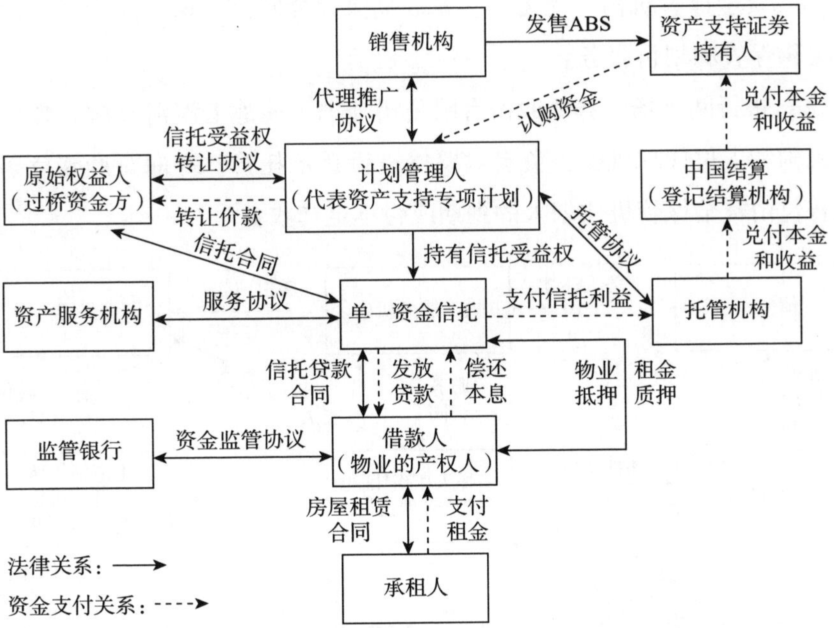

图 1-3 企业资产证券化——双 SPV 结构交易结构

(四) 资产支持票据的基本交易结构

交易结构简要说明（见图 1-4）：

(1) 发起机构与受托人（特定目的载体管理机构）签署信托合同，将基础资产委托给受托人，设立特定目的信托。

(2) 特定目的载体管理机构发行资产支持票据，受托人、发起机构与主承销商签署主承销协议，主承销商与承销团成员签署承销团协议，组建承销团对资产支持票据进行销售。

(3) 投资者交付认购资金成为资产支持票据持有人，受托人将所得募集资金扣除相关费用后的净额作为信托对价支付给发起机构，并以信托财产所产生的现金流为限向资产支持票据持有人支付资产支持票据的本金和收益。

(4) 资产服务机构与受托人签署服务合同，提供基础资产的管理、回收和处置相关服务。

（5）资金保管机构与受托人签署资金保管合同，对信托财产产生的现金资产提供保管和划付服务。

（6）银行间市场清算所股份有限公司（以下简称上海清算所）作为登记托管机构和支付代理机构，负责对票据进行登记托管，并向资产支持票据持有人转付由资金保管机构划入的到期应付本金和收益。

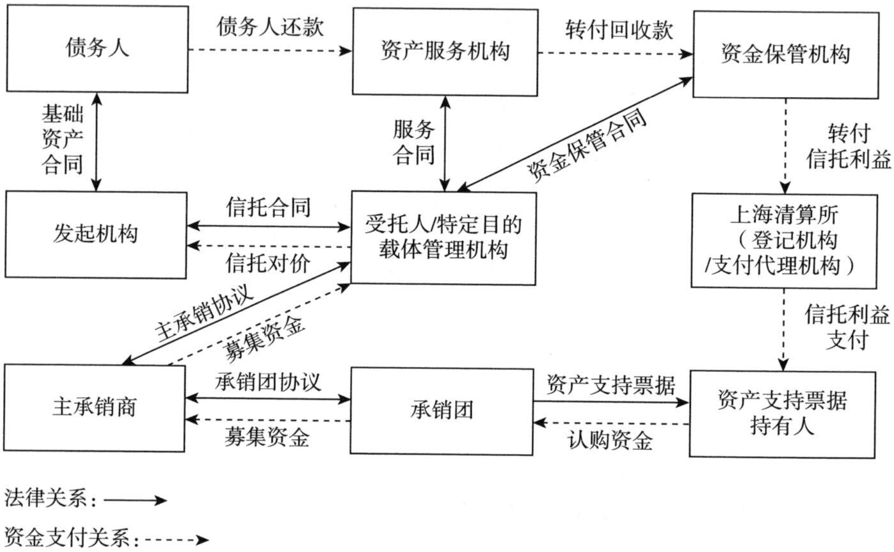

图 1-4　资产支持票据的交易结构

从上述四个交易结构中可以看出，证券化交易一般涉及原始权益人、SPV 管理人①、投资者、资产服务机构、SPV 账户开户行等多方主体。原始权益人和 SPV 之间涉及基础资产的权属转移，SPV 管理人名义上持有基础资产，基础资产的收益属于投资者，所以应从原始权益人、SPV 管理人和投资者的角度界定清楚基础资产的权属以及风险隔离的效果。而从基础资产的现金流路径来看，现金流一般会从基础资产债务人划转到资产服务机构，经资产服务机构划转到 SPV 专户，再由 SPV 专户划转到登记结算机构账户，之后再兑付给投资者。所谓破产隔离，也就是探讨基础资产及其现金流在上述交

① 本书中将受托人、发行载体管理机构/特定目的的载体管理机构、计划管理人统称为“SPV 管理人”，将信托、资产支持专项计划、契约型私募基金等特殊目的的载体统称为“SPV”。

易环节中与相关主体的风险隔离效果。

根据《最高人民法院关于冻结、扣划证券交易结算资金有关问题的通知》（法〔2004〕239号）第4条①的规定，“被执行人为履行清算交收义务交付给登记结算公司但尚未清算的证券或者资金，人民法院不得冻结、扣划”。也就是说，在资产证券化业务中，已转付至登记结算公司账户中的、用于兑付资产支持证券本金和收益的资金，不予冻结、扣划。因此，本书将不涉及资金在登记结算公司账户中被冻结、扣划的风险。

二、基础资产与原始权益人的破产隔离

基础资产与原始权益人的破产隔离是资产证券化交易中首要考虑的法律目标，这是利用资产信用发行金融产品与利用主体信用发行金融产品的根本区别所在。如果原始权益人希望进行资产证券化交易，但由于交易结构设计或基础资产本身的特性而无法实现基础资产与原始权益人的破产隔离，那么该交易仍然依赖于主体信用融资。

由于基础资产的证券化交易核心在于将基础资产从原始权益人转移给SPV享有，因此，基础资产与原始权益人的破产隔离是本书论证的重点。

三、基础资产与SPV管理人的破产隔离

基础资产与SPV管理人的破产隔离，主要是指证券化基础资产与SPV管理人的固有财产相隔离。当然，进一步而言，SPV管理人管理的若干个SPV持有的资产之间，也应当是互相独立的。

在中国的资产证券化实践中，基础资产与SPV管理人的破产隔离的核心

---

① 《最高人民法院关于冻结、扣划证券交易结算资金有关问题的通知》四、人民法院在执行中应当正确处理清算交收程序与执行财产顺序的关系。当证券公司或者客户为被执行人时，人民法院可以冻结属于该被执行人的已完成清算交收后的证券或者资金，并以书面形式责令其在7日内提供可供执行的其他财产。被执行人提供了其他可供执行的财产的，人民法院应当先执行该财产；逾期不提供或者提供的财产不足清偿债务的，人民法院可以执行上述已经冻结的证券或者资金。

对被执行人的证券交易成交后进入清算交收期间的证券或者资金，以及被执行人为履行清算交收义务交付给登记结算公司但尚未清算的证券或者资金，人民法院不得冻结、扣划。

法律基础是《信托法》第 16 条，即“信托财产与属于受托人所有的财产（以下简称固有财产）相区别，不得归入受托人的固有财产或者成为固有财产的一部分。受托人死亡或者依法解散、被依法撤销、被宣告破产而终止，信托财产不属于其遗产或者清算财产”。显然，适用这一条实现破产隔离的前提是原始权益人与 SPV 管理人或者投资者与 SPV 管理人之间构成信托法律关系。

如果原始权益人与 SPV 管理人或者投资者与 SPV 管理人之间不是信托法律关系，首先并不表明基础资产不能实现和 SPV 管理人的破产隔离，其次也需要进一步论证通过何种方式（法律关系的构建）才能实现破产隔离。

四、基础资产与投资者的破产隔离

基础资产与投资者的破产隔离，是指基础资产独立于任一投资者的其他财产，即使投资者死亡或者依法解散、被依法撤销、被宣告破产而终止，基础资产不属于其遗产或者清算财产。

在 SPV 管理人与投资者之间的关系被认定为委托代理法律关系的前提下，由于 SPV 不是独立的法律实体，也不是特殊目的信托（信托财产一般名义所有权归受托人，但独立于受托人的固有财产），基础资产的所有权应当归属于委托人。由于投资者为多人，所以基础资产为投资者共有。在此情况下，就需要进一步考察基础资产与投资者的破产隔离问题。

五、基础资产与资产服务机构的破产隔离

基础资产与资产服务机构的破产隔离风险主要在于基础资产的回收款等现金类资产由资产服务机构代为收取和管理，基于资金“占有即所有”的法律推定，基础资产的回收款等现金类资产与资产服务机构的其他现金类资产发生的混同、无法识别的风险。在资产服务机构被宣告破产时，SPV 管理人只能向资产服务机构主张返还现金的债权，和其他债权人相比，其并没有优先性。另外，即使资产服务机构未发生破产情形，也可能因为资产服务机构的其他债权人申请人民法院依法对现金收款账户采取冻结、扣划等措施，使基础资产面临被其他债权人作为执行财产的风险。

六、破产风险在中国法律实务中的主要表现形式

除从交易主体维度阐述破产隔离之外，破产隔离这一概念本身强调基础资产面临法律风险挑战时的一种隔离效果，如基础资产不受原始权益人破产的影响。具体而言，基础资产的交易可能受到如下第三方法律权利的影响：

（一）债权人的撤销权

为了避免委托人设立欺诈性信托转移财产从而损害其债权人的利益，《信托法》第 12 条[①]对信托委托人的债权人的撤销权进行了规定，即委托人设立信托损害其债权人利益的，债权人有权申请人民法院撤销该信托。结合《民法典》第 538 条[②]、第 539 条[③]的规定，委托人通过设立信托损害其债权人利益的表现形式包括：无偿或以不合理的低价将财产或财产权利委托给受托人设立以他人为受益人的信托。

如果委托人通过将资产无偿或以明显不合理的低价转让给信托公司等 SPV 损害其债权人利益，委托人的债权人可以请求人民法院撤销委托人设立的信托，如果信托被撤销，则信托自始不生效。根据《信托法》第 12 条第 3 款以及《民法典》第 540 条至第 542 条[④]的规定，债权人的该等撤销权受到

---

① 《信托法》第十二条　委托人设立信托损害其债权人利益的，债权人有权申请人民法院撤销该信托。

人民法院依照前款规定撤销信托的，不影响善意受益人已经取得的信托利益。

本条第一款规定的申请权，自债权人知道或者应当知道撤销原因之日起一年内不行使的，归于消灭。

② 《民法典》第五百三十八条　债务人以放弃其债权、放弃债权担保、无偿转让财产等方式无偿处分财产权益，或者恶意延长其到期债权的履行期限，影响债权人的债权实现的，债权人可以请求人民法院撤销债务人的行为。

③ 《民法典》第五百三十九条　债务人以明显不合理的低价转让财产、以明显不合理的高价受让他人财产或者为他人的债务提供担保，影响债权人的债权实现，债务人的相对人知道或者应当知道该情形的，债权人可以请求人民法院撤销债务人的行为。

④ 《民法典》第五百四十条　撤销权的行使范围以债权人的债权为限。债权人行使撤销权的必要费用，由债务人负担。

第五百四十一条　撤销权自债权人知道或者应当知道撤销事由之日起一年内行使。自债务人的行为发生之日起五年内没有行使撤销权的，该撤销权消灭。

第五百四十二条　债务人影响债权人的债权实现的行为被撤销的，自始没有法律约束力。

以下三个方面的限制：(1) 该等撤销权自债权人知道或者应当知道撤销原因之日起一年内不行使的，归于消灭；(2) 该等撤销权的行使范围以债权人的债权为限，这就意味着债权人可能仅能撤销委托人用以设立信托的财产中部分财产的信托；(3) 人民法院撤销该等信托的，不影响善意受益人已经取得的信托利益。

(二) 债权人对基础资产采取查封、扣押、冻结的司法强制措施

在资产证券化交易中，原始权益人将基础资产转让给 SPV 后，SPV 管理人一般会委托原始权益人作为资产服务机构，提供基础资产的回收管理服务，包括但不限于代 SPV 先行收取基础资产回收款后转付至 SPV 专户，由资产服务机构继续在名义上登记为基础资产项下附属担保权益（如抵押权、质权）的权利人或代 SPV 持有相应担保物（如质押物）等。在该等交易安排下，如果原始权益人涉及诉讼或司法执行，其债权人申请人民法院查封、扣押、冻结原始权益人的动产、不动产及其他财产权，根据《最高人民法院关于人民法院民事执行中查封、扣押、冻结财产的规定》（法释〔2020〕21 号）（以下简称《民事执行规定》）第 2 条①第 1 款的规定，人民法院可以查封、扣押、冻结被执行人占有的动产、登记在被执行人名下的不动产、特定动产及其他财产权。这就意味着，作为资产服务机构时，原始权益人名下账户内的基础资产回收款及其他由原始权益人代 SPV 占有或持有的财产，均可能成为原始权益人的债权人申请人民法院采取查封、扣押、冻结等司法强制措施的客体。

在司法实务中，由于原始权益人的债权人申请人民法院对原始权益人财产采取司法强制措施而波及证券化资产的案例越来越多，在该等案例中，SPV 管理人提出的执行异议是否得到执行法院的支持，结果不尽相同。本书

---

① 《民事执行规定》第二条　人民法院可以查封、扣押、冻结被执行人占有的动产、登记在被执行人名下的不动产、特定动产及其他财产权。

未登记的建筑物和土地使用权，依据土地使用权的审批文件和其他相关证据确定权属。

对于第三人占有的动产或者登记在第三人名下的不动产、特定动产及其他财产权，第三人书面确认该财产属于被执行人的，人民法院可以查封、扣押、冻结。

第三章第八部分将对这个问题展开详细论述。

（三）破产管理人的撤销权

在原始权益人破产的情况下，破产管理人也享有撤销权。基于公平清偿及债务人财产价值最大化的原则，《企业破产法》第 31 条①规定，人民法院受理破产申请前一年内，涉及债务人财产的以下五种行为：（1）无偿转让财产；（2）以明显不合理的价格进行交易；（3）对没有财产担保的债务提供财产担保；（4）对未到期的债务提前清偿；（5）放弃债权，破产管理人有权请求人民法院予以撤销，经人民法院依法撤销的，该等行为归于消灭，并自始无效。在资产证券化交易中，为了避免原始权益人向 SPV 转让资产或将资产设立信托的行为在原始权益人破产时面临被撤销的风险，应当关注原始权益人转让资产或将资产设立信托所获对价的公允性。

（四）破产管理人的解除权

根据《企业破产法》第 18 条②的规定，人民法院受理破产申请后，破产管理人对破产申请受理前成立而债务人和对方当事人均未履行完毕的合同有权解除或者继续履行。结合法律理论及法律实践来看，破产管理人有权决定继续履行或者解除的合同需符合以下条件：（1）为双务合同；（2）为破产申请受理前已成立的合同；（3）双方尚未履行或者尚未履行完毕的合同，此处

① 《企业破产法》第三十一条　人民法院受理破产申请前一年内，涉及债务人财产的下列行为，管理人有权请求人民法院予以撤销：

（一）无偿转让财产的；

（二）以明显不合理的价格进行交易的；

（三）对没有财产担保的债务提供财产担保的；

（四）对未到期的债务提前清偿的；

（五）放弃债权的。

② 《企业破产法》第十八条　人民法院受理破产申请后，管理人对破产申请受理前成立而债务人和对方当事人均未履行完毕的合同有权决定解除或者继续履行，并通知对方当事人。管理人自破产申请受理之日起二个月内未通知对方当事人，或者自收到对方当事人催告之日起三十日内未答复的，视为解除合同。

管理人决定继续履行合同的，对方当事人应当履行；但是，对方当事人有权要求管理人提供担保。管理人不提供担保的，视为解除合同。

未履行完毕的客体应限定为主给付义务和从给付义务，而不包括附随义务①。破产管理人选择继续履行或者解除合同的，应通知对方当事人。具有以下三种情形之一的，视为解除合同：（1）破产管理人自破产申请受理之日起二个月内未通知对方当事人；（2）收到对方当事人催告之日起三十日内未答复的；（3）破产管理人决定继续履行合同，但对方当事人要求破产管理人提供担保而破产管理人不提供担保的。

在资产证券化交易中，如果进行证券化的基础资产项下存在原始权益人及对方当事人尚未履行完毕的双务合同，如供电、供热合同，在原始权益人破产时，破产管理人决定解除合同的，基础资产项下的现金流将无法继续产生，无法实现与原始权益人的破产隔离。

七、破产隔离与一些相关概念的关系

（一）破产隔离与破产隔离的规定

资产证券化的有关专门法规对基础资产的破产隔离作出了规定（见表 1-1）。

表 1-1　资产证券化的专门立法中对破产隔离的规定

法规名称	法规内容
《信贷资产证券化试点管理办法》	第六条　受托机构因承诺信托而取得的信贷资产是信托财产，独立于发起机构、受托机构、贷款服务机构、资金保管机构、证券登记托管机构及其他为证券化交易提供服务的机构的固有财产。 受托机构、贷款服务机构、资金保管机构及其他为证券化交易提供服务的机构因特定目的信托财产的管理、运用或其他情形而取得的财产和收益，归入信托财产。 发起机构、受托机构、贷款服务机构、资金保管机构、证券登记托管机构及其他为证券化交易提供服务的机构因依法解散、被依法撤销或者被依法宣告破产等原因进行清算的，信托财产不属于其清算财产。

① 参见丁燕、尹栋：《论破产管理人待履行合同解除权的限制》，载《法律适用》2022 年第 3 期。

续表

法规名称	法规内容
《证券公司及基金管理公司子公司资产证券化业务管理规定》（以下简称《资产证券化业务管理规定》）	第五条　因专项计划资产的管理、运用、处分或者其他情形而取得的财产，归入专项计划资产。因处理专项计划事务所支出的费用、对第三人所负债务，以专项计划资产承担。 专项计划资产独立于原始权益人、管理人、托管人及其他业务参与人的固有财产。 原始权益人、管理人、托管人及其他业务参与人因依法解散、被依法撤销或者宣告破产等原因进行清算的，专项计划资产不属于其清算财产。
《资产支持计划业务管理暂行办法》	第三条　支持计划作为特殊目的载体，其资产独立于基础资产原始权益人、受托人、托管人及其他为支持计划提供服务的机构（以下简称其他服务机构）的固有财产。原始权益人、受托人、托管人及其他服务机构因依法解散、被依法撤销或者被依法宣告破产等原因进行清算的，支持计划资产不纳入清算范围。

上述有关破产隔离的规定存在以下问题：

（1）上述有关破产隔离的规定属于部门规章或规范性文件，立法层级低，不具有直接据此认定基础资产破产隔离的法律效力。当上述规定与《民法典》《信托法》《企业破产法》等法律相抵触时，应当以《民法典》《信托法》《企业破产法》等法律为准。进一步而言，虽有上述有关破产隔离的规定，在具体的破产隔离的法律判断中，仍然要依据《民法典》《信托法》《企业破产法》等相关法律规定进行审查判断。

（2）上述有关破产隔离的规定是否属于强制性规定有待商榷。如果上述有关破产隔离的规定属于强制性规定，则在具体资产证券化项目实施过程中必须达到上述规定要求；如果上述有关破产隔离的规定不属于强制性规定，则在具体资产证券化项目实施过程中不必达到上述规定要求。

（3）上述有关破产隔离的规定虽然都采用了类似《信托法》的条文表述，但又与《信托法》不尽相同：

《信托法》仅规定了信托财产与委托人、受托人的其他财产相区别。①《信托法》第15条规定："信托财产与委托人未设立信托的其他财产相区别。设立信托后，委托人死亡或者依法解散、被依法撤销、被宣告破产时，委托人是唯一受益人的，信托终止，信托财产作为其遗产或者清算财产；委托人不是唯一受益人的，信托存续，信托财产不作为其遗产或者清算财产；但作为共同受益人的委托人死亡或者依法解散、被依法撤销、被宣告破产时，其信托受益权作为其遗产或者清算财产。"第16条规定："信托财产与属于受托人所有的财产（以下简称固有财产）相区别，不得归入受托人的固有财产或者成为固有财产的一部分。受托人死亡或者依法解散、被依法撤销、被宣告破产而终止，信托财产不属于其遗产或者清算财产。"

《信贷资产证券化试点管理办法》增加规定：信托财产独立于贷款服务机构、资金保管机构、证券登记托管机构及其他为证券化交易提供服务的机构（包括律师事务所、评级机构、会计师事务所、评估机构等）的固有财产。

《资产证券化业务管理规定》增加规定：专项计划资产独立于托管人及其他业务参与人（包括信用增级机构、律师事务所、会计师事务所、流动性支持机构、销售机构等）的固有资产。

《资产支持计划业务管理暂行办法》增加规定：支持计划资产独立于托管人及其他为支持计划提供服务的机构的固有财产。

---

① 与《信托法》同属法律层级的《证券投资基金法》的规定有所不同。《证券投资基金法》规定了基金财产独立于基金管理人、基金托管人的固有财产。《证券投资基金法》多规定了与"基金托管人"的隔离效果。从《证券投资基金法》的规定可以推论出，证券投资基金的破产隔离效果比信托的破产隔离效果还要好，因为基金托管人由于依法解散、被依法撤销或者被依法宣告破产等原因进行清算的，基金财产不属于其清算财产。如果基金托管人是银行且被依法宣告破产时，证券投资基金在托管银行托管的财产将不属于银行的清算财产。

《证券投资基金法》第五条　基金财产的债务由基金财产本身承担，基金份额持有人以其出资为限对基金财产的债务承担责任。但基金合同依照本法另有约定的，从其约定。

基金财产独立于基金管理人、基金托管人的固有财产。基金管理人、基金托管人不得将基金财产归入其固有财产。

基金管理人、基金托管人因基金财产的管理、运用或者其他情形而取得的财产和收益，归入基金财产。

基金管理人、基金托管人因依法解散、被依法撤销或者被依法宣告破产等原因进行清算的，基金财产不属于其清算财产。

因此，该等规定实际上主要起到原则性声明的作用，在相关主体的破产或其他司法程序中，法院可能会参考该等破产隔离的规定进行裁量，但该等规定不应作为裁判的充分依据，法院还可能考虑该等主体对SPV财产的实际持有或管理情况，如是否发生财产混同，权利外观与权利的实际归属分离能否对抗善意第三人等因素。

（二）破产隔离与“特定化”

如上所述，广义的破产隔离是指将证券化的基础资产（不管基础资产的形态如何）独立出来，不受证券化参与机构的非因证券化交易本身所固有风险的干扰，其中，要将基础资产独立出来，首先应当使该等基础资产能够被识别出来并且能够与证券化参与机构的其他财产区别开来，由此，基础资产特定化的要求应运而生。

1. 特定化的内涵

（1）现有资产证券化相关法律法规对基础资产的基本要求之一是“可特定化”，但除了该原则性要求外，现有法规对可特定化的具体标准并无进一步规定。

例如，在信贷资产证券化领域，主要的监管规定有《信贷资产证券化试点管理办法》、《金融机构信贷资产证券化试点监督管理办法》以及不同类型基础资产进行证券化的信息披露指引，虽然该等规定中无“特定化”的表述，但该等规定已明确《信托法》为上位法。根据《信托法》第7条中的规定，设立信托，必须有确定的信托财产，信托财产的确定性即蕴含着可特定化的要求。在企业资产证券化领域，主要的监管规定有《资产证券化业务管理规定》、《证券公司及基金管理公司子公司资产证券化业务信息披露指引》、《证券公司及基金管理公司子公司资产证券化业务尽职调查工作指引》以及上海和深圳证券交易所关于不同类型基础资产进行证券化的规则适用指引、尽职调查指引、信息披露指引等，这一系列规定均明确要求基础资产应当为“可特定化的财产权利或者财产”。在资产支持票据领域，中国银行间市场交易商协会（以下简称交易商协会）发布的《银行间债券市场企业资产证券化业务规则》[①] 也要求基础资产应为“可特定化的财产、财产权利或财产和财产权利的组合。”

（2）基础资产特定化的基本要求是权利之边界的相对确定性。破产隔离要求将证券化的基础资产独立出来，能够独立出来的资产必然应有相对明确的权利边界以使得其与其他资产能够区别开来。证券化的基础资产多为财产权利，该等财产权利的构成要件一旦确定，财产权利的边界基本也就确定了。

（3）法律上的特定化与事实上的特定化。法律上的特定化属于法律事实范畴，即符合法律规定的，在法律关系上能使一项财产或财产权利与其他财产或财产权利区分开来的特定化；而事实上的特定化属于客观事实范畴，即不依赖人们的主观意识而存在的现实状态。法律关系的判断以法律事实为标准。

具体到法律上的特定化与事实上的特定化，一个典型的例子就是融资租赁业务中租赁物特定化的判断。在某融资租赁合同纠纷案[②]中，一审法院认为，附着或嵌入建筑物、构筑物的设备设施，亦不被法律、行政法规所禁止作为融资租赁交易的租赁物。案述农业设施对于出租人而言，因承租人违约而由出租人行使取回权时，可能存在取回难度较大、取回价值基本丧失等债权保障功能难以实现的问题，但这属于出租人在融资租赁交易中的交易风险范畴，不影响融资租赁合同性质的认定，故被告向原告转让案述农业设施的行为有效。二审法院认为，该案所涉部分动产租赁物的租赁物名称、型号规格、数量、租赁物地址、评估价值、供应商、发票号在《融资回租合同》的附件《租赁物件明细表》予以明确记载，某租赁公司提供了相关租赁物的采购合同、发票等证据，具有资产评估资质的第三方评估机构出具了《资产评估报告》，上述证据足以证明案涉动产租赁物真实存在且具有确定性。租赁物在物理状态上能否区分或分割开来并不必然影响

① 交易商协会于2023年3月6日发布《银行间债券市场企业资产证券化业务规则》，自2023年9月1日起施行，《非金融企业资产支持票据指引》（协会公告〔2017〕27号）同时废止。《银行间债券市场企业资产证券化业务规则》保留了《非金融企业资产支持票据指引》中关于财产、财产权利或财产和财产权利的组合“可特定化”的要求。

② 参见上海市高级人民法院民事判决书，（2019）沪民终73号。

其在法律关系的认定上能否具体地区别开来。

另一典型例子就是金钱的特定化。在资产证券化交易中，SPV 管理人一般委托原始权益人作为资产服务机构提供基础资产的回收、管理服务，资产服务机构从基础资产的债务人处收到回收款后，根据交易文件的约定，按一定频率转付到 SPV 专户。由于金钱属于种类物，具有“占有即所有”的特性，在资产服务机构将回收款转付至 SPV 专户前，该等回收款留存于资产服务机构名下账户，存在与资产服务机构固有财产混同的风险。但是在法律事实层面，通过法律形式的安排，可以实现法律事实上的特定化。例如，通过合同约定对特定收款账户的信息予以特定化，并对该收款账户资金的用途作出限制，从而达到账户内资金特定化的效果。关于金钱特定化和破产隔离的具体分析，见后文第七章第三部分的论述。

2. 特定化与破产隔离的关系

（1）基础资产特定化是破产隔离的必要条件之一，但非充分条件。破产隔离是将证券化的基础资产独立出来，这就包括基础资产的特定化以及基础资产权属移转两个基本步骤。只有法律意义上能够特定化的资产，才有可能进一步探讨其可转让性以及与其他资产的区别。就资产证券化交易中常见的作为基础资产的债权、信托受益权、股权等财产权利，其特定化的基本要求是界定该等财产权利的要素是确定的或可确定的。例如，就债权而言，一旦债权人身份、债务人身份、债权债务的内容三要素是确定的或可确定的，债权即可实现特定化。在该等债权被特定化后，如果不能有效地将该等特定债权从债权人的责任财产中剥离出来，则该等特定债权无法与债权人实现破产隔离，这个剥离即是通过基础资产权属转移来实现的。

（2）在中国资产证券化实务中，基础资产的可特定化应当是开展资产证券化的前提条件，而不论基础资产能否实现与原始权益人的破产隔离。以特许经营权收益权的证券化为例，一般以特定期间、特定（必备）金额的收益及其他要素界定基础资产的特定化，进而进行资产证券化交易。例如，在供热类合同的证券化交易中，从债权三要素的角度来看，供热类合同项下债权人、债务人、债权债务的内容均已是确定的，因此符合基础资产特定化的要求。但继续性合同由于依赖于原债权人的持续履行，在原债权人破产时，往往不能实现完全的破产隔离效果。这是因为《企业破产法》第 18 条第 1 款中规定“人民法院受理破产申请后，管理人对破产申请受理前成立而债务人和对方当事人均未履行完毕的合同有权决定解除或者继续履行，并通知对方当事人”。若基础资产项下未履行完毕的基础合同被解除，则自解除时点向后的债权债务消灭，基础资产也就不复存在了。由此可见，以特定化为逻辑起点，破产隔离的实现与否还需要具体分析。

（三）破产隔离与“出表”

资产证券化业务中，与破产隔离有关的另一个概念是“出表”。出表是一个会计概念，即资产从原始权益人的资产负债表中转出。出表可以优化原始权益人的各项财务指标，还可以为银行类的发起机构节约监管资本，因此，出表一直是资产证券化业务中备受原始权益人关注的问题。出表的前提是基础资产为会计准则认定的表内资产，因此，本部分的讨论仅限于既有债权类基础资产①，不涉及收益权这类在会计上不单独认定为资产的基础资产。另外，既然基础资产的出表是指基础资产从原始权益人的资产负债表中转出，因此在讨论破产隔离与出表的关系时，仅指狭义上基础资产与原始权益人的破产隔离，而不包括基础资产与其他证券化交易主体的破产隔离。

此外，对于银行类的发起机构，市场上还有“监管出表”的说法。根据《商业银行资本管理办法》（国家金融监督管理总局令 2023 年第 4 号）的规定，银行如果能通过资产证券化减少计提资本、释放监管资本，则实现了监管出表。监管出表以会计出表为前提，因此本部分在辨析出表与破产隔离的关系时，着力点在于会计出表与破产隔离的关系，监管出表的相关标准及结果在此不作进一步的论述。

1. 出表的内涵

基础资产的出表，即基础资产从原始权益人的账户及资产负债表内予以转销，资产证券化业务中对资产是否出表的认定主要适用《企业会计准则第 23 号——金融资产转移》（财会〔2017〕8 号，以下简称《准则第 23

① 本部分仅以金融资产为例进行出表与破产隔离的辨析。

号》)以及《企业会计准则第 33 号——合并财务报表》(财会〔2014〕10 号，以下简称《准则第 33 号》)。下文将根据相关会计准则的规定，对出表判定的流程及结果进行梳理。需要指出的是，该等会计准则的规定虽然是认定资产是否出表的主要依据，但由于部分规定并没有一个量化的标准，具体业务中基础资产能否出表仍然需要以会计师的意见为准。

(1) 出表判定的流程。

对于金融资产出表的判定，需要依据《准则第 23 号》《准则第 33 号》的标准，遵循“是否合并”以及“是否终止确认金融资产”① 的步骤进行判断，其中，“是否终止确认金融资产”又包含了“金融资产是否转移”(过手测试)②、“风险和报酬是否转移”(风险报酬转移测试)③ 以及“控

① 《准则第 23 号》第五条　金融资产满足下列条件之一的，应当终止确认：

(一) 收取该金融资产现金流量的合同权利终止。

(二) 该金融资产已转移，且该转移满足本准则关于终止确认的规定。

② 《准则第 23 号》第六条　金融资产转移，包括下列两种情形：

(一) 企业将收取金融资产现金流量的合同权利转移给其他方。

(二) 企业保留了收取金融资产现金流量的合同权利，但承担了将收取的该现金流量支付给一个或多个最终收款方的合同义务，且同时满足下列条件：

1. 企业只有从该金融资产收到对等的现金流量时，才有义务将其支付给最终收款方。企业提供短期垫付款，但有权全额收回该垫付款并按照市场利率计收利息的，视同满足本条件。

2. 转让合同规定禁止企业出售或抵押该金融资产，但企业可以将其作为向最终收款方支付现金流量义务的保证。

3. 企业有义务将代表最终收款方收取的所有现金流量及时划转给最终收款方，且无重大延误。企业无权将该现金流量进行再投资，但在收款日和最终收款方要求的划转日之间的短暂结算期内，将所收到的现金流量进行现金或现金等价物投资，并且按照合同约定将此类投资的收益支付给最终收款方的，视同满足本条件。

③ 《准则第 23 号》第七条　企业在发生金融资产转移时，应当评估其保留金融资产所有权上的风险和报酬的程度，并分别下列情形处理：

(一) 企业转移了金融资产所有权上几乎所有风险和报酬的，应当终止确认该金融资产，并将转移中产生或保留的权利和义务单独确认为资产或负债。

(二) 企业保留了金融资产所有权上几乎所有风险和报酬的，应当继续确认该金融资产。

(三) 企业既没有转移也没有保留金融资产所有权上几乎所有风险和报酬的 (即除本条 (一)、(二) 之外的其他情形)，应当根据其是否保留了对金融资产的控制，分别下列情形处理：

1. 企业未保留对该金融资产控制的，应当终止确认该金融资产，并将转移中产生或保留的权利和义务单独确认为资产或负债。

2. 企业保留了对该金融资产控制的，应当按照其继续涉入被转移金融资产的程度继续确认有关金融资产，并相应确认相关负债。

继续涉入被转移金融资产的程度，是指企业承担的被转移金融资产价值变动风险或报酬的程度。

制权是否转移”（控制测试）① 三个子步骤。具体的判断步骤如图 1-5 所示。

① 《准则第 23 号》第九条　企业在判断是否保留了对被转移金融资产的控制时，应当根据转入方是否具有出售被转移金融资产的实际能力而确定。转入方能够单方面将被转移金融资产整体出售给不相关的第三方，且没有额外条件对此项出售加以限制的，表明转入方有出售被转移金融资产的实际能力，从而表明企业未保留对被转移金融资产的控制；在其他情形下，表明企业保留了对被转移金融资产的控制。

在判断转入方是否具有出售被转移金融资产的实际能力时，企业考虑的关键应当是转入方实际上能够采取的行动。被转移金融资产不存在市场或转入方不能单方面自由地处置被转移金融资产的，通常表明转入方不具有出售被转移金融资产的实际能力。

转入方不大可能出售被转移金融资产并不意味着企业（转出方）保留了对被转移金融资产的控制。但存在看跌期权或担保而限制转入方出售被转移金融资产的，转出方实际上保留了对被转移金融资产的控制。如存在看跌期权或担保且很有价值，导致转入方实际上不能在不附加类似期权或其他限制条件的情形下将该被转移金融资产出售给第三方，从而限制了转入方出售被转移金融资产的能力，转入方将持有被转移金融资产以获取看跌期权或担保下相应付款的，企业保留了对被转移金融资产的控制。

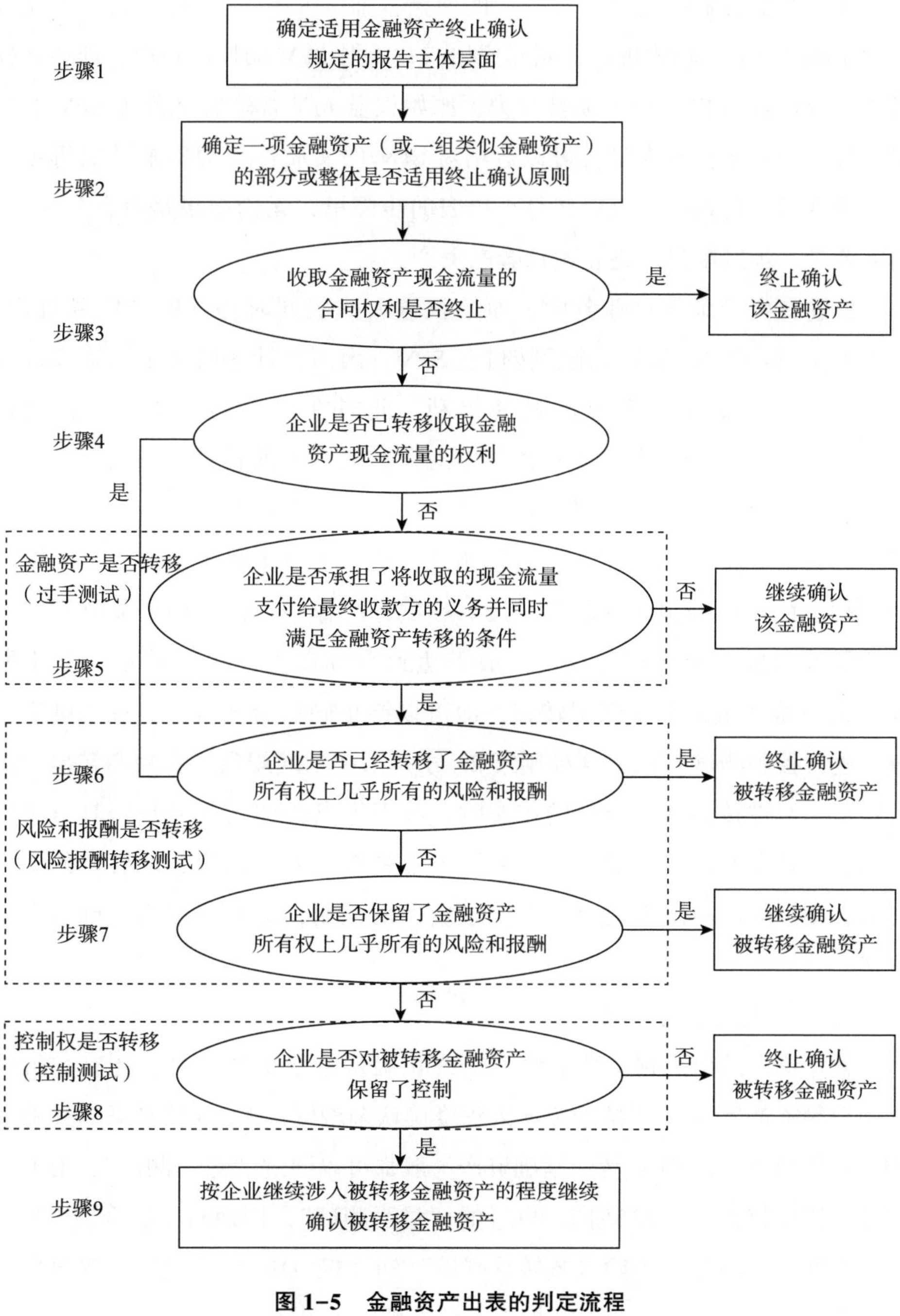

图 1–5　金融资产出表的判定流程

在判断金融资产类的基础资产的原始权益人是否合并 SPV 时，需要根据《准则第 33 号》的规定，判断原始权益人对 SPV 的控制程度，即原始权益人是否拥有对 SPV 的实质性权力、原始权益人是否享有来源于 SPV 的可变回报以及原始权益人是否可以运用对 SPV 的实质性权力影响其取得可变回报的金额。在判断金融资产是否出表的步骤里，无论结果是否合并 SPV，都需要进一步判断是否终止确认金融资产。

目前在资产证券化业务中，原始权益人一般同时担任资产服务机构，收取基础资产产生的现金流后转付至 SPV，因而会计一般认定原始权益人保留了收取金融资产现金流量的权利。此时在过手测试中，需要根据《准则第 23 号》第 6 条第 2 项的规定对原始权益人的转付义务前提、是否垫款、是否有权处置资产以及是否可以迟延支付进行综合判断。如能通过过手测试，则进入风险与报酬转移测试，这一环节主要考量的是金融资产所有权上的风险和报酬的转移程度。在实务操作中，需应用相关分析模型量化风险和报酬的转移程度，一般需达到 90% 以上才可以认定“几乎所有”的风险和报酬都得到了转移，即可以终止确认金融资产，反之则需要继续进行控制测试。根据《准则第 23 号》第 9 条的规定，在判断转出方是否保留了对被转移基础资产的控制时，应当重点关注转入方是否具有单方面出售金融资产的实际能力，如果转入方具有单方面出售金融资产的实际能力，则意味着转出方放弃了对金融资产的控制，进而可以终止确认金融资产。

（2）出表判定的结果。

金融资产的出表判定结果除了“终止确认金融资产”外，还有“继续确认金融资产”以及“按继续涉入程度确认金融资产”。在资产证券化业务中，原始权益人向 SPV 转让基础资产一般都可以通过“过手测试”，有时候要考虑原始权益人和 SPV 向投资者的“过手测试”，因而对于能否出表的结果有实际影响的是“风险报酬转移测试”和“控制测试”。这两项测试的结果对能否出表的影响及相关结果的会计处理归纳见表 1-2。

表 1-2　金融资产的出表判定结果

<table>
<tr><th colspan="2">情形</th><th>结果</th></tr>
<tr><td colspan="2">已转移金融资产所有权上几乎所有的风险和报酬</td><td rowspan="2">终止确认该金融资产
（确认新资产/负债）</td></tr>
<tr><td rowspan="2">既没有转移也没有保留金融资产所有权上几乎所有的风险和报酬</td><td>放弃了对金融资产的控制</td></tr>
<tr><td>未放弃对金融资产的控制</td><td>按照继续涉入被转移金融资产的程度确认有关资产和负债</td></tr>
<tr><td colspan="2">保留了金融资产所有权上几乎所有的风险和报酬</td><td>继续确认该金融资产，并将收到的对价确认为金融负债</td></tr>
</table>

当基础资产出表的认定结果是“终止确认金融资产”时，则基础资产从原始权益人的资产负债表内转出，实现会计处理上的真实出售；当认定结果是“继续确认金融资产”时，则基础资产继续留在原始权益人的资产负债表内，证券化交易在会计上的处理类似于融资担保业务；当认定结果是“按继续涉入程度确认金融资产”时，一般需要按照会计师认定的继续涉入比例，将基础资产按比例分为“出表”和“不出表”的部分作相应确认。

2. 破产隔离与出表的关系

(1) 在资产证券化交易中，实现破产隔离的基础资产不一定能出表。

基础资产的破产隔离，首要的是基础资产与原始权益人的破产隔离，即基础资产的权属已由原始权益人转移至 SPV。但从出表的判定流程和结果的梳理不难看出，仅仅是基础资产权属发生转移这一个条件，并不能实现基础资产的出表，还需要通过过手测试、风险报酬转移测试、控制测试。在一些交易中，即使基础资产权属已经转移，但由于存在原始权益人持有一定比例劣后级权益、收取资产服务报酬、提供信用支持、承担违约资产赎回等交易安排，导致相关测算结果为原始权益人保留了几乎所有的风险与报酬；或者虽然原始权益人既没有保留也没有转移几乎所有的风险与报酬，但由于一些交易安排使得 SPV 不能单方面出售基础资产，导致会计师认为原始权益人仍然控制基础资产，进而无法实现基础资产的出表。因此，实现了破产隔离的基础资产并不一定能出表。

（2）在资产证券化交易中，已出表的基础资产不一定能实现破产隔离。

虽然基础资产的出表涉及诸多判断，但更多的是对交易的经济实质的考察，其中与法律因素最为相关的即基础资产权属的转移。一般而言，只有实现了真实出售，才能进一步判断能否将被证券化的基础资产从原始权益人的资产负债表中转出。假使基础资产能够从原始权益人的资产负债表中转出，破产隔离是否一定能实现呢？关键在于《准则第 23 号》规定的金融资产转移的两种情形：一是企业将收取金融资产现金流量的合同权利转移给其他方；二是企业保留了收取金融资产现金流量的合同权利，但承担了将收取的该现金流量支付给一个或多个最终收款方的合同义务，且同时满足若干条件。在第二种情形中，保留了一种可能性：基础资产的权属在法律上未转移至 SPV 但基础资产产生的收益却全部转移给了 SPV，此时就体现出会计认定和法律风险认定上的差异，即会计认定基于交易行为的合法有效性及经济实质，而法律上将考虑该交易能否对抗原始权益人的债权人、破产管理人以及善意第三人。在基础资产权属未发生转移时，能否实现破产隔离就存在不确定性。当然，在这种情况下，交易安排可以设置一些预警机制、担保或补救措施，尽力保障 SPV 收取现金流量的权利不受到干扰，或在发生一些风险事件时提前终止交易。

3. 交易安排对出表的影响

会计上对出表与否的认定需要落实到具体的合同条款中，就风险报酬转移测试这一关键判定步骤来说，就可能受到不合格资产的置换或赎回以及清仓回购交易条款的影响。

（1）不合格资产的置换或赎回对出表的影响。

交易文件一般约定，SPV 存续期间，对于在基准日或 SPV 设立日不符合合格标准或资产保证不合格的资产，原始权益人有义务置换或赎回。交付符合合格标准及资产保证的基础资产是原始权益人在基础资产买卖协议下的基本义务，因此，原始权益人对不合格资产的置换或赎回实际是对其卖方义务瑕疵履行的救济。由于认定不合格资产的时点一般仅限于基础资产转让时，与基础资产转让后的风险无关，所以该等交易安排一般不影响对风险报酬是否转移的判断，即不会因此认定原始权益人保留了基础资产所有权上的风险。因此，不合格资产的置换或赎回的交易安排对出表的判定一般没有影响。

但如果交易安排扩大赎回或置换的范围，要求原始权益人对SPV存续期内成为违约或逾期的基础资产予以赎回或置换，则原始权益人保留了基础资产的风险，要进一步判断相关风险转移的程度以及原始权益人对基础资产的控制程度。

（2）清仓回购对出表的影响。

根据《准则第23号》第8条的规定，在评估风险和报酬的转移程度时，如“出售金融资产且仅保留以其在回购时的公允价值进行回购的选择权”，则可以表明“该企业已经转移了金融资产所有权上几乎所有风险和报酬”。因此，在交易文件中，清仓回购一般约定为原始权益人的一项权利，而不是原始权益人的一项承诺或义务；且清仓回购价格需为资产池的公允价值，否则将影响原始权益人对基础资产风险报酬的转移。同时，由于清仓回购可能被认定为原始权益人对基础资产剩余价值的控制，当前清仓回购的流程一般为原始权益人发送《清仓回购通知书》给SPV管理人（要约邀请），SPV管理人发送《要约通知书》给原始权益人（要约），原始权益人回复承诺通知给SPV管理人（承诺）；同时清仓回购一般要满足剩余基础资产或剩余证券的价值相较于初始价值处于一个较低的水平。另外，对于清仓回购价值的约定，除了明确价值公允，还可以约定公允价值的确定方式，如按照事先约定且具备合理性的计算公式，或由第三方机构对资产池剩余价值进行评估，从而最大限度不影响基础资产出表的判定。

（四）破产隔离与“真实出售”

“真实出售”（true sale）概念主要起源于美国，是判定证券化交易是否满足“破产隔离”的重要因素之一，与真实出售相对的概念是担保贷款

(secured loan)。随着资产证券化业务在全球的普及，其他许多国家或地区的资产证券化业务及法律实践中也逐渐引入了该概念并发展出自己的判断标准。

1. 美国法下真实出售的概念及判断标准

美国《统一商法典》(Uniform Commercial Code，UCC) 第 9 章虽然对担保权益 (security interest) 以及应收账款的资产证券化有规定，但对真实出售和担保贷款如何判定没有明确的规定，主要依靠法院在具体案例中根据实际情况判断资产转让是否构成真实出售。

“真实出售”，一般是指应收账款的买卖对于债权人及破产原始权益人的破产财产是有效的，以致于被转让的财产不再属于美国《破产法》第 541 条所规定的“债务人财产”。① 真实出售与担保贷款的区别在于：当一项资产转让被认定为真实出售时，该资产将不再属于转让方，因此如作为转让方的原始权益人后续进入破产程序，破产不会影响受让方就转让资产享有的权利。但如果资产转让仅被认定为在担保物上所设定的一项担保权益，则原始权益人进入破产程序后，受让方就该项资产享有的权利将受制于“自动冻结”(automatic stay) 规则以及其他破产法下的权利。② 自动冻结，是指当债务人进入破产程序后，债权人对债务人及所公布的担保物的催收和强制执行将被停止。除此之外，破产法院还享有如下权利：(1) 释放债权人对超额担保物的权利；(2) 以担保物为其他债务提供担保；(3) 替换担保物；(4) 拒绝待履行合同 (executory contract)。③

美国法院在判定资产转让是否构成真实出售的时候主要考虑以下因素，

---

① See Steven L. Schwarcz, *Structured Finance — A Guide to the Principles of Asset Securitisation*, 3rd edition, Practising Law Institute, p. 4-2.

② See Bjorn Bjerke & Corey Reis, Chambers Global Practice Guides-Securitisation 2024 (USA), Section 6. 3, p. 26. Available at: https://practiceguides. chambers. com/practice - guides/securitisation - 2024/usa.

③ See Bjorn Bjerke & Corey Reis, Chambers Global Practice Guides-Securitisation 2024 (USA), Section 6. 1, p. 23-24. Available at: https://practiceguides. chambers. com/practice-guides/securitisation-2024/usa.

不同因素的权重会有所差异①：（1）主观意图和交易实质。相比于合同文字内容，法院更侧重参与方的真实意思表示、实际行为和交易的经济实质。（2）追索权和回收风险的承担，这通常是最重要的影响因素。“对转让方的追索权及转让方所保留的回收风险程度越高，法院将交易视为真实出售的可能性越小。这并不是说所有的追索权都将对真实出售的认定形成阻碍。违反转让时点对所转让资产的特征和状况所作的陈述和保证而导致的追索，一般被认为与出售的认定是符合的。而在转让方承担了从债务人回收不能的全部风险的情景下，法院一贯性地将这种交易认定为担保贷款。因此，证券化交易一般会将追索权限定于转让时点的资产特征和状况，并确保违约风险由证券化实体来承担。”② “只要陈述与保证不是关于可回收性的概括陈述与保证，而是局限于应收账款被出售时的状况，这与产品销售方正常情况下所给予的卖方保证不存在区别。相应地，这种有限的陈述、保证和补偿并不违反真实出售原则。”③ （3）转让方保留了赎回所转移资产的权利，或保留了从资产获得剩余收益的权利。“资产证券化交易经常允许为满足适当分散度的要求而进行一定程度的回购，但为了确保满足真实出售标准，这类回购倾向于保持在一定比例限度内，同时禁止对逾期或违约资产的回购。”④（4）转让方对转让资产持续的管理及控制程度，特别是在债务人并未被通知该资产已出售的情况下（但在目前市场实践中转让方往往也担任资产服务机构，这种持续介入不会对贷款或出售的特征产生决定性影响）。

其他可能被认定为担保贷款的因素有：（1）在购买日之前，转让方是

---

① 除特殊注明外，本部分主要参考 Bjorn Bjerke & Corey Reis，Chambers Global Practice Guides-Securitisation 2024（USA），Section 6.3，p. 26-27. Available at：https：//practiceguides. chambers. com/practice-guides/securitisation-2024/usa。

② Bjorn Bjerke & Stuart，Chambers Global Practice Guides-Securitisation 2018（USA），Section 1.1.

③ Steven L. Schwarcz，*Structured Finance—A Guide to the Principles of Asset Securitisation*，3rd edition，Practising Law Institute，p. 4-8.

④ Bjorn Bjerke & Stuart，Chambers Global Practice Guides-Securitisation 2018（USA），Section 1.1.

受让方的债务人；（2）转让方可以通过还款或回购，或者通过转让资产回收款之外的资金来源以消除受让方对转让资产的权益；（3）转让方有义务支付受让方催收逾期资产或不可回收资产所发生的费用。尽管有的州通过立法对出售交易的重新定性施加限制，从而希望促进资产证券化交易，但破产法院能否接受类似法律规定存在显著的不确定性，所以证券化交易一般仍会在结构设计上遵守司法实践所创设的真实出售认定标准。①

2. 中国法下真实出售与破产隔离的关系

我国法律法规目前未对“真实出售”有明确的规定，但基于国际经验和国内法律及司法实践，在资产证券化业务中同样存在判断是否构成真实出售的需要。我们理解，在中国法环境下的真实出售对应的是买卖法律关系，即原始权益人将基础资产所有权真实地出售和转让给受让方，且在原始权益人破产的情况下，基础资产不会被破产管理人重新认定为原始权益人的破产财产，从而被追回。而担保贷款的目的是资产所有者以资产作为担保物获得贷款融资，其真实目的并不是资产所有权的转移，在融资人破产的情况下该等资产仍将被视为融资人的破产财产，因而不能实现与融资方的破产隔离。资产买卖与典型担保并不难区分，典型担保包括抵押、质押、留置等。但在交易实践中发展出了各种各样的非典型担保，尤其是让与担保，可能会产生类似于美国真实出售与担保贷款的区分困难。

需注意的是，在中国市场环境下讨论真实出售与破产隔离的关系，需考虑中国资产证券化业务的不同交易模式。我们把交易模式大致分为两类（详见本书第二章第二部分），即财产权信托模式与基础资产买卖模式。信贷资产证券化和资产支持票据的业务实践采取了财产权信托模式，基础资产直接由发起机构委托和转移给特定目的信托的受托人；而在交易所和保险资产管理公司的企业资产证券化业务中，基础资产则是由原始权益出售给 SPV 管理人。这两种模式下基础资产实现转移的法律关系是不同的，探

---

① See Bjorn Bjerke & Corey Reis，Chambers Global Practice Guides-Securitisation 2024（USA），Section 6.3，p.27. Available at：https：//practiceguides.chambers.com/practice-guides/securitisation-2024/usa.

讨其破产隔离问题时所依据的法律规定也是不同的。在财产权信托模式下，不考虑基础资产本身特性对破产隔离的影响，由于信托行为不同于资产出售行为，故一般不讨论真实出售问题，而主要基于《信托法》第 15 条、第 16 条所规定的信托财产独立性原则进行破产隔离的认定。目前这一做法在司法实践中尚未发生争议。而在基础资产买卖模式下，则需要考虑该项交易的实质是真实出售还是担保贷款，只有真实出售才能实现基础资产与原始权益人的破产隔离。

3. 中国法下真实出售的判断标准

典型的财产担保一般采用法定的抵押、质押，担保人与债权人之间一般有明确的担保合同，与买卖合同存在明显区别，真正容易产生混淆的是非典型担保，即《民法典》第 388 条①所规定的“其他具有担保功能的合同”。由于让与担保在交易实践中长期存在，《最高人民法院关于适用〈中华人民共和国民法典〉有关担保制度的解释》（以下简称《担保制度司法解释》）第 68 条对让与担保的概念、效力及处理方式作出了详细规定。根据该条规定，让与担保是指“债务人或者第三人与债权人约定将财产形式上转移至债权人名下，债务人不履行到期债务，债权人有权对财产折价或者以拍卖、变卖该财产所得价款偿还债务”。让与担保与买卖交易的相似点在于形式上都存在财产的转让，其区别在于交易目的和效果不同：让与担保中财产的转让是为了担保债务的偿付，其目的在于担保，因此债务人不履行到期债务，债权人请求参照《民法典》关于担保物权的有关规定就该财产优先受偿的，人民法院应予支持；而如果债权人和债务人约定“债务人不履行到期债务，财产归债权人所有的”，“人民法院应当认定该约定无效”。可见，在让与担保中，人民法院将按照物权担保法律关系处理有关纠纷，

---

① 《民法典》第三百八十八条　设立担保物权，应当依照本法和其他法律的规定订立担保合同。担保合同包括抵押合同、质押合同和其他具有担保功能的合同。担保合同是主债权债务合同的从合同。主债权债务合同无效的，担保合同无效，但是法律另有规定的除外。

担保合同被确认无效后，债务人、担保人、债权人有过错的，应当根据其过错各自承担相应的民事责任。

受让方不能像买卖交易那样基于合同约定取得所转让财产的所有权。

不同于美国、英国等判例法国家通过在判例中遵循实质公平原则发展出较为成熟的关于真实出售的判断标准或影响因素，中国作为成文法系国家，法官在裁判时遵循“以事实为依据，以法律为准绳”，法官自由裁量的空间相对较小，且由于资产证券化业务实践的历史还短，尚未发现有司法判例对真实出售问题作出详细论证。从已掌握的与资产证券化有关的司法判例来看，法院主要通过考察以下情况来确认基础资产已经发生转移的法律效果。

（1）相关交易文件中有关于基础资产权属转移的真实、明确的意思表示。就此点而言，中国的法院一般会尊重当事人在合同中的明确意思表示，而较少通过对交易条款所反映的经济实质进行综合判断后推翻当事人的明确意思表示。

（2）基础资产转移在中国人民银行征信中心动产融资统一登记公示系统（以下简称中登网）办理了应收账款转让登记或已向债务人发送了债权转让通知。虽然在有的案例中，法院考虑了转让登记和通知的因素，但我们理解法院主要是通过该等事实论证基础资产转让交易的真实性（排除虚假交易、逃避债务的可能性），而转让登记和债权转让通知本身并不决定交易性质，当事人可以基于风控需求选择是否采取该等措施，以及采取措施的时间或条件。

（3）受让方就基础资产的取得支付了合理的对价。如基础资产转移并未支付对价，而转让方与受让方之间存在既有的或新产生的债务，则基础资产转移很可能不是真实出售，而是为了担保债务的偿付。而对价的公允性主要是为了确保这项交易不会因为显失公平而被受损害的一方撤销，或被原始权益人的债权人基于交易价格明显过低被撤销，或者基于破产法上的撤销权被撤销。

（4）法院虽未明确提及，但这一类交易中还隐含着一个共同的特征，即基础资产可以合法地产生稳定的现金流，并用于资产支持证券的偿付。《担保制度司法解释》第 68 条第 3 款列举了让与担保的一种常见形式，即

“债务人与债权人约定将财产转移至债权人名下，在一定期间后再由债务人或者其指定的第三人以交易本金加上溢价款回购，债务人到期不履行回购义务，财产归债权人所有”，即过去市场上曾经流行的“资产转让+回购”交易。该类交易虽然有资产转让的外观，但资产可能并不客观存在，或者短期内不能产生收益，受让方并不以取得资产或资产收益为目的，而是以向转让方提供融资并获取利息收入为目的。即使资产可以产生收益，受让方已收取的收益一般也会从转让方支付的回购价款金额中扣除。而在资产证券化交易中，基础资产可以产生稳定的现金流是开展业务的前提，而且SPV受让基础资产后均会实际收取（包括委托资产服务机构收取）基础资产现金流并用于资产支持证券的偿付，从这一点来说，与《担保制度司法解释》第68条第3款所列举的让与担保形式有所区别。

中国证券投资基金业协会（以下简称基金业协会）对某证券公司的处分决定，也反映出资产证券化交易与债务融资在现金流管理上的区别：某某证券……混淆了债务融资业务与资产证券化业务，从降低原始权益人融资成本的角度出发，在专项计划持有人不知情的情况下，与原始权益人、监管银行签订《监管协议谅解备忘录》，约定监管账户中的资金可由某某租赁用于支付融资租赁业务的设备款或用于偿还某某租赁向其他机构的借款，并且多次从监管账户转出归集资金。上述行为违背了《基金法》、《资产证券化业务管理规定》以及相关自律规则的要求，影响了专项计划资产的独立性，破坏了资产证券化业务的基础法律关系，使得专项计划资产出现被侵占、挪用的风险。[①]

4. 可能影响真实出售认定的交易安排

从美国的司法实践来看，破产制度的一个重要价值取向是使陷入破产危机的债务人起死回生，债务人迫切需要现金流来扭转困难的局面，而证券化的基础资产往往能够产生较为稳定的现金流，这是破产管理人质疑一项证券化交易的性质的内在动因。虽然可能影响真实出售认定的因素较多，

① 参见中基协处分〔2017〕3号《纪律处分决定书》。

但即使一项交易具备其中一项或多项不利因素，法院也不见得推翻基础资产转移的后果，而是会根据该交易与真实出售或担保贷款近似的程度进行综合判断。

相比之下，我国司法实践中可参考的案例较少，且由于判例法系与成文法系国家法律传统的差异和破产法制度中价值取向、处理问题方式的差异，可能造成有关同一问题的司法实践存在较大差异。

（1）不确定性的交易安排。

在目前的企业资产证券化交易中，普遍存在原始权益人或其关联方承诺对基础资产的收益未达到预期的差额进行补足，或承诺在特定情况下（如基础资产发生还款违约、基础资产质量下降、转让方经营状况恶化、转让方严重违约）回购基础资产。在不少这类交易中，原始权益人持有全部的次级档资产支持证券。在有的交易中，基础资产虽然转让给 SPV，但原始权益人作为资产服务机构无须将基础资产产生的所有收益转付给 SPV，而仅需转付用于兑付资产支持证券本息及项目费用所需金额。上述多种交易安排结合在一起，会造成交易的经济实质更接近于担保贷款，基础资产的风险和收益或控制权并未真正从原始权益人手中转移给 SPV。但由于真实出售与担保贷款之间并无明确的分界线，中间可能存在一个模糊地带，需要根据交易的整体安排进行综合判断。从国内司法实践来看，尚未有债权人或破产管理人质疑资产证券化交易的实质，从而无法验证这些安排将确实影响真实出售的认定，有待司法实践进一步检验或司法解释进一步明确判断标准。

（2）相对安全的交易安排。

一个问题是，资产证券化交易中常见的不合格资产赎回或置换，以及满足特定条件下的清仓回购会不会对真实出售造成不利影响呢？不合格资产的置换或赎回在法律上被视为原始权益人对其违反瑕疵担保义务的一种救济措施，并不影响交易实质。清仓回购是原始权益人的一项选择权而非义务，是在资产池剩余价值或者证券剩余规模降至较低时，为了尽快结束交易、降低交易成本而设计的一项机制，资产支持证券的兑付主要还是以基础资产回收的现金流为支持，并不依赖于原始权益人的回购承诺。因此，清仓回购与市场上其他通过“转让+回购”方式实现融资的交易并不相同，不会改变基础资产转移的实质。总而言之，符合法律规定以及市场惯常条件的不合格资产的置换或赎回以及清仓回购一般不会对真实出售的判断造成实质影响。

第二章　破产隔离的决定性因素：基础资产的定性与交易模式

本章关注的重点问题

- 基础资产在法律上有哪些分类？
- 证券化的交易模式所依据的法律关系是什么？
- 不同的法律关系对破产隔离的影响是什么？
- 为什么法律上很难判断“交易定价公允性”？
- “交易定价公允性”会转化成何种法律判断或要求？
- 对于资产证券化中经常涉及的不动产、不良资产（产权性质被认定为国有资产时），定价的要求是什么？

判断基础资产与原始权益人能否实现破产隔离，一般需要经过两个步骤：一是要判断基础资产的法律属性，二是要判断证券化所采取的交易模式，二者综合起来才能判断基础资产法律权属和风险转移得是否彻底。

另外，从交易定价的公允性来看，无论是《民法典》还是《企业破产法》，都把交易价格的公允性作为判断交易是否会被撤销的一个要件。因此，本章也会对交易定价公允性作一些分析。但由于交易定价的公允性很难在法律上进行简单判断①，所以本书其他部分在论述破产隔离问题时，如未特别提及，均假设基础资产的交易定价是公允的。

一、基础资产的法律性质——法律的独特视角

从法律性质来看，基础资产可以划分为如下六个大类，各类基础资产特有的法律特征又会带来不同的破产隔离效果（见表 2-1）。

表 2-1 基础资产的法律分类

法律分类（大类）	法律分类（细分）	法律特征	与原始权益人/资产服务机构破产隔离效果	业内典型实践
既有债权	一时性合同债权	原始权益人的义务已经履行完毕	破产隔离效果充分（融资租赁资产例外）	销售类、融资类资产
	继续性合同债权（需持续履行对价给付义务）	现金流依赖于原始权益人的持续经营或合同履行	不能实现完全的破产隔离效果	能源供应类

① 举例而言，股票在二级市场交易价格跟踪了上市公司股票的实时交易价格，这一价格是对上市公司估值的反映。理论上说，股票的二级市场价格只能是一种价格形成与公开机制，并不代表上市公司的公允价值，一方面价格总会偏离价值，另一方面二级市场交易主体对上市公司估值判断具有非常大的差异。进一步而言，对于存在公开交易市场的资产，其公允价值都是见仁见智的，在缺乏公开交易市场时，交易价格的公允性判断就更为困难。

续表

法律分类（大类）	法律分类（细分）	法律特征	与原始权益人/资产服务机构破产隔离效果	业内典型实践
未来债权/收益权	一般无合同/仅有框架性安排	现金流依赖于原始权益人的持续履行	基本不能实现破产隔离	基础设施/公用事业收益权类
大资管语境下资管份额	信托受益权 基金份额 其他资管份额	（1）双 SPV； （2）发行端 SPV 财产具有独立性； （3）底层资产控制方式：直接持有/质押+现金流监管	仅就基础资产层面而言容易实现破产隔离； 但底层资产对破产隔离效果也有影响，需具体分析	双 SPV 类资产证券化（CMBS、类 REITs）
股权	—	较少具备现金流稳定性的条件	可以实现破产隔离	实践中较少直接作为单独的基础资产
知识产权	—		—	
物权	所有权、担保物权		—	

对于表 2-1，笔者作出如下解释与澄清：

（1）上述分类既考虑了法律上对权利的分类标准，也考虑了资产证券化实务中对大类基础资产的划分。

（2）既有债权和未来债权都可能来源于合同，但在未来债权或者收益权的法律定性上理论界存在较大的争议。本书的重点并不集中在未来债权或者收益权的理论争议上，而是从实务角度以及破产隔离角度对此类权利的法律性质进行分析，也就是说，笔者将从实务角度以及破产隔离角度对这类权利的处理方案给出建议。

（3）一时性合同债权和继续性合同债权属于法律上对合同的分类。但在实务中，并非继续性合同债权就不能实现完全的破产隔离效果，因为在实际的资产入池过程中，可能对某一次交易产生的债权单独入池。例如，一份货物销售合同，买卖双方约定了持续进行货物买卖，但若某一次买卖中卖方已经交货给买方，买方已经接收验货，假设卖方已经没有其他义务，此时这一次货物买卖产生的卖方对买方的债权仍然可以入池，并通过适当安排实现破产隔离的效果。

（4）由于双 SPV 证券化模式的转化，从破产隔离角度考虑，应当适当关注底层资产的一些风险。

（5）知识产权、物权的证券化实践往往是将其作为交易标的从而转化为债权或者通过构建以该等资产为抵/质押品的债权并采用双 SPV 证券化模式发行，本书就不再单独分析。

综上，表格中对各类资产（权利）的特征表述做了简化，所以并不能完全以表格作为公式进行套用。一般情况下，表 2-1 可以作为判断的参考，但仍需要结合具体项目情形来分析。

二、交易模式带来的影响——信托、委托、买卖还是其他？

如何确定资产证券化交易模式的法律关系，尤其是原始权益人与 SPV 管理人之间的法律关系，对破产隔离的判断将产生实质性影响。目前，资产证券化所能采取的交易模式是由专门的证券化法规规定的。在信贷资产证券化和信托型资产支持票据业务中，采取财产权信托（特殊目的信托作为 SPV）模式，基础资产的转移发生在信托设立这一行为中；在交易所的企业资产证券化业务中，采取了募集资金（资金交付给 SPV 管理人的法律关系见下文分析）加上资产买卖的方式，基础资产的转移发生在买卖过程中。信贷资产证券化和信托型资产支持票据的 SPV 管理人由信托公司担任，企业资产证券化的 SPV 管理人主要由证券公司或基金管理公司子公司[①]担任。上述两种主要交易模式决定了破产隔离认定的差异。

（一）特殊目的信托的交易模式与破产隔离

1. 在信贷资产证券化业务和信托型的银行间债券市场企业资产证券化业务中，监管明确规定特殊目的信托为该类业务之发行载体

《信贷资产证券化试点管理办法》和《金融机构信贷资产证券化试点监督管理办法》均明确规定，发起机构通过设立特定目的信托的方式转让基础资产，受托机构因承诺信托而负责管理特定目的信托财产并发行资产支持证券。交易商协会 2023 年 3 月 6 日颁布的《银行间债券市场企业资产证券化业务规则》也明确规定银行间债券市场企业资产支持证券［包括资产支持票据、资产支持商业票据（Asset－Backed Commercial Paper，ABCP）以及交易商协会认可的其他证券化融资工具］的发行载体可以为特定目的信托。

2. 特定目的信托设立环节（基础资产转移环节）的法律关系

在信贷资产证券化业务和信托型的银行间债券市场企业资产证券化业务中，特定目的信托设立环节（基础资产转移环节）的法律关系为（见图 2-1）：

（1）金融机构/非金融企业作为发起机构、委托人，与受托人签署《信托合同》，将其合法所有的基础资产作为信托财产委托并转移给作为受托人的信托公司，设立特定目的信托。

（2）受托人作为发行人发行资产支持证券，将发行募集的资金作为信托对价支付给委托人，并将以信托财产所产生的现金流为限向资产支持证券持有人支付本金和收益。

---

① 虽有特例，但与本书内容关联性不大，因此只以这两类机构担任企业资产证券化的 SPV 管理人展开论述。

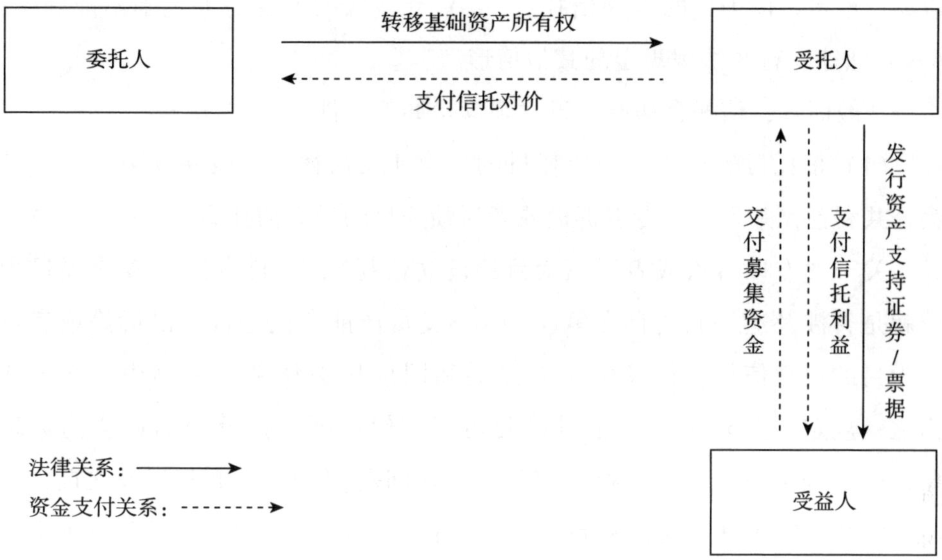

图 2-1　基础资产设立信托的法律关系

3. 信托财产独立性原则为资产证券化的破产隔离法律目标提供了法律依据

《信托法》第 15 条和第 16 条①确立了信托财产独立性原则，为基础资产与原始权益人和 SPV 管理人的破产隔离提供了法律依据和支撑。

4. 信托财产独立性以信托生效为前提，信托需不存在无效情形

《信托法》第 11 条规定了信托无效的七种情形，包括：“（一）信托目的违反法律、行政法规或者损害社会公共利益；（二）信托财产不能确定；（三）委托人以非法财产或者本法规定不得设立信托的财产设立信托；（四）专

① 《信托法》第十五条　信托财产与委托人未设立信托的其他财产相区别。设立信托后，委托人死亡或者依法解散、被依法撤销、被宣告破产时，委托人是唯一受益人的，信托终止，信托财产作为其遗产或者清算财产；委托人不是唯一受益人的，信托存续，信托财产不作为其遗产或者清算财产；但作为共同受益人的委托人死亡或者依法解散、被依法撤销、被宣告破产时，其信托受益权作为其遗产或者清算财产。

第十六条　信托财产与属于受托人所有的财产（以下简称固有财产）相区别，不得归入受托人的固有财产或者成为固有财产的一部分。

受托人死亡或者依法解散、被依法撤销、被宣告破产而终止，信托财产不属于其遗产或者清算财产。

以诉讼或者讨债为目的设立信托；（五）受益人或者受益人范围不能确定；（六）法律、行政法规规定的其他情形。”

一般而言，信托合法有效设立须满足如下条件：

（1）信托目的合法，即信托目的不得违反法律、行政法规或者损害社会公共利益，并且不得专以诉讼或者讨债为目的设立信托。

关于“专以诉讼或者讨债为目的设立信托”，不良资产证券化项目中曾就是否涉及这一问题存在争议——不良资产证券化是否专以诉讼或者讨债为目的设立信托？在《中华人民共和国信托法释义》一书中，学者认为这一规定主要是为了防止讨债公司等替代律师承揽诉讼的社会滥诉现象，引发侵害债务人和债权人权益的其他问题。[①] 在2008年以及之前，以不良资产为信托财产的交易尚不常见，有些法院的判例援引了上述规定而认定信托无效。[②]

①认定信托无效的案例。在某财产信托案中，某资产公司与某信托公司签订信托合同，约定将若干笔逾期贷款债权委托给信托公司设立“债权催收及财产信托”，由信托公司进行管理、运用及处分。由于被告未履行还款义务，信托公司向人民法院起诉，请求人民法院依法判令债务人还本付息。[③]

天津市第二中级人民法院认为：“信托公司的经营范围应仅限于为受益人的利益或特定目的，进行管理或者处分。按照国务院办公厅转发中国人民银行制定的《整顿信托投资公司方案》第一条的规定，坚持把信托投资公司真正办成‘受人之托，代人理财’，以手续费、佣金为收入的中介服务

---

① 专以诉讼或者讨债为目的设立的信托，属于无效信托。作出这一规定，主要是防止发生以营利为目的而替代律师承揽诉讼的社会滥诉现象，同时，当事人的诉讼权利不能作为信托的标的，不属于财产管理的活动，而且当一些有特殊背景的个人或组织担当了“讨债公司”的角色，还会引发侵害债务人和债权人权益的其他问题。为此，不少国家的信托法都作出了基本相同的禁止性规定，这样有利于维护国家的司法秩序，维护诉讼当事人的合法权益。参见卞耀武主编：《中华人民共和国信托法释义》，法律出版社2002年版，第69-70页。

② 参见刘小丽：《不良资产证券化中的法律问题与解决方案》，载《晟典律师评论》2017年。

③ 参见张淳：《我国信托法关于讨债信托与诉讼信托无效的规定应当删除》，载《南京大学法律评论》2014年第2期。

组织，严禁办理银行存款、贷款业务。由此可见，信托公司不具备代人主张债权的经营业务，即使订立了具有该方面内容的信托合同，依据信托法第十一条第（四）项‘专以诉讼或者讨债为目的设立信托’的规定，也应属于无效情形。”①

②认定信托有效的案例。就上述“债权催收及财产信托”的合法有效性，江苏省高级人民法院在另一个案件中的观点与天津市第二中级人民法院截然不同。江苏省高级人民法院认为，案涉信托并不是专以讨债为目的设立的信托，其基本理由是导致其设立的信托合同明确规定该信托的“信托目的为通过转让信托受益权以提高委托人处理银行不良资产的效率”，且法院还同时确认该信托合同既不属于违反信托法的强制性规定的合同，也不属于损害国家利益、社会公共利益或者第三人利益的合同。在此基础上，法院认为，资产管理公司设立该项信托“在本质上是对金融不良资产实施准证券化的一次尝试”，“本案所涉信托模式的出台，致使在我国多了一个金融不良资产处置的渠道，有助于提高金融资产管理公司处置不良资产的质量与效率。在当前法律环境尚不健全、不良资产证券化是否可行尚处于争论中、本案信托具有试点意义的背景下，宜从宽认定该项信托的效力，以保护市场主体的创新热情”。② 基于此，该法院认为该项信托有效。

此外，辽宁省高级人民法院在（2009）辽民二终字第209号民事判决书中同样认定不良资产信托有效。在该案中，二审法院辽宁省高级人民法院认为，双方当事人开展不良资产证券化试点项目经过了中国人民银行和中国银行业监督管理委员会（以下简称中国银监会）的批准，应为合法有效。该项目是以资产管理公司持有的可疑类不良贷款为基础资产，在银行间债券市场发行资产支持债券，并非上诉人主张的“专以诉讼或者讨债为

① 李芹等：《信托公司代人理财追讨债权条件受限》，载《人民法院报》2009年11月20日，第8版。

② 张淳：《我国信托法关于讨债信托与诉讼信托无效的规定应当删除》，载《南京大学法律评论》2014年第2期。

目的设立的信托"①。

从上述案件的裁判逻辑可知，由于不良资产证券化符合国家有关监管政策且获得监管部门许可，因此其信托目的不违法。《信托合同》一般明确约定信托目的为实施信贷资产证券化项目，实现信贷资产与委托人的风险隔离，提高金融资源优化配置效率，且委托人保证信托并非专为诉讼或讨债而设立。此外，从实际情况来看，发起机构将资产池设立信托也并非依赖受托机构的催收和处置能力来实现资产回收，受托机构一般均委托发起机构继续催收和处置基础资产。② 因此，在不良资产证券化项目信托财产管理过程中，虽然可能会涉及对相应债务人的催收、诉讼，但该等催收、诉讼行为并非信托设立的目的，设立信托的真实目的，并不属于《信托法》规定的"专以诉讼或者讨债为目的设立信托"。

（2）信托财产是委托人合法所有的财产，信托财产能够确定③，并且信托财产不得为禁止或限制流通的财产④。

为了不影响信托的有效性，信托财产必须满足上述要求，即不得选择非法的财产、禁止或限制流通的财产以及不能确定的财产作为信托财产。资产证券化项目中入池资产的合格标准以及资产保证中均会包含上述内容，以确保入池资产能够满足《信托法》关于信托财产的要求。关于收益权或未来债权是否满足信托财产确定的要求，将在本书第四章予以详述。

（3）受益人或者受益人范围能够确定。

设立信托的目的是使特定的受益人从信托财产的管理、运用或处分中取得信托利益，如果不能确定受益人，或不能确定受益人的范围，则设立

---

① 刘小丽：《不良资产证券化中的法律问题与解决方案》，载《晟典律师评论》2017 年。

② 参见刘小丽：《不良资产证券化中的法律问题与解决方案》，载《晟典律师评论》2017 年。

③ 《信托法》第七条　设立信托，必须有确定的信托财产，并且该信托财产必须是委托人合法所有的财产。

本法所称财产包括合法的财产权利。

④ 《信托法》第十四条　受托人因承诺信托而取得的财产是信托财产。

受托人因信托财产的管理运用、处分或者其他情形而取得的财产，也归入信托财产。

法律、行政法规禁止流通的财产，不得作为信托财产。

法律、行政法规限制流通的财产，依法经有关主管部门批准后，可以作为信托财产。

信托就失去了实际意义，没有必要形成信托关系。[①] 对此，《信贷资产证券化试点管理办法》第 13 条第 3 项[②]明确要求《信托合同》中约定“受益人范围和确定办法”。

5. 信托不存在可被撤销的情形

关于可撤销信托的情形，根据《信托法》第 12 条第 1 款[③]的规定，如果发起机构通过设立特定目的信托的方式转让基础资产的行为损害了发起机构债权人利益，则债权人有权申请人民法院撤销该信托，信托被撤销后也就无法实现破产隔离的目标。正常来讲，只要发起机构通过设立特定目的的信托和发行资产支持证券获得了合理的对价，该交易行为将改善发起机构的流动性，不会损害发起机构债权人的利益。

以信托方式进行的资产证券化项目还需要经过《企业破产法》的检验，

---

① 参见卞耀武主编：《中华人民共和国信托法释义》，法律出版社 2002 年版，第 70 页。

② 《信贷资产证券化试点管理办法》第十三条 发起机构应与受托机构签订信托合同，载明下列事项：

（一）信托目的；
（二）发起机构、受托机构的名称、住所；
（三）受益人范围和确定办法；
（四）信托财产的范围、种类、标准和状况；
（五）本办法第十四条规定的赎回或置换条款；
（六）受益人取得信托利益的形式、方法；
（七）信托期限；
（八）信托财产的管理方法；
（九）发起机构、受托机构的权利与义务；
（十）接受受托机构委托代理信托事务的机构的职责；
（十一）受托机构的报酬；
（十二）资产支持证券持有人大会的组织形式与权力；
（十三）新受托机构的选任方式；
（十四）信托终止事由。

③ 《信托法》第十二条 委托人设立信托损害其债权人利益的，债权人有权申请人民法院撤销该信托。

人民法院依照前款规定撤销信托的，不影响善意受益人已经取得的信托利益。

本条第一款规定的申请权，自债权人知道或者应当知道撤销原因之日起一年内不行使的，归于消灭。

根据《企业破产法》第 31 条①的规定，如果委托人设立信托的财产没有获得相应对价，或者对价明显不合理，则容易被认定为《企业破产法》上的不当转移行为而被撤销，难以实现破产隔离的目标②。

（二）资产支持专项计划的交易模式与破产隔离

1. 资产支持专项计划中基础资产转移的过程

在资产支持专项计划中，基础资产转移的过程见图 2-2：

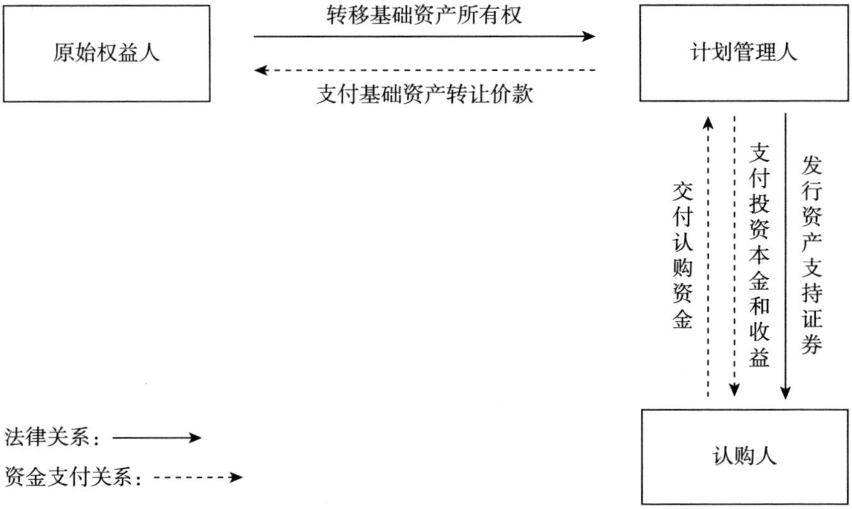

图 2-2　基础资产出售的法律关系

（1）认购人与计划管理人签署《认购协议》，认购专项计划项下的资产支持证券并向计划管理人交付认购资金。

---

① 《企业破产法》第三十一条　人民法院受理破产申请前一年内，涉及债务人财产的下列行为，管理人有权请求人民法院予以撤销：

（一）无偿转让财产的；

（二）以明显不合理的价格进行交易的；

（三）对没有财产担保的债务提供财产担保的；

（四）对未到期的债务提前清偿的；

（五）放弃债权的。

② 参见楼建波、刘燕：《信托型资产证券化中的破产隔离——真理还是幻象》，载《金融法苑》2005 年第 11 期。

（2）计划管理人与原始权益人签署《基础资产买卖协议》，将专项计划的认购资金用于向原始权益人购买基础资产，并以基础资产所产生的现金流为限向资产支持证券持有人支付资产支持证券的本金和收益。

这一结构与信托结构存在两点重大区别：一是投资者与 SPV 管理人形成的法律关系；二是基础资产转移过程不受信托设立制度的约束，而主要受《民法典》约束。

2. 企业资产证券化的特殊目的载体

受制于国内金融业务分业经营原则的约束，企业资产证券化的特殊目的载体尚未明确是信托。

《信托法》第 4 条规定："受托人采取信托机构形式从事信托活动，其组织和管理由国务院制定具体办法。"《国务院办公厅关于〈中华人民共和国信托法〉公布执行后有关问题的通知》（国办发〔2001〕101 号）规定："在国务院制定《信托机构管理条例》之前，按人民银行、证监会依据《信托法》制定的有关管理办法执行。人民银行、证监会分别负责对信托投资公司、证券投资基金管理公司等机构从事营业性信托活动的监督管理。未经人民银行、证监会批准，任何法人机构一律不得以各种形式从事营业性信托活动，任何自然人一律不得以任何名义从事各种形式的营业性信托活动。"

由于国务院并未就信托机构的组织和管理出台具体办法，实际上发挥作用的是《信托公司管理办法》和《证券投资基金法》。同时，《商业银行法》[①]《证券法》[②] 等法律也明确规定银行、信托、证券等实行分业经营、分业监管的原则。因此，信托实际成为信托公司、证券投资基金管理公司的专属业务和工具，其他主体不能经营信托业务。

---

① 《商业银行法》第四十三条　商业银行在中华人民共和国境内不得从事信托投资和证券经营业务，不得向非自用不动产投资或者向非银行金融机构和企业投资，但国家另有规定的除外。

② 《证券法》第六条　证券业和银行业、信托业、保险业实行分业经营、分业管理，证券公司与银行、信托、保险业务机构分别设立。国家另有规定的除外。

3. 资产支持证券持有人与计划管理人的法律关系

目前，需要借助委托代理制度来解释，在委托代理关系下，基础资产属于资产支持证券持有人。

在委托代理的框架下，根据《民法典》第 927 条[①]规定，受托人因处理委托事务而取得的财产，应归属于委托人。由于资产支持证券持有人与计划管理人之间为委托代理关系，专项计划资产由资产支持证券持有人共有。而关于该共有关系在类型上属于共同共有还是按份共有，理论上可能存有争议，且司法实践尚未处理过该问题。

根据《民法典》第 298 条和第 299 条规定，按份共有人对共有的不动产或者动产按照其份额享有所有权；共同共有人对共有的不动产或者动产共同享有所有权。从法律所规定的两种共有关系下共有人的权利义务情况来看，共同共有是一种更紧密的关系，共同共有常存在于家庭关系中，共有人的权利分割更为复杂和困难。例如，《民法典》第 301 条关于共有财产的处分，除共有人另有约定外，按份共有人 2/3 以上份额持有人同意即可，而共同共有人需全体同意；又如，《民法典》第 303 条关于共有财产的分割，如共有人没有约定或约定不明确的，按份共有人可以随时请求分割，而共同共有人在共有基础丧失或者有重大理由需要分割时才可以请求分割。

具体到专项计划关系中，从表面上看，资产支持证券持有人所持有的证券份额代表了其对专项计划资产的权益，类似于按份共有。且根据《民法典》第 308 条的规定，“共有人对共有的不动产或者动产没有约定为按份共有或者共同共有，或者约定不明确的，除共有人具有家庭关系等外，视为按份共有”，专项计划文件中往往未明确专项计划资产的共有类型，因此应当推定为按份共有。然而，从专项计划资产管理安排的特殊性来讲，其更类似于共同共有，原因在于：（1）专项计划资产的管理、运用具有整体性，难以进行分割。一般而言，资产支持证券持有人是对专项计划资产产生的现金流进行分配，而难以按照其现状进行分配。（2）资产支持证券持

① 《民法典》第九百二十七条　受托人处理委托事务取得的财产，应当转交给委托人。

有人的权利并非简单按照其享有的份额确定，不同类别的资产支持证券持有人的权利还存在优先劣后的区别，这在现金流分配顺序及资产支持证券持有人大会的表决权上均有体现。（3）资产支持证券持有人并非按份额承担专项计划的税收和费用，而是以专项计划资产整体来承担税收和费用。（4）按份共有人相对于共同共有人的一项突出权利是优先购买权，即《民法典》第306条第1款规定："按份共有人转让其享有的共有的不动产或者动产份额的，应当将转让条件及时通知其他共有人。其他共有人应当在合理期限内行使优先购买权。"而在专项计划中，不仅会限制资产支持证券持有人请求分割专项计划资产的权利，而且也限制其在其他资产支持证券持有人转让资产支持证券时主张优先购买权。

无论是共同共有还是按份共有，可能给专项计划的破产隔离带来的一个潜在威胁是，专项计划资产理论上可能无法实现与资产支持证券持有人的破产隔离。根据《民事执行规定》第12条①规定，对被执行人与其他人共有的财产，人民法院可以查封、扣押、冻结，在对共有财产进行协议分割后，查封、扣押、冻结的效力及于协议分割后被执行人享有份额内的财产。此外，根据《最高人民法院关于适用〈中华人民共和国企业破产法〉若干问题的规定（二）》第4条②的规定，债务人对其共有的财产所享有的

---

① 《民事执行规定》第十二条 对被执行人与其他人共有的财产，人民法院可以查封、扣押、冻结，并及时通知共有人。

共有人协议分割共有财产，并经债权人认可的，人民法院可以认定有效。查封、扣押、冻结的效力及于协议分割后被执行人享有份额内的财产；对其他共有人享有份额内的财产的查封、扣押、冻结，人民法院应当裁定予以解除。

共有人提起析产诉讼或者申请执行人代位提起析产诉讼的，人民法院应当准许。诉讼期间中止对该财产的执行。

② 《最高人民法院关于适用〈中华人民共和国企业破产法〉若干问题的规定（二）》第四条 债务人对按份享有所有权的共有财产的相关份额，或者共同享有所有权的共有财产的相应财产权利，以及依法分割共有财产所得部分，人民法院均应认定为债务人财产。

人民法院宣告债务人破产清算，属于共有财产分割的法定事由。人民法院裁定债务人重整或者和解的，共有财产的分割应当依据民法典第三百零三条的规定进行；基于重整或者和解的需要必须分割共有财产，管理人请求分割的，人民法院应予准许。

因分割共有财产导致其他共有人损害产生的债务，其他共有人请求作为共益债务清偿的，人民法院应予支持。

份额或财产权利属于破产财产；破产清算属于共有财产分割的法定事由，在重整或者和解的情况下管理人也可以基于重整和和解的需要请求法院分割共有财产。因此，对单个投资者资产的强制执行或者单个投资者陷入破产，可能导致专项计划资产整体被冻结、查封、扣押以及分割，将对专项计划的正常运行产生严重阻碍，影响其他投资者的利益。

从实务操作角度来讲，情况可能不会那么糟糕。(1) 由于在资产证券化业务中，投资者所持有的资产支持证券实际上代表其对基础资产的全部或部分受益权，并且已经对投资者所享有的利益进行了份额划分，资产支持证券相对于基础资产而言具有更高的流动性（这也是资产证券化的意义所在），从处置变现的便利性和变现价值来说都可能更具吸引力。(2) 即便对专项计划资产进行分割，也应遵循专项计划文件对资产支持证券持有人权利的约定（如分配的优先劣后顺序），对于非现金财产而言操作起来比较困难。(3) 根据《民法典》第303条的规定，"因分割造成其他共有人损害的，应当给予赔偿"，如果因为不必要的分割而给其他资产支持证券持有人造成损害，还应承担赔偿责任。因此，无论是对于投资者的债权人还是破产管理人而言，更明智的选择是请求法院查封、冻结、执行投资者所持有的资产支持证券，而不是请求查封基础资产并进一步对基础资产进行分割。因此，基础资产受到投资者司法执行或破产程序影响的实际风险可能较小。

4. 专项计划的法律关系有待还原实质，明确为信托关系

有学者指出，"证监会监管的企业资产证券化中的专项计划其实是一个资金信托"①，这一观点真实反映了目前金融领域法律规定未能及时反映和调整市场实践的现状。尽管中国的《信托法》《商业银行法》《证券法》等上位法仍坚持信托业、银行业、证券业的分业经营原则，而实际上以中国人民银行等四部委《关于规范金融机构资产管理业务的指导意见》（银发〔2018〕106号）为代表的资管新规及配套细则的出台，标志着金融行业混业经营的局面已在各个金融监管部门之间甚至国务院层面得到了认可并达

① 沈朝晖：《企业资产证券化法律结构的脆弱性》，载《清华法学》2017年第6期。

成了一定共识。

(1) 委托代理关系与信托关系的区别。

这个问题为什么重要，首先需要了解一下委托代理关系与信托关系的区别。从法律上看，委托与信托的主要区别见表 2-2①。

表 2-2　委托与信托的主要区别

比较项	委托	信托
法律关系的主体	委托人和受托人双方之间的法律关系	委托人、受托人、受益人三方之间的法律关系，在自益信托中委托人和受益人重合
财产权的归属	所涉及的财产归委托人所有，不具有独立性	财产或财产权由委托人“委托给”受托人并由受托人名义所有，信托财产独立于委托人财产和受托人固有财产；受益人对信托财产享有的权利表现为信托受益权，信托财产并非受益人的责任财产
委托人的权限	委托人有广泛指示权，受托人须遵照委托人的指示处理事务	受托人享有较大的管理权和裁量权，但同时受到《信托法》所规定的受托人义务及信托文件约定的信托财产管理、运用方式的约束
解除合同的条件	委托人和受托人均享有任意解除权	信托合同终止须具有法定或约定的事由
合同终止的条件	委托人死亡、终止或受托人死亡、丧失民事行为能力、终止的，原则上委托合同终止；当事人另有约定或者根据委托事务的性质不宜终止的除外	当委托人不是唯一受益人的，委托人的死亡、终止不导致信托终止；受托人的死亡、终止不当然导致信托终止，可选任新受托人承继原受托人的权利义务
受托人承担的责任	取决于合同的约定，一般仅在有过错的情况下对代理行为承担责任	受托人责任程度高，对受益人负有信义义务

① 参见郭强主编：《中国资产管理：法律和监管的路径》，中国政法大学出版社 2015 年版，第 18 页。

续表

比较项	委托	信托
对外缔约的效力	受托人在授权范围内与第三人订立的合同原则上可直接约束委托人与第三人	受托人根据信托文件与第三人订立的合同只约束受托人与第三人，委托人或受益人不能直接行使合同权利，但对于受托人的不当处分行为，委托人和受益人享有撤销权

因此，信托关系和委托关系在 SPV 管理人和投资者的权利、义务和责任分配上，以及基础资产的归属、对外缔约效力方面存在较大差异。

（2）《资管细则》的探索。

2018 年 10 月 22 日，中国证券监督管理委员会（以下简称中国证监会）公布实施了《证券期货经营机构私募资产管理业务管理办法》（已废止）和《证券期货经营机构私募资产管理计划运作管理规定》（以下合称《资管细则》）。同日，中国证监会相关部门负责人就《证券期货经营机构私募资产管理业务管理办法》及其配套规则答记者问中明确指出："《资管细则》依法明确各类私募资管产品均依据信托法律关系设立……落实信托法律关系。"2023 年 1 月 12 日，中国证监会修订了《资管细则》。相较于修订前的版本①，修订后的《证券期货经营机构私募资产管理业务管理办

① 2018 年《证券期货经营机构私募资产管理业务管理办法》第六条　资产管理计划财产的债务由资产管理计划财产本身承担，投资者以其出资为限对资产管理计划财产的债务承担责任。但资产管理合同依照《证券投资基金法》另有约定的，从其约定。

资产管理计划财产独立于证券期货经营机构和托管人的固有财产，并独立于证券期货经营机构管理的和托管人托管的其他财产。证券期货经营机构、托管人不得将资产管理计划财产归入其固有财产。

证券期货经营机构、托管人因资产管理计划财产的管理、运用或者其他情形而取得的财产和收益，归入资产管理计划财产。

证券期货经营机构、托管人因依法解散、被依法撤销或者被依法宣告破产等原因进行清算的，资产管理计划财产不属于其清算财产。

非因资产管理计划本身的债务或者法律规定的其他情形，不得查封、冻结、扣划或者强制执行资产管理计划财产。

法》第6条[①]新增规定："资产管理计划财产为信托财产。"《资管细则》的出台、答记者问中对私募资管产品适用信托法律关系的明确以及2023年修订对资产管理计划财产为信托财产的确认，表明中国证监会已认可证券期货经营机构可以从事营业信托活动，对"分业经营、分业管理"格局有所突破，体现了由机构监管向功能监管转变的趋势。

虽然《资管细则》并不适用于资产证券化业务[②]，但由于资产支持专项计划系由证券公司资产管理业务中的"专项资产管理计划"演变而来，两者在结构上具有极大相似性。

---

① 《证券期货经营机构私募资产管理业务管理办法》第六条　资产管理计划财产为信托财产，其债务由资产管理计划财产本身承担，投资者以其出资为限对资产管理计划财产的债务承担责任。但资产管理合同依照《证券投资基金法》另有约定的，从其约定。

资产管理计划财产独立于证券期货经营机构和托管人的固有财产，并独立于证券期货经营机构管理的和托管人托管的其他财产。证券期货经营机构、托管人不得将资产管理计划财产归入其固有财产。

证券期货经营机构、托管人因资产管理计划财产的管理、运用或者其他情形而取得的财产和收益，归入资产管理计划财产。

证券期货经营机构、托管人因依法解散、被依法撤销或者被依法宣告破产等原因进行清算的，资产管理计划财产不属于其清算财产。

非因资产管理计划本身的债务或者法律规定的其他情形，不得查封、冻结、扣划或者强制执行资产管理计划财产。

② 《证券期货经营机构私募资产管理业务管理办法》第二条　在中华人民共和国境内，证券期货经营机构非公开募集资金或者接受财产委托，设立私募资产管理计划（以下简称资产管理计划）并担任管理人，由托管机构担任托管人，依照法律法规和资产管理合同的约定，为投资者的利益进行投资活动，适用本办法。

本办法所称证券期货经营机构，是指证券公司、基金管理公司、期货公司及前述机构依法设立的从事私募资产管理业务的子公司。

证券期货经营机构非公开募集资金开展资产证券化业务，由中国证券监督管理委员会（以下简称中国证监会）另行规定。

另外，在2014年《资产证券化业务管理规定》出台之前，企业资产证券化一直以"专项资产管理计划"作为特殊目的载体。从2014年之前的《证券公司资产证券化业务管理规定》（证监会公告〔2013〕16号）（已废止）、《证券公司客户资产管理业务管理办法》（中国证监会令第87号）（已废止）等规定来看，专项资产管理计划属于资产管理计划的子品种，也就应当受资产管理业务相关规定的约束。根据《证券公司监督管理条例》第59条规定，客户的交易结算资金、证券资产管理客户的委托资产属于客户，应当与证券公司、指定商业银行、资产托管机构的自有资产相互独立、分别管理。非因客户本身的债务或者法律规定的其他情形，任何单位或者个人不得对客户的交易结算资金、委托资产申请查封、冻结或者强制执行。这一规定与《信托法》规定的信托财产归属的认定有所不同，因此，将资产管理业务认定为信托关系仍有待立法的完善。

(3)《资产证券化业务管理规定》及业务实务操作所体现的专项计划特征类似于信托。

首先,《资产证券化业务管理规定》规定了专项计划资产的独立性原则①,这在一定程度上参考了信贷资产证券化的有关业务规则,后者是建立在信托法基础上的,而在委托关系下专项计划资产与原始权益人、资产支持证券持有人的财产独立性不一定能得到保障。

其次,《资产证券化业务管理规定》所规定的管理人的职责权限②,更接近于信托关系中的受托人,而非委托关系下的代理人。管理人为资产支持证券持有人的利益管理专项计划资产并处理专项计划事务,包括对交易主体和基础资产进行尽职调查、管理专项计划资产、督促为专项计划提供服务的机构履行相应职责义务、监督和检查特定原始权益人的经营情况和

① 《资产证券化业务管理规定》第五条　因专项计划资产的管理、运用、处分或者其他情形而取得的财产,归入专项计划资产。因处理专项计划事务所支出的费用、对第三人所负债务,以专项计划资产承担。

专项计划资产独立于原始权益人、管理人、托管人及其他业务参与人的固有财产。

原始权益人、管理人、托管人及其他业务参与人因依法解散、被依法撤销或者宣告破产等原因进行清算的,专项计划资产不属于其清算财产。

第七条　管理人管理、运用和处分专项计划资产所产生的债权,不得与原始权益人、管理人、托管人、资产支持证券投资者及其他业务参与人的固有财产产生的债务相抵销。管理人管理、运用和处分不同专项计划资产所产生的债权债务,不得相互抵销。

② 《资产证券化业务管理规定》第六条第二款　管理人是指为资产支持证券持有人之利益,对专项计划进行管理及履行其他法定及约定职责的证券公司、基金管理公司子公司。

第十三条　管理人应当履行下列职责:

(一)按照本规定及所附《证券公司及基金管理公司子公司资产证券化业务尽职调查工作指引》(以下简称《尽职调查指引》)对相关交易主体和基础资产进行全面的尽职调查,可聘请具有从事证券期货相关业务资格的会计师事务所、资产评估机构等相关中介机构出具专业意见;

(二)在专项计划存续期间,督促原始权益人以及为专项计划提供服务的有关机构,履行法律规定及合同约定的义务;

……

(五)为资产支持证券投资者的利益管理专项计划资产;

……

(七)监督、检查特定原始权益人持续经营情况和基础资产现金流状况,出现重大异常情况的,管理人应当采取必要措施,维护专项计划资产安全;

(八)按照约定向资产支持证券投资者分配收益;

(九)履行信息披露义务;

(十)负责专项计划的终止清算;

(十一)法律、行政法规和中国证监会规定以及计划说明书约定的其他职责。

基础资产现金流情况、按约定进行专项计划利益分配、履行信息披露义务等。可见，管理人拥有较为宽泛的权利，除受到交易文件关于专项计划资产管理、运用方式的约束外，其在日常管理中享有较大自由裁量权，仅重要事项需提交资产支持证券持有人大会决策。

同时，“为资产支持证券持有人利益”隐含着管理人负有两方面的义务：一是对资产支持证券持有人的忠实义务，体现在《资产证券化业务管理规定》第14条①所列的禁止行为和第18条②规定的利益冲突的避免；二是勤勉尽责义务，包括为专项计划单独记账、独立核算，保持不同专项计划的独立性，对存续期风险采取适当的控制措施，充分履行信息披露义务等。该两方面义务实际上正是体现了信托关系中受托人对委托人和受益人的信义义务。

最后，在对外关系上，实务操作中管理人均以自身名义并代表专项计划对外签约，包括与原始权益人的基础资产买卖协议、与资产服务机构的服务协议、与托管银行的托管协议等。这些交易中的相对方均基于对管理人的信赖进行交易，而不怎么关心专项计划背后的投资者，该等相对方很可能会拒绝承认其与管理人订立的合同直接约束其自身和专项计划的投资者。如果按照委托关系对这一系列交易行为进行解释，则会产生与相关交易主体缔约目的相悖的法律效果，因为《民法典》第925条规定，“受托人以自己的名义，在委托人的授权范围内与第三人订立的合同，第三人在订立合同时知道受托人与委托人之间的代理关系的，该合同直接约束委托人和第三人。”

---

① 《资产证券化业务管理规定》第十四条　管理人不得有下列行为：
（一）募集资金不入账或者进行其他任何形式的账外经营；
（二）超过计划说明书约定的规模募集资金；
（三）侵占、挪用专项计划资产；
（四）以专项计划资产设定担保或者形成其他或有负债；
（五）违反计划说明书的约定管理、运用专项计划资产；
（六）法律、行政法规和中国证监会禁止的其他行为。

② 《资产证券化业务管理规定》第十八条　管理人与原始权益人存在第十七条所列情形，或者管理人以自有资金或者其管理的资产管理计划、其他客户资产、证券投资基金认购资产支持证券的，应当采取有效措施，防范可能产生的利益冲突。

管理人以自有资金或其管理的资产管理计划、其他客户资产、证券投资基金认购资产支持证券的比例上限，由其按照有关规定和合同约定确定。

（4）信托业新三分类的相关规定。

2023年3月20日，中国银行保险监督管理委员会（以下简称中国银保监会）① 下发的《关于规范信托公司信托业务分类的通知》（银保监规〔2023〕1号）将信托业务分为资产服务信托、资产管理信托、公益慈善信托三大类共25个业务品种，其中资产服务信托项下二级分类包含“资产证券化服务信托”，即“信托公司作为受托人，以资产证券化基础资产设立特定目的载体，为依据金融监管部门有关规定开展的资产证券化业务提供基础资产受托服务”。根据具体的基础资产类型和服务对象，资产证券化服务信托项下又分为四类，第二类为“企业资产证券化服务信托”，具体指“信托公司作为受托人，为按照《证券公司及基金管理公司子公司资产证券化业务管理规定》（证监会公告〔2014〕49号）开展的企业资产证券化业务提供基础资产受托服务”。

该规定的出台，意味着在企业资产证券化业务中，如计划管理人由信托公司担任，则对于信托公司来说，该项业务应属于资产证券化受托服务信托，计划管理人与投资者之间构成信托法律关系。然而，同样的交易结构，如计划管理人非由信托公司担任，则可能构成委托代理法律关系。纯粹因为计划管理人是否具有开展信托业务的资格，而决定某一项业务的法律关系判断，是不合理的。

（5）最高人民法院关于营业信托纠纷的处理意见。

《全国法院民商事审判工作会议纪要》（以下简称《九民纪要》）②第七部分“关于营业信托纠纷案件的审理”第88条除了规定“信托公司根据法律法规以及金融监督管理部门的监管规定，以取得信托报酬为目的接受委托人的委托，以受托人身份处理信托事务的经营行为，属于营业信托”外，还规定“根据《关于规范金融机构资产管理业务的指导意见》的规定，其他金融机构开展的资产管理业务构成信托关系的，当事人之间的纠纷适用信托法及其他有关规定处理”。事实上，《关于规范金融机构资产管理业务

① 2023年3月，中共中央、国务院印发《党和国家机构改革方案》，在中国银保监会基础上组建国家金融监督管理总局，不再保留中国银监会。

② 该会议纪要于2019年11月8日，由最高人民法院以法〔2019〕254号发布。

的指导意见》并未明确提到其他金融机构可以开展信托业务，而最高人民法院的这一规定意味着，法院如果根据相关交易的实质判断构成信托关系，应适用《信托法》及其他有关规定处理。

由此可见，目前专项计划及资产管理业务中投资者与管理人的关系究竟按委托关系处理，还是按信托关系处理，存有较大不确定性。目前该问题尚未引起足够的关注，原因在于在涉及资产证券化交易的司法案例中，相关当事方并未就该问题产生争议，法院按照“不告不理”的原则也就不会进行处理。但从维持法律体系严谨性的角度来说，立法机关应当在对经济活动进行适时总结的基础上，对不能满足经济发展需求的法律规定进行及时修订，以使法律能够切实地对经济行为起到指导和规范作用，避免法律与经济实践脱节，给市场中的行为主体造成困惑。

5. 基础资产的权属转移需进行真实出售的判断

在专项计划中，基础资产的转移是通过SPV管理人向原始权益人购买基础资产而实现的，因而在进行交易结构设计时需确保该交易符合真实出售的特点，避免基础资产的转移被认定为让与担保。关于真实出售问题，已在本书第一章第七部分进行集中探讨，此处不再赘述。

（三）资产支持商业票据（ABCP）中的续发安排

根据《银行间债券市场企业资产证券化业务规则》第4条规定，ABCP是指发起机构通过特定目的载体发行的，以基础资产为支持进行滚动发行的证券化融资工具。滚动发行情形下，当期资产支持商业票据到期时可以基础资产所产生的现金流、新发行资产支持商业票据的募集款项或外部流动性支持款项等作为偿付来源。根据《银行间债券市场企业资产证券化业务规则》第2条①的规定，ABCP不再作为资产支持票据（Asset－Backed

① 《银行间债券市场企业资产证券化业务规则》第二条 本规则所称银行间债券市场企业资产证券化业务，是指由基础资产所产生现金流作为主要偿付支持，发起机构通过特定目的载体发行企业资产支持证券的结构性融资活动。

本规则所称企业资产支持证券包括资产支持票据、资产支持商业票据以及交易商协会认可的其他证券化融资工具。

Medium-term Notes，ABN）的子品种，而是与 ABN 平行的一种银行间债券市场企业资产证券化产品。

从共性的角度看，目前发行的 ABCP 与信托型 ABN 一样均采用了财产权信托的基本法律架构。从差异性的角度看，与 ABN 相比，ABCP 具有如下突出特点，一是 ABCP 可以“滚动发行”，盘活存量更高效；二是 ABCP 灵活便捷，更贴合实体经济企业融资需求；三是 ABCP 标准化程度高，产品安全性好。①

在此需要特别澄清的是：ABCP“滚动发行”的法律关系、或者说续发法律关系，不同于 ABCP 首次发行时的法律关系。ABCP“滚动发行”安排即为 ABCP 项下的信托受益权在新、老投资者之间进行转让的行为。因此，若以后一期 ABCP 募集资金等兑付前一期 ABCP，则最迟于前一期 ABCP 兑付日前一日将后一期 ABCP 募集资金划付至上海清算所指定账户，并由其统一向前一期 ABCP 持有人分配前一期 ABCP 本息。② 因此，在 ABCP 的续发安排中，并无新的信托成立，原 ABCP 投资者持有的信托受益权并未灭失，而是转让给了新的投资者。进而，后一期 ABCP 募集资金通过上海清算所转付给前一期 ABCP 持有人的行为，应当视为新、老投资者信托受益权买卖的结算资金。这其中又包含了原 ABCP 持有人信托受益权转让的事先授权、发行载体管理机构代为办理信托受益权的转让、新投资者做出受让信托受益权的意思表示三个核心逻辑步骤。③

因此，在处理资产证券化交易的一些创新性安排以及非惯常性安排时，需要特别关注交易涉及的法律关系，在其中，也要特别关注是否涉及基础资产的移转。比如，在 ABCP 滚动发行时，企业（发起机构）可通过追加

---

① 《NAFMII 市场创新自律问答（第三期）-资产支持商业票据（ABCP）》，载微信公众号“NAFMII 资讯”2020 年 10 月 21 日，https：//mp. weixin. qq. com/s/KsQnJ4AbGX_ FyWk_ lNTZoA。

② 《ABCP 如何进行滚动发行操作?》，载中国银行间市场交易商协会网 2021 年 5 月 7 日，https：//www. nafmii. org. cn/cpxl/ywwd/cpcxl/zczcsypj/。

③ 刘柏荣、许苇、胡继东、蔺国桢：《ABCP 法律解读：资产支持商业票据的定位、创新与法律核心要点》，载北京市中伦律师事务所官网 2020 年 6 月 3 日，https：//www. zhonglun. com/research/articles/7983. html。

交付基础资产给信托（发行载体）的方式实现“扩募”[①]，此时，涉及基础资产的移转，那么，基础资产与发起机构之间的破产隔离效果的实现就需要按照基础资产设立信托的法律关系予以考察。

三、交易定价公允性的判断

（一）关于交易对价公允性的法律规定及分析

根据《民法典》第539条的规定，债务人以明显不合理的低价转让财产、以明显不合理的高价受让他人财产或者为他人的债务提供担保，影响债权人的债权实现，债务人的相对人知道或者应当知道该情形的，债权人可以请求人民法院撤销债务人的行为。在资产证券化项目中，适用这一条款的典型情形可能是：原始权益人或差额支付承诺人以明显不合理的低价转让财产或者为他人的债务提供担保，造成其无法履行对其他债权人的债务或对其偿债能力造成潜在不利影响。[②]

对于《民法典》第539条规定的“明显不合理”的低价或者高价，《最高人民法院关于适用〈中华人民共和国民法典〉合同编通则若干问题的解释》（以下简称《合同编司法解释》）第42条作出了具体解释：“对于民法典第五百三十九条规定的‘明显不合理’的低价或者高价，人民法院应当按照交易当地一般经营者的判断，并参考交易时交易地的市场交易价或者物价部门指导价予以认定。转让价格未达到交易时交易地的市场交易价或者指导价百分之七十的，一般可以认定为‘明显不合理的低价’；受让价格高于交易时交易地的市场交易价或者指导价百分之三十的，一般可以认定为‘明显不合理的高价’。债务人与相对人存在亲属关系、关联关系的，不

---

① 《ABCP每期滚动发行的规模是否可以变化？滚动发行时如何进行“扩募”或“缩募”?》，载中国银行间市场交易商协会网2021年5月7日，https://www.nafmii.org.cn/cpxl/ywwd/cpcxl/zczcsypj/。

② 在美国的资产证券化实操中，交易对价的公允性也可能对交易的性质及效力产生一定的影响。以低于资产价值相当的价格进行转让可能使交易更容易被认定为贷款而非真实出售，并可能导致交易被视为欺诈转移而依据《破产法》第548条或其他所适用的州法被取回。参见Bjorn Bjerke & Stuart，Chambers Global Practice Guides-Securitisation 2018（USA），Section 1.1。

受前款规定的百分之七十、百分之三十的限制。”这一规定基本延续了《全国法院贯彻实施民法典工作会议纪要》（法〔2021〕94号）第一部分“正确适用民法典总则编、合同编的相关制度”第9点的思路，差别在于前述会议纪要还规定了举证责任的分配，即“当事人对于其所主张的交易时交易地的指导价或者市场交易价承担举证责任”，而《合同编司法解释》增加了亲属关系、关联关系不受比例限制的例外。

根据《资产证券化业务管理规定》第3条第2款的要求，前款规定的财产权利或者财产，其交易基础应当真实，交易对价应当公允，现金流应当持续、稳定。从企业资产证券化的配套规则来看，交易对价的公允性主要集中表现在以下几个方面：(1) 基础资产（如应收账款、融资租赁）的基础交易对价公允；(2) 基础资产涉及关联交易的，交易对价公允①；(3) 基础资产从第三方受让所得的，转让对价公允；(4) 基础资产转让给SPV管理人时，转让对价应当公允；(5) 基础资产涉及循环购买的，购买定价公允。

在民法体系中，债权人的撤销权属于合同保全的范畴，是债的对外效力的体现。也就是说，债权人的撤销权是站在债权人的角度，去考察债务人是否实施了减少其财产的行为。在资产证券化交易场景中，债务人指的是原始权益人，其将资产信托给或出售给SPV管理人的行为构成财产处分行为，但在完成资产证券化交易之前，由于基础资产尚未发生转移，甚至还没有形成合同关系，因此原始权益人的债权人也无撤销的实际对象。从这个角度来看，原始权益人的债权人的撤销权是将来可能发生的一种风险。

债权人针对债务人有偿处分财产权益行使撤销权的条件包括：(1) 债务人实施了不合理的有偿处分财产权益的行为；(2) 影响债权人债权的实现；(3) 相对人具有恶意。② 从债权人的撤销权构成要件来看，判断其是否

---

① 《上海证券交易所资产支持证券挂牌条件确认规则适用指引第2号——大类基础资产》（以下简称《上交所挂牌确认指引2号》）第2.1.7条 基础资产或底层资产涉及关联交易的，管理人、律师等应当在专项计划文件中核查并披露基础资产或底层资产涉及的关联关系、关联交易的金额及占比情况，揭示风险并提供风险缓释措施，并就交易背景的真实性、交易对价的公允性及其对基础资产现金流预测的影响发表明确意见。

② 参见王利明、杨立新等：《民法学》，法律出版社2020年版，第694页。

存在交易被债权人撤销的风险，一是判断原始权益人转让基础资产的价格是否合理，二是判断是否影响原始权益人债权人债权的实现，三是 SPV 管理人是否存在恶意。就第二项条件而言，资产证券化是将存量的不易流通的资产变现从而获得融资，或是将未来可取得的收益换取现在的现金流。无论哪种方式，都可以改善原始权益人的短期流动性，在交易对价公允，且交易不触及债权人的担保资产或其他保障措施的情况下，一般不会损害债权人的利益。SPV 管理人在交易时的主观状态一般是善意的，或者从第三方角度难以判断。因此，原始权益人转让基础资产的价格是否合理似乎成了一个较为客观的构成要件。

最高人民法院民法典贯彻实施工作领导小组主编的《中华人民共和国民法典合同编理解与适用［一］》对“以明显不合理的低价转让财产”区分了时间标准、空间标准和数额标准。时间标准为交易当时，即实施交易行为时。空间标准为交易当地，即交易行为地。数额标准是一个一般判断标准，即“转让价格达不到交易时交易地的指导价或者市场交易价百分之七十的，一般可以视为明显不合理的低价”。这个一般判断标准是原则上的参考示范标准，而非绝对标准。“一般可以视为明显不合理的低价”的“一般”意味着要排除特殊情形；“可以”意味着应视具体情形而定，不作刚性约束；“视为”是立法上的法律拟制用语，债务人、受让人可以提出相反事实和证据予以推翻。① 因此，即使从债权人的角度出发，去证明“以明显不合理的低价转让财产”也不是一件容易的事情。

从其他角度看，交易对价的公允性还可能导致交易行为的无效。《民法典》第 154 条规定：“行为人与相对人恶意串通，损害他人合法权益的民事法律行为无效。”换句话说，在资产证券化项目中，如果原始权益人与 SPV

---

① 参见最高人民法院民法典贯彻实施工作领导小组主编：《中华人民共和国民法典合同编理解与适用［一］》，人民法院出版社 2020 年版，第 536-537 页。书中举了两个例子，季节性产品和易腐烂变质的时令果蔬在临近换季或者保质期将届满时，为回笼资金大幅甩卖，转让价款可能低于市价的 70%，不能认为其价格“明显不合理”；在市场疲软、有价无市、资金占用利息损失巨大的情况下，低于市价的 70%转让财产有利于挽回经营损失时，不能一概认为其“明显不合理”。

管理人恶意串通，损害了资产支持证券持有人的利益，则原始权益人与SPV管理人的民事法律行为是无效的。原始权益人与SPV管理人的恶意串通可能体现在交易定价上，但交易定价不公允并不构成恶意串通导致民事法律行为无效的充分条件，也不是必要条件。

从前述法律风险来看，企业资产证券化的配套规则对交易对价公允性提出要求是为了维护交易的稳定性，保护投资者的利益。从实际可操作的角度，对交易对价公允性的判断从以下几个角度考量较为合理：（1）原始权益人与SPV管理人作为交易双方的程序性事项履行情况。也就是说，将对交易对价公允性的实质公平的判断，转化为程序公平的要求。在原始权益人与SPV管理人履行必要的、合理的内部决策程序、尽职调查程序和发行定价程序后，应推定定价过程的合理性。（2）对投资者的信息披露。一般情况下，资产支持证券投资者并未实际参与到资产交易中，也未对基础资产开展充分尽职调查，所以投资者对资产证券化产品的投资定价基于原始权益人和SPV管理人的信息披露。因此，各类型的资产证券化产品也都非常重视信息披露工作，这是保护投资者利益的应有之义，通过对原始权益人、基础资产的信息披露，让投资者自行判断交易定价的合理性。（3）对特定资产的评估程序。这一点在基础资产涉及不动产、不良资产、国有资产的资产证券化项目上体现得尤为明显。通过对特定基础资产的评估程序，可以进一步确认交易对价的公允性。

（二）关于一些案例的思考

在最高人民法院指导案例33号①中，债权人认为债务人向关联公司低价转移固定资产的行为，是债务人与关联公司恶意串通的结果，损害了其合法权益，应确认资产买卖合同无效。一审法院、二审法院（最高人民法院）均支持了债权人的主张。由于债务人与资产的受让方的实际控制人系

① 瑞士嘉吉国际公司诉福建金石制油有限公司等确认合同无效纠纷案，最高人民法院指导案例33号（2014年）。

亲属关系（父女关系、夫妻关系），因此，债务人与资产的受让方是关联公司，关联公司在明知债务人欠债的情况下，未实际支付对价的，可以认定债务人与其关联公司恶意串通、损害债权人利益，与此相关的财产转让合同应当认定为无效。该案中值得参考的细节还包括：（1）债权人一开始向一审法院提出的诉讼请求包括：确认债务人与关联公司签订的《国有土地使用权及资产买卖合同》无效，或者撤销债务人向关联公司无偿或低价转让其全部固定资产的行为，后在一审审判过程中明确诉讼请求为前者。可见，债权人在起诉时同时考虑到了确认合同无效之诉和撤销之诉。由于这二者都可能是以不合理价格转移财产行为的救济，因此，二者有时是并存的。（2）资产买卖合同约定的资产买卖价款为2569万元，国有土地使用权作价464万元、房屋及设备作价2105万元，并未根据相关会计师事务所的评估报告作价。一审法院根据债务人资产负债表，以其中载明固定资产原价44,042,705.75元、扣除折旧后固定资产净值为32,354,833.70元，而资产买卖合同中对房屋及设备作价仅2105万元，认定资产买卖合同中约定的购买债务人资产价格为不合理低价是正确的。

最高人民法院在一份民事再审裁定书①中认为，经一审法院委托评估，涉案房产及土地使用权的价格合计9,388,644元。而债务人与某公司签订的《房地产买卖契约》约定的房产和土地的转让价款为4,015,500元。因该价款远远低于当时的市场价格，应属明显不合理的低价。且双方的股东互为亲戚，受让人理应知道债务人的行为将有害于债权人债权的实现。同时，根据已生效的民事判决，债权人对债务人享有250万元的债权，结合债务人在二审庭审中自认没有其他财产可供履行债务，故债权人行使撤销权的主张于法有据，理应获得支持。

最高人民法院在另一份关于债权人撤销权纠纷案的判决书②中，对如何采信证明“明显不合理的低价”的证据进行了充分的论证。概括而言，其

① 最高人民法院民事裁定书，（2013）民申字第1036号。

② 参见张金锁：《银行风险与规避法律实务应用全书》（增订3版），中国法制出版社2016年版，第478-481页。

在证据采信中提出了一些排除性原则：（1）在评估报告中，部分财产的价值依据卖方（债务人）单方所作的账面申报，对其不动产部分的评估缺少产权证明，且该资产评估是资产出售方单方面委托，缺乏公信度，其结果虽有一定的参考价值，但不能直接作为价格判断的最终依据，因此不属于证明明显低价的直接证据；（2）资产评估价格并不等于资产转让价格，原审法院以上述评估报告作为认定煤矿价格的直接依据，违背证据规则；（3）如果资产负债表中的资产还包括被转让资产以外的其他资产，且存在资产核减的情况（罚款、人民法院查封、强制执行的资产）而未核减，以资产负债表的资产总额作为判断明显低价的分母也属不当；（4）在认定买方（资产转让的受让人）资产负债表载明的买入的固定资产价值时，如果没有考虑受让人买入资产后的对煤矿的后期投入情况，没有考虑煤炭市场复苏致使煤矿升值等客观情况，是不合理的。在论证价格合理性时需要考虑如下因素：煤炭市场环境、卖方（债务人）的经营情况、资产的状况及可盈利性、同等价格被其他受要约人拒绝的情况、受让人的附加义务（职工安置等）、受让人的后期投入、卖方对价格的可控性等。

从上述案例可以比较直观地感受到对于“明显不合理的低价”认定的困难性。在资产证券化交易中，基础资产的估值也会因基础资产的类型和交易安排的不同而运用不同的方法。

（三）对不动产的评估要求

关于对不动产资产证券化的评估要求，各监管机构的相关规定如下：

中国证监会、住房和城乡建设部发布的《关于推进住房租赁资产证券化相关工作的通知》（证监发〔2018〕30号）第四部分“加强住房租赁资产证券化监督管理”第12项规定：“合理评估住房租赁资产价值。房地产估价机构对住房租赁资产证券化底层不动产物业进行评估时，应以收益法作为最主要的评估方法，严格按照房地产资产证券化物业评估有关规定出具房地产估价报告。承担房地产资产证券化物业估值的机构，应当为在住房城乡建设部门备案的专业力量强、声誉良好的房地产估价机构。资产支持证券存续期间，房地产估价机构应按照规定或约定对底层不动产物业进行定期或不定期评估，发生收购或者处置资产等重大事项的，应当重新评估。”

《上海证券交易所资产支持证券挂牌条件确认规则适用指引第1号——申请文件及编制》所附的《资产支持证券挂牌转让申请材料清单》规定，基础资产涉及不动产的，需提供不动产评估报告或资产评估报告。若估价报告或评估报告采用收益法评估，且已披露不动产项目未来现金流预测情况的，可不提供现金流预测分析报告。《上交所挂牌确认指引2号》第5.7条进一步规定：“评估报告应当由符合规定的评估机构出具。不动产项目的评估应当遵循合理、谨慎的原则，原则上以收益法作为主要估价方法。评估机构应当结合不动产项目历史经营情况等审慎设置评估参数，合理确定评估价值，并在评估报告及其附属文件中披露评估过程和影响评估的重要参数，包括土地使用权或者经营权剩余期限、运营收入、运营成本、运营净收益、资本性支出、未来现金流预期、折现率等。”

《深圳证券交易所资产证券化业务指南第1号——挂牌条件确认业务办理》附件1：挂牌条件确认申请材料清单中规定，“若基础资产或底层资产涉及不动产，需提供房地产估价报告或资产评估报告。出具房地产估价报告的评估机构应当为在住建部门备案的一级房地产估价机构；出具资产评估报告的评估机构应当根据法律法规取得相关资质。建议选用收益法作为最主要的估价方法，并参照《房地产投资信托基金物业评估指引（试行）》（中房学〔2015〕4号）的相关要求对物业进行评估”。

基金业协会发布的《资产证券化业务风险控制指引》第6条第2款规定：“对不动产等专业性较强的基础资产价值的评估，管理人应当委托符合条件的专业资产评估机构出具评估报告。基础资产为不动产的，发生收购或者处置等影响基础资产价值的重大事项时均应当进行评估。”

（四）不良资产的定价

资产证券化项目中作为基础资产的不良资产，一般指金融不良资产，即银行持有的次级、可疑及损失类贷款，金融资产管理公司收购或者接管的金融不良债权。①

如何确定不良资产的公允价值？根据《全国法院贯彻实施民法典工作会议纪要》（法〔2021〕94 号）第 9 条的规定，判断价值是否公允，可以参考交易地指导价或市场交易价。指导价系指交易地物价部门出具指导价格，不良资产通常不存在指导价，但不良资产在交易的过程中会形成市场交易价，市场交易价可为公允价值的判断提供一定的参考。

此外，根据《不良金融资产处置尽职指引》（银监发〔2005〕72 号）第 37 条的规定，不良金融资产定价“应在综合考虑国家有关政策、市场因素、环境因素的基础上，重点关注法律权利的有效性、评估（咨询）报告与尽职调查报告、债务人（担保人）或承债式兼并方的偿债能力与偿债意愿、企业经营状况与净资产价值、实物资产的公允价值与交易案例、市场招商情况与潜在投资者报价等影响交易定价的因素，同时也应关注定价的可实现性、实现的成本和时间”，可见不良资产的定价是一件比较复杂的事情。金融机构一般都有专门的内部评估部门或人员负责不良金融资产的定价。

关于具体评估的方式，《不良金融资产处置尽职指引》第 39 条要求银行业金融机构和金融资产管理公司应按国家有关规定确定，“选聘中介机构对处置不良金融资产进行评估的，应遵守有关行业准则”，“对不具备评估条件的不良金融资产，应明确其他替代方法”。对于占有国有资产的金融企业，根据《金融企业国有资产评估监督管理暂行办法》（财政部令第 47 号）第 6 条的规定：“金融企业有下列情形之一的，应当委托资产评估机构进行资产评估：……（六）资产转让、置换、拍卖的……（十）处置不良资产的……”不良资产证券化系由金融机构作为发起机构，将不良贷款债权信托给受托机构发行资产支持证券。以不良贷款债权设立信托实质上是一种债权转让

① 《金融不良资产评估指导意见》（中评协〔2017〕52 号）第二条第一款 本指导意见所称金融不良资产，是指银行持有的次级、可疑及损失类贷款，金融资产管理公司收购或者接管的金融不良债权，以及其他非银行金融机构持有的不良债权。

行为，通过证券化的方式处置不良资产，又是一种处置行为，因此依据上述规定，应当进行评估。同时，根据《金融企业国有资产评估监督管理暂行办法》第 17 条、第 18 条的规定，金融企业应根据其属于中央企业还是地方企业分别将评估项目报财政部或地方财政部门备案。

需注意的是，金融资产管理公司进行不良资产处置，并非一律要求必须委托外部机构评估。《金融企业国有资产评估监督管理暂行办法》第 2 条第 2 款规定："金融资产管理公司不良资产处置评估另有规定的从其规定。"《金融资产管理公司资产处置管理办法》（财金〔2008〕85 号）第 18 条第 1 款和第 2 款规定："资产公司在资产处置过程中，根据每一个资产处置项目的具体情况，按照公正合理原则、成本效益原则和效率原则确定是否评估和具体评估方式。资产公司对债权资产进行处置时，可由外部独立评估机构进行偿债能力分析，或采取尽职调查、内部估值方式确定资产价值，不需向财政部办理资产评估的备案手续。"

依据相关规定应当委托资产评估机构进行评估的，或根据项目实际情况确定采取外部评估方式的，评估价格应当作为不良资产定价的重要参考依据或底价。《金融企业国有资产评估监督管理暂行办法》第 24 条规定："金融企业发生与资产评估相对应的经济行为时，应当以经核准或者备案的资产评估结果为作价参考依据。当交易价格与资产评估结果相差 10% 以上时，应当就差异原因向财政部门（或者金融企业）作出书面说明。"《关于规范国有金融机构资产转让有关事项的通知》（财金〔2021〕102 号）第四部分"合理确定价格，有效防范国有资产流失"规定："国有金融机构资产转让，按照《金融企业国有资产评估监督管理暂行办法》（财政部令 47 号）等有关规定需要进行资产评估的，转让方应当委托具有相应资质的评估机构进行资产评估并履行相应的核准、备案手续，并以经核准或备案的评估结果为依据确定转让底价。"《金融资产管理公司资产处置管理办法》第 18 条第 2 款规定："资产公司应参照评估价值或内部估值确定拟处置资产的折股价或底价。"

评估价格虽然是不良资产定价的重要参考依据，但其并不直接等于公允价值，金融机构及其工作人员仍应承担独立判断不良资产价值是否公允的责任，以市场为导向，综合考虑多方面因素以确定不良资产的公允价值。《不良金融资产处置尽职指引》第 40 条规定："银行业金融机构和金融资产管理公司对评估（咨询）报告应进行独立的分析和判断，发现虚假记载、重大遗漏、误导性陈述和适用方法明显不当等问题时，应向中介机构提出书面疑义，要求其做出书面解释。不良金融资产工作人员不应简单以评估（咨询）结果代替自身进行的调查、取证和分析工作。在评估结果与招商结果、谈判结果等存在较大差异时，应分析原因，并合法、合理认定处置资产的公允价值。"

下面通过一个案例来认识不良资产定价的过程。在 A 房地产开发公司、B 资产管理公司哈尔滨办事处（以下简称 B 资产管理公司哈办）与 C 酿酒公司确认合同无效纠纷一案①中，C 酿酒公司请求确认 B 资产管理公司哈办与 A 房地产开发公司所签署的《债权转让协议》无效，案涉债权系 B 资产管理公司哈办于 2005 年 7 月从国有银行收购的商业性不良债权。对此，一审法院绥化市中级人民法院认为，B 资产管理公司哈办与 A 房地产开发公司之间的债权转让行为缺乏公正性和合法性，认定《债权转让协议》无效。但二审法院黑龙江省高级人民法院认为，根据国务院 2000 年 11 月 1 日颁布的《金融资产管理公司条例》第 26 条的规定，"金融资产管理公司管理、处置因收购国有银行不良贷款形成的资产，应当按照公开、竞争、择优的原则运作。金融资产管理公司转让资产，主要采取招标、拍卖等方式。……金融资产管理公司资产处置管理办法由财政部制定"。B 资产管理公司哈办在处置案涉债权时，采取在天津金融资产交易所公开挂牌的方式转让，符合前述条例所规定的"公开、竞争、择优"的原则，且案涉债权资产亦经 B 资产管理公司太原办事务评估，B 资产管理公司哈办亦对此进行了公告，

① 参见黑龙江省高级人民法院民事判决书，（2016）黑民终 39 号。

天津金融资产交易所亦就拟处置资产的“标的、挂牌价格、特别提示和重大事项披露”等转让信息在其网站上予以公告，A房地产开发公司在天津金融资产交易所挂牌交易期间摘牌取得案涉债权，并与B资产管理公司哈办签订案涉《债权转让协议》，该协议系双方当事人的真实意思表示，其内容并不违反法律、行政法规的效力性强制性规定，转让程序亦无导致合同无效的法定情形，故原审判决认定案涉《债权转让协议》无效缺乏事实根据和法律依据，应予纠正。从上述案例可以看出，上述不良资产先经评估确定价格，继而通过公开挂牌的方式进行转让，其价格形成过程的合法合规性有助于证实其价格的公允性。

（五）国有资产转让的评估与进场交易

1. 国有资产及其交易行为的界定

《企业国有资产法》于2009年5月1日起生效，在此之前，《企业国有资产监督管理暂行条例》比较全面地规范了国有资产监督管理的内容，但立法层次低，约束力不强。《企业国有资产法》的效力级别是“法律”，是国有资产管理的基本法，但其界定的国有资产转让仅指权益（国家对企业享有的所有者权益）的转让。

2016年6月24日发布的《企业国有资产交易监督管理办法》明确了纳入监管的三种交易行为（企业产权转让、企业增资、企业资产转让）和纳入监管的企业范围（国有及国有控股企业、国有实际控制企业；国有资本不具有实际控制力的国有参股公司应不属于其监管范围），进一步统一了企业国有资产交易行为的监管要求，对于规范企业国有资产交易行为，加强企业国有资产交易监督管理，防止国有资产流失具有重要意义。

此外，金融类企业国有资产转让需要关注金融企业国有资产转让相关的规定，包括但不限于《金融企业国有资产转让管理办法》（财政部令第54号）、《金融企业国有资产评估监督管理暂行办法》、《财政部关于规范国有金融机构资产转让有关事项的通知》。具体内容见表2-3。

表 2-3　关于“国有资产”含义的法律规定

法规名称	法规内容	分析
《企业国有资产法》（主席令第 5 号）	第二条　本法所称企业国有资产（以下称国有资产），是指国家对企业各种形式的出资所形成的权益。 第五条　本法所称国家出资企业，是指国家出资的国有独资企业、国有独资公司，以及国有资本控股公司、国有资本参股公司。 第五十一条　本法所称国有资产转让，是指依法将国家对企业的出资所形成的权益转移给其他单位或者个人的行为；按照国家规定无偿划转国有资产的除外。	1.《企业国有资产法》生效前，关于国有资产管理的规章和规范性文件多，立法层次低，约束力不强；而《企业国有资产法》的效力级别是“法律”，是国有资产管理的基本法。 2.《企业国有资产法》界定的企业国有资产实际上是企业国有资本，是指国家对企业各种形式的出资所形成的权益，“权益”是指国家对企业享有的所有者权益。[1] 3.《企业国有资产法》界定的国有资产转让指的是权益的转让，不是指国家出资企业转让机器设备、知识产权等具体财产的行为。[2]
《企业国有资产监督管理暂行条例》（2019 年修订）（国务院令第 709 号修订）	第二条　国有及国有控股企业、国有参股企业中的国有资产的监督管理，适用本条例。 金融机构中的国有资产的监督管理，不适用本条例。 第三条　本条例所称企业国有资产，是指国家对企业各种形式的投资和投资所形成的权益，以及依法认定为国家所有的其他权益。	1. 在《企业国有资产法》实施前，《企业国有资产监督管理暂行条例》（部门规章）比较全面地规范了国有资产监督管理的内容。 2.《企业国有资产监督管理暂行条例》不适用于金融类企业；金融类企业履行出资人职责的机构是财政部，因此对于金融类企业的国有资产的监督管理还应检索财政部下发的相关文件。 3.《企业国有资产监督管理暂行条例》对企业国有资产界定的范围稍广于《企业国有资产法》（增加了“依法认定为国家所有的其他权

续表

法规名称	法规内容	分析
		益”)；而《国有资产评估管理办法施行细则》《国有资产产权界定和产权纠纷处理暂行办法》对国有资产界定的范围更广（见下文）。
《国有资产评估管理办法施行细则》（国资办发〔1992〕36号）	第三条　《办法》(指《国有资产评估管理办法》)所说的国有资产是指国家依据法律取得的，国家以各种形式的投资和投资收益形成的或接受捐赠而取得的固定资产、流动资产、无形资产和其它形态的资产。	
《国有资产产权界定和产权纠纷处理暂行办法》（国资法规发〔1993〕68号）	第二条　本办法下列用语的含义： 国有资产。系指国家依法取得和认定的，或者国家以各种形式对企业投资和投资收益、国家向行政事业单位拨款等形成的资产。 产权。系指财产所有权以及与财产所有权有关的经营权、使用权等财产权。不包括债权。 产权界定。系指国家依法划分财产所有权和经营权、使用权等产权归属，明确各类产权主体行使权利的财产范围及管理权限的一种法律行为。 产权纠纷。系指由于财产所有权及经营权、使用权等产权归属不清而发生的争议。	
《企业国有资产交易监督管理办法》（国务院国有资产监督管理委员会、财政部令第32号）	第三条　本办法所称企业国有资产交易行为包括： （一）履行出资人职责的机构、国有及国有控股企业、国有实际控制企业转让其对企业各种	1.《企业国有资产交易监督管理办法》于2016年6月24日发布，属于部门规章；该办法明确了纳入监管的三种交易行为（企业产权转

续表

法规名称	法规内容	分析
	形式出资所形成权益的行为（以下称企业产权转让）； （二）国有及国有控股企业、国有实际控制企业增加资本的行为（以下称企业增资），政府以增加资本金方式对国家出资企业的投入除外； （三）国有及国有控股企业、国有实际控制企业的重大资产转让行为（以下称企业资产转让）。 第四条　本办法所称国有及国有控股企业、国有实际控制企业包括： （一）政府部门、机构、事业单位出资设立的国有独资企业（公司），以及上述单位、企业直接或间接合计持股为100%的国有全资企业； （二）本条第（一）款所列单位、企业单独或共同出资，合计拥有产（股）权比例超过50%，且其中之一为最大股东的企业； （三）本条第（一）、（二）款所列企业对外出资，拥有股权比例超过50%的各级子企业； （四）政府部门、机构、事业单位、单一国有及国有控股企业直接或间接持股比例未超过50%，但为第一大股东，并且通过股东协议、公司章程、董事会决议或者其他协议安排能够对其实际支配的企业。	让、企业增资、企业资产转让）和纳入监管的企业范围（国有及国有控股企业、国有实际控制企业，国有资本不具有实际控制力的国有参股公司应不属于其监管范围）。 2.《企业国有资产交易监督管理办法》第67条规定："本办法自发布之日起施行，现行企业国有资产交易监管相关规定与本办法不一致的，以本办法为准。"《企业国有资产交易监督管理办法》统一了企业国有资产交易行为的监管要求，对于规范企业国有资产交易行为，加强企业国有资产交易监督管理，防止国有资产流失具有重要意义。

续表

法规名称	法规内容	分析
《金融企业国有资产转让管理办法》（财政部令第 54 号）	第二条　本办法所称金融企业国有资产，是指各级人民政府及其授权投资主体对金融企业各种形式的出资所形成的权益。 本办法所称金融企业，包括所有获得金融业务许可证的企业和金融控股（集团）公司。 第五条　金融企业国有资产转让包括非上市企业国有产权转让和上市公司国有股份转让。 金融企业国有资产转让以通过产权交易机构、证券交易系统交易为主要方式。符合本办法规定条件的，可以采取直接协议方式转让金融企业国有资产。	
《关于规范国有金融机构资产转让有关事项的通知》（财金〔2021〕102 号）	国有金融机构转让股权类资产，按照《金融企业国有资产转让管理办法》（财政部令第 54 号）等相关规定执行；转让不动产、机器设备、知识产权、有关金融资产等非股权类资产，按照本通知有关规定执行，行业监管部门另有规定的从其规定。转让标的资产在境外的，应在遵守所在国法律法规的前提下，参照本通知规定执行，国家另有规定的从其规定。因开展正常经营业务涉及的抵（质）押资产、抵债资产、诉讼资产、信贷资产、租赁资产、不良资产、债权等资产转让及报废资产处置，以及司法拍卖资产、政府征收资产等，国家另有规定的从其规定。除国家另有规定外，涉及底层资产全部是股权类资产且享有浮动收益的信托计划、资管产品、基金份额等	金融类企业国有资产转让需要重点关注《金融企业国有资产转让管理办法》《金融企业国有资产评估监督管理暂行办法》《财政部关于规范国有金融机构资产转让有关事项的通知》。

续表

法规名称	法规内容	分析
	金融资产转让，应当比照股权类资产转让规定执行。纳入国有金融资本管理的凭借国家权力和信用支持的金融机构，资产转让有关事宜执行本通知规定。	

[1] 参见吴高盛：《〈中华人民共和国企业国有资产法〉解析》，人民法院出版社2008年版，第24-25页。该书指出："将企业国有资产定义为企业国有资本，有利于解决投资人权益与企业法人财产权的分离问题。即国有资产所有者或其出资人代表，一般来说，不能直接管理企业中的实物资产，只能按照自己所投资的份额，行使出资人职责，依法享有资产收益、参与重大决策和选择管理者等出资人权利。这些权利必须依照公司法等相关法律通过公司的机关即股东大会或董事会来进行。"

[2] 参见吴高盛：《〈中华人民共和国企业国有资产法〉解析》，人民法院出版社2008年版，第144页。该书指出："本法所称的国有资产，是指国家对企业各种形式的出资所形成的权益。国有资产转让指的就是权益的转让，不是指国家出资企业转让机器设备、知识产权等具体财产的行为。国有独资企业转让的是出资；国有独资公司、国有资本控股公司和国有资本参股公司转让的是股权、股份。在公司制企业中，股票或者股权证书是入股投资的凭证，是股权及其收益转移的工具。股票及股权证书工具的介入，使得股权转让出现票据化，这样既可以简化股权转让过程，提供交易方便，也可以更好地保护投资者利益。"

2. 关于资产评估的相关规定与案例分析

（1）关于资产评估的相关规定。

为依法履行出资人职责，加强企业国有资产监管，实现国有资产保值增值，国务院于1991年颁布了《国有资产评估管理办法》，在2020年对该办法进行了修订。国务院国有资产监督管理委员会（以下简称国务院国资委）于2005年发布了《企业国有资产评估管理暂行办法》，明确了企业国有资产评估的相关要求。2009年生效的《企业国有资产法》则从"法律"层面明确了评估的要求。此后，2016年颁布的《企业国有资产交易监督管理办法》明确了三种交易行为（企业产权转让、企业增资、企业资产转让）的评估要求。

就国有金融机构资产转让，《关于规范国有金融机构资产转让有关事项的通知》明确规定，按照《金融企业国有资产评估监督管理暂行办法》等有关规定需要进行资产评估的，转让方应当委托具有相应资质的评估机构进行资产评估并履行相应的核准、备案手续，并以经核准或备案的评估结果为依据确定转让底价。具体内容见表 2-4。

表 2-4　关于“国有资产”评估的法律规定

法规名称	法规内容	分析
《国有资产评估管理办法》（2020 年修订）（国务院令第 732 号修订）	第三条　国有资产占有单位（以下简称占有单位）有下列情形之一的，应当进行资产评估： （一）资产拍卖、转让； （二）企业兼并、出售、联营、股份经营； （三）与外国公司、企业和其他经济组织或者个人开办外商投资企业； （四）企业清算； （五）依照国家有关规定需要进行资产评估的其他情形。	1.《国有资产评估管理办法》（行政法规）及《国有资产评估管理办法施行细则》（部门规章）的出台时间较早、适用范围广；不仅适用于国有企业，也适用于国家机关、军队、社会团体等国有资产占有单位。 2. 根据上述规定，国有企业等国有资产占有单位进行资产拍卖、转让的，应当进行评估。
《国有资产评估管理办法施行细则》（国资办发〔1992〕36 号）	第四条　《办法》（指《国有资产评估管理办法》）第三条所说的国有资产占有单位包括： （一）国家机关、军队、社会团体及其他占有国有资产的社会组织； （二）国营企业、事业单位； （三）各种形式的国内联营和股份经营单位； （四）中外合资、合作经营企业； （五）占有国有资产的集体所有制单位； （六）其它占有国有资产的单位。	
《企业国有资产评估管理暂行办法》（国务院国资委令第 12 号）	第二条　各级国有资产监督管理机构履行出资人职责的企业（以下统称所出资企业）及其各级子企业（以下统称企业）涉及的资产评估，适用本办法。 第六条　企业有下列行为之一的，应当对相关资产进行评估：	1. 为依法履行出资人职责，加强企业国有资产监管，实现国有资产保值增值，国务院国资委于 2005 年发布了《企业国有资产评估管理暂行办法》，明确了企业国有资产评估的相关要求。

续表

法规名称	法规内容	分析
	（一）整体或者部分改建为有限责任公司或者股份有限公司； （二）以非货币资产对外投资； （三）合并、分立、破产、解散； （四）非上市公司国有股东股权比例变动； （五）产权转让； （六）资产转让、置换； （七）整体资产或者部分资产租赁给非国有单位； （八）以非货币资产偿还债务； （九）资产涉讼； （十）收购非国有单位的资产； （十一）接受非国有单位以非货币资产出资； （十二）接受非国有单位以非货币资产抵债； （十三）法律、行政法规规定的其他需要进行资产评估的事项。	2. 根据上述规定，产权转让以及资产转让、置换时均应进行资产评估。
《企业国有资产法》（主席令第5号）	第四十七条　国有独资企业、国有独资公司和国有资本控股公司合并、分立、改制，转让重大财产，以非货币财产对外投资，清算或者有法律、行政法规以及企业章程规定应当进行资产评估的其他情形的，应当按照规定对有关资产进行评估。 第五十五条　国有资产转让应当以依法评估的、经履行出资人职责的机构认可或者由履行出资人职责的机构报经本级人民政府核准的价格为依据，合理确定最低转让价格。	1. 资产评估是确定资产价值的重要步骤。在涉及国家出资企业的资产流转、交易等过程中，合理评估相关资产的价值，是国有资产管理的一项重要的基础性工作，是促进公平交易、防止国有资产流失的重要手段。[1] 2. 在《企业国有资产法》生效前，虽然《国有资产评估管理办法》和《企业国有资产评估管理暂行办法》均规定了评估的要求，但前者是行政法规，后者是

续表

法规名称	法规内容	分析
		部门规章，尚未达到“法律、行政法规”的级别，《企业国有资产法》则从“法律”层面明确了评估的要求。 3.《企业国有资产法》关于评估的要求如下： （1）主体：国有独资企业、国有独资公司和国有资本控股公司（未涉及国有资本参股公司）； （2）应当评估的情形：上述企业合并、分立、改制，转让重大财产，以非货币财产对外投资，清算或者有法律、行政法规以及企业章程规定应当进行资产评估的其他情形的。
《企业国有资产交易监督管理办法》（国务院国资委、财政部令第32号）	第二章　企业产权转让 第十二条　对按照有关法律法规要求必须进行资产评估的产权转让事项，转让方应当委托具有相应资质的评估机构对转让标的进行资产评估，产权转让价格应以经核准或备案的评估结果为基础确定。 第三章　企业增资 第三十八条　企业增资在完成决策批准程序后，应当由增资企业委托具有相应资质的中介机构开展审计和资产评估。 以下情形按照《中华人民共和国公司法》、企业章程履行决策程序后，可以依据评估报告或最近一期审计报告确定企业资本及股权比例：	1.《企业国有资产交易监督管理办法》明确了三种交易行为（企业产权转让、企业增资、企业资产转让）的评估要求。 2. 企业产权转让、企业资产转让的评估要求：对按照有关法律法规要求必须进行资产评估的产权转让事项，转让方应当委托具有相应资质的评估机构对转让标的进行资产评估。 其中“有关法律法规要求必须进行资产评估

续表

法规名称	法规内容	分析
	（一）增资企业原股东同比例增资的； （二）履行出资人职责的机构对国家出资企业增资的； （三）国有控股或国有实际控制企业对其独资子企业增资的； （四）增资企业和投资方均为国有独资或国有全资企业的。 第四章　企业资产转让 第五十条　转让方应当根据转让标的情况合理确定转让底价和转让信息公告期： （一）转让底价高于100万元、低于1000万元的资产转让项目，信息公告期应不少于10个工作日； （二）转让底价高于1000万元的资产转让项目，信息公告期应不少于20个工作日。 企业资产转让的具体工作流程参照本办法关于企业产权转让的规定执行。	的产权转让事项”可参考前述《国有资产评估管理办法》（2020年修订）、《国有资产评估管理办法施行细则》、《企业国有资产评估管理暂行办法》、《企业国有资产法》的规定。 3. 企业增资的评估要求：企业增资在完成决策批准程序后，应当由增资企业委托具有相应资质的中介机构开展审计和资产评估。
《金融企业国有资产评估监督管理暂行办法》（财政部令第47号）	第六条　金融企业有下列情形之一的，应当委托资产评估机构进行资产评估： （一）整体或者部分改制为有限责任公司或者股份有限公司的； （二）以非货币性资产对外投资的； （三）合并、分立、清算的； （四）非上市金融企业国有股东股权比例变动的； （五）产权转让的； （六）资产转让、置换、拍卖的； （七）债权转股权的； （八）债务重组的； （九）接受非货币性资产抵押或者质押的；	

续表

法规名称	法规内容	分析
	（十）处置不良资产的； （十一）以非货币性资产抵债或者接受抵债的； （十二）收购非国有单位资产的； （十三）接受非国有单位以非货币性资产出资的； （十四）确定涉讼资产价值的； （十五）法律、行政法规规定的应当进行评估的其他情形。 第七条　金融企业有下列情形之一的，对相关的资产可以不进行资产评估： （一）县级以上人民政府或者其授权部门批准其所属企业或者企业的部分资产实施无偿划转的； （二）国有独资企业与其下属的独资企业之间，或者其下属独资企业之间的合并，以及资产或者产权置换、转让和无偿划转的； （三）发生多次同类型的经济行为时，同一资产在评估报告使用有效期内，并且资产、市场状况未发生重大变化的； （四）上市公司可流通的股权转让。	
《金融企业国有资产转让管理办法》（财政部令第54号）	第二章　非上市企业国有产权转让 第十四条　转让方应当依照国家有关规定，委托资产评估机构对转让标的企业的整体价值进行评估。	

续表

法规名称	法规内容	分析
《关于规范国有金融机构资产转让有关事项的通知》（财金〔2021〕102号）	四、合理确定价格，有效防范国有资产流失 国有金融机构资产转让，按照《金融企业国有资产评估监督管理暂行办法》（财政部令第47号）等有关规定需要进行资产评估的，转让方应当委托具有相应资质的评估机构进行资产评估并履行相应的核准、备案手续，并以经核准或备案的评估结果为依据确定转让底价。对于有明确市场公允价值的资产交易，转让标的价值较低（单项资产价值低于100万元）的资产交易，国有独资、全资金融机构之间的资产交易，国有金融机构及其独资全资子企业之间的资产交易，以及国有金融机构所属控股子企业之间发生的不会造成国有金融机构拥有的国有权益发生变动的资产交易，且经国有金融机构或第三方中介机构论证不会造成国有资产流失的，依法依规履行决策程序后可以不评估，有明确市场公允价值的资产交易可以参照市场公允价值确定转让底价，其他资产交易可以参照市场公允价值、审计后账面价值等方式确定转让底价。对投资协议或合同已约定退出价格的资产交易，依法依规履行决策程序后，经论证不会造成国有资产流失的，可按约定价格执行。	

[1] 参见吴高盛：《〈中华人民共和国企业国有资产法〉解析》，人民法院出版社2008年版，第140页。

（2）应评估而未评估的企业国有资产交易行为的效力。

①应评估而未评估的法律后果。

从法律规定看，根据《企业国有资产评估管理暂行办法》第 27 条①的规定，应当进行资产评估而未进行评估的，由国有资产监督管理机构通报批评并责令改正，必要时可依法向人民法院提起诉讼，确认其相应的经济行为无效。因此，应评估而未评估的企业国有资产交易行为可能被认定为无效。

从司法实践看，2009 年 5 月 13 日《最高人民法院关于适用〈中华人民共和国合同法〉若干问题的解释（二）》（已废止）（以下简称《合同法司法解释二》）发布之前，司法实践中未区分管理性强制规定和效力性强制规定；最高人民法院曾有判决直接认定未按规定进行资产评估的转让合同无效。《合同法司法解释二》实施后，最高人民法院在相关案例中所表达的倾向性意见为关于国有资产评估管理的规定系管理性规定而非效力性规定，不能据此认定未经评估的交易合同无效。但如果出现国有资产占有单位与他人恶意串通，故意压低资产转让价格的情形，则以恶意串通，损害国家利益为由认定合同无效。相关司法判决的具体情况详见下文分析。

②认定企业国有资产交易行为无效的案例。

核心观点 1：应评估而未评估的企业国有资产交易行为无效。

在某汽车贸易公司、某汽车修造厂与某汽车技术公司、某物资集团公司、赫某某、梁某某及第三人某汽车销售公司侵权纠纷案②（2008 年 12 月

---

① 《企业国有资产评估管理暂行办法》第二十七条　企业违反本办法，有下列情形之一的，由国有资产监督管理机构通报批评并责令改正，必要时可依法向人民法院提起诉讼，确认其相应的经济行为无效：

（一）应当进行资产评估而未进行评估；

（二）聘请不符合相应资质条件的资产评估机构从事国有资产评估活动；

（三）向资产评估机构提供虚假情况和资料，或者与资产评估机构串通作弊导致评估结果失实的；

（四）应当办理核准、备案而未办理。

② 最高人民法院认为，《国有资产评估管理办法》第 3 条规定，国有资产占有单位进行资产转让的，应当进行资产评估。该规定属于强行性规定，而非任意性规定。原判决根据该规定认定本案所涉房地产转让合同无效正确，不违反《合同法》（已废止）第 52 条的规定。申请再审人受让本案所涉房地产违反《国有资产评估管理办法》的强制性规定，亦不能受到物权法的保护。对于环某公司而言，其知道或者应当知道涉案房地产属于国有资产，在没有履行《国有资产评估管理办法》规定的报批和评估手续的情况下，以明显不当的低价受让涉案房地产，损害了联合公司股东的合法权益，不能认定为善意受让人。参见最高人民法院民事裁定书，（2008）民申字第 461 号。

13日）中，最高人民法院认为，《国有资产评估管理办法》第3条属于强行性规定，而非任意性规定。国有资产占有单位进行资产转让时未依照上述规定进行资产评估的，转让合同无效；受让人在知道或者应当知道所受让的资产属于国有资产，且未依法进行报批和评估的情况下，仍以明显不当的低价受让该国有资产的，不属于善意受让人。

不过，最高人民法院的这一判决是在《合同法司法解释二》实施之前作出的，当时并未区分管理性强制规定和效力性强制规定。《合同法司法解释二》实施后，最高人民法院在相关案例中所表达的倾向性意见为：关于国有资产评估管理的规定系管理性规定而非效力性规定，不能据此认定未经评估的交易合同无效。

核心观点2：如果出现国有资产占有单位与他人恶意串通，故意压低资产转让价格的情形，则以恶意串通，损害国家利益为由认定合同无效。

最高人民法院在苏州某通信公司与北方某工业公司股权转让合同纠纷案①（2009年10月13日）中认为，国有资产转让不仅应当由国有资产监督管理部门审批，而且应当由具有国有资产评估资格的评估机构进行评估。当事人明知所涉股权未经评估而签订国有股权转让协议的，可以认定当事人明知或应当知道其行为将造成国家的损失，而故意为之，说明当事人并非善意。如果签订转让协议后评估价格属于明显不合理的低价，且受让方明知价格明显低于市场价格仍与之交易，谋取不当利益，即可认定为恶意串通。在上述情形下，应认定该股权转让协议无效。

核心观点3：关于国有资产评估管理的规定是效力性强制规定。

《合同法司法解释二》实施之后，虽然最高人民法院在相关案例中所表

① 最高人民法院认为，首先，根据国务院《国有资产评估管理办法》和《国务院办公厅关于加强国有企业产权交易管理的通知》的规定，国有资产转让不仅应当由国有资产监督管理部门审批，而且应当由具有国有资产评估资格的评估机构进行评估。其次，该评估价格属于明显不合理的低价，且广某公司明知价格明显低于市场价格仍与之交易，谋取不当利益，可认定为恶意串通。另外，通过一系列的股权转让行为，广某公司获得了巨额利益。综上，根据《合同法》第52条第2款“恶意串通，损害国家、集体或第三人利益的，合同无效”的规定，2002年6月18日，中某公司的股东北某公司、盈某公司、西某公司与广某公司签订的转股协议书应为无效合同。广某公司提出的转股协议书为成立未生效的合同的主张，本院不予支持。参见最高人民法院民事判决书，(2009)民二终字第15号。

达的倾向性意见为关于国有资产评估管理的规定系管理性规定而非效力性规定，但是也有法院认为关于国有资产评估管理的规定是效力性强制规定。贵州省高级人民法院在陈某某等诉贵州某房地产公司等股权转让纠纷案[①]（2009 年 10 月 13 日）中认为，转让前须对拟转让的国有资产进行评估是企业国有资产市场化的必经程序，《国有资产评估管理办法》第 3 条系为防止国有资产因转让而流失所设置的一种强制性的制度防范措施，属于效力性强制规定，违反将导致合同无效。

③认定企业国有资产交易行为有效的案例。

核心观点：应当进行评估的规定虽为强制性规定，但从法律条文的文义和立法宗旨来看，都应认定关于国有资产转让须经评估的强制性规定是管理性的，而非效力性的。如果出现国有资产占有单位与他人恶意串通，故意压低资产转让价格的情形，则以恶意串通，损害国家利益为由认定合同无效。

司法实践中，最高人民法院在柯某某与被上诉人上海某房地产公司股权转让纠纷案[②]（2018 年 5 月 29 日）、山西某能源公司与山西某煤化公司项目转让合同纠纷申请案[③]（2014 年 6 月 9 日）、罗某某与日本某公司、辽

---

① 贵州省高级人民法院认为："'首先，长城公司转让政峰公司股份违反《国有资产评估管理办法》中有关国有资产转让应当进行资产评估的强制性规定。《国有资产评估管理办法》第三条规定："国有资产占有单位有下列情形之一的，应当进行资产评估：（一）资产拍卖、转让……；'据此，转让前须对拟转让的国有资产进行评估是企业国有资产市场化的必经程序，该规定系为防止国有资产因转让而流失所设置的一种强制性的制度防范措施，属于效力性强制性规定，违反将导致合同无效。"参见贵州省高级人民法院民事判决书，（2014）黔高民提字第 7 号。

② 最高人民法院认为："国务院《国有资产评估管理办法》以及《全民所有制工业企业转换经营机制条例》关于国有企业重大资产转让必须进行评估并办理审批手续的规定，在性质上属于管理性规范而非效力性强制规范。况且前述文件其实并没有相关资产转让合同须经政府主管部门批准后方才生效的具体规定。原审法院援引前述文件认定上海康大公司对外转让重大资产未经评估审批，涉案《股权转让协议》《资产及股权转让协议》因欠缺国有资产转让合同生效要件而未生效，适用法律错误，依法予以纠正。"参见最高人民法院民事判决书，（2018）最高法民终 313 号。

③ 最高人民法院认为："《国有资产评估管理办法》第 3 条关于国有资产在转让前应当进行评估的规定属于管理性强制性规定而非效力性强制性规定。违反上述规定并不必然导致合同无效。……《国有资产评估管理办法》第 3 条的立法目的是保护国有资产，避免国有资产因低价转让而流失。但这并不等于在流通领域特别是市场主体间就财产流转发生争议时，要对占有、使用、经营国有资产的民事主体给予特殊保护。因为，平等保护所有民事主体的合法权益，是我国一切民事法律共同确认的基本原则。如果在民事司法中支持转让国有资产的民事主体事后以财产未经评估，可能造成国有资产流失为由请求认定合同无效的主张，则不仅会影响正常的市场流转秩序，也不利于国有企业以平等的市场主体身份参与市场竞争。"参见最高人民法院民事判决书，（2013）民申字第 2036 号。

宁某管业有限公司、辽宁某工程公司案外人执行异议纠纷案[①]（2013 年 12 月 6 日）、某集团有限公司与某高速公路控股集团有限公司股权转让纠纷案[②]（2013 年 11 月 28 日）中认为，应当进行评估的规定虽为强制性规定，但从法律条文的文义和立法宗旨来看，都应认定为关于国有资产转让须经评估的强制性规定是管理性的，而非效力性的。根据《合同法》第 52 条和《合同法司法解释二》第 14 条的规定，不能据此直接否认转让协议的效力。

3. 关于进场交易的相关规定与案例分析

（1）关于进场交易的相关规定。

“进场交易”源于国务院国资委、财政部 2003 年 12 月 31 日颁布的《企业国有产权转让管理暂行办法》，该办法属于部门规章。2009 年《企业国有资产法》生效后，进场交易成为“法律”的要求。2016 年《企业国有资产交易监督管理办法》进一步明确了三种交易行为（企业产权转让、企业增资、企业资产转让）均以进场交易为原则，直接协议转让为例外。国有金融机构资产转让原则上也应采取进场交易、公开拍卖、网络拍卖、竞争性谈判等公开交易方式进行（见表 2-5）。

表 2-5　关于国有资产进场交易的法律规定

法规名称	法规内容	分析
《企业国有资产法》（主席令第 5 号）	第五十四条　国有资产转让应当遵循等价有偿和公开、公平、公正的原则。 除按照国家规定可以直接协议转让的以外，国有资产转让应当在依法设	1.“进场交易”源于国务院国资委、财政部 2003 年 12 月 31 日颁布的《企业国有产权转让管理暂行办法》

① 最高人民法院认为：“从法律条文的文义和立法宗旨来看，都应认定关于国有资产转让须经评估的强制性规定是管理性的，而非效力性的。如果出现国有资产占有单位与他人恶意串通，故意压低资产转让价格的情形，则可按照合同法第五十二条的规定，以恶意串通，损害国家利益为由认定合同无效，这同样能达到保护国有资产的目的。”参见最高人民法院民事裁定书，（2013）民申字第 2119 号。

② 最高人民法院认为：“应当进行评估的规定虽为强制性规定，但根据《合同法》第五十二条及最高人民法院《关于适用〈中华人民共和国合同法〉若干问题的解释（二）》第十四条规定，该内容并非效力性强制性规定……不能直接否认案涉《股权转让协议书》的效力。”参见最高人民法院民事判决书，（2013）民二终字第 33 号。

续表

法规名称	法规内容	分析
	立的产权交易场所公开进行。转让方应当如实披露有关信息，征集受让方；征集产生的受让方为两个以上的，转让应当采用公开竞价的交易方式。 转让上市交易的股份依照《中华人民共和国证券法》的规定进行。	（根据《国务院国有资产监督管理委员会公告 2017 年第 1 号——废止失效的规章规范性文件目录》，已于 2017 年 12 月 29 日废止）第四条[1]，但该办法属于部门规章，尚未达到“法律、行政法规”的级别。若当时某国有产权交易未进场实施，很难说其因为违法而无效。[2] 2.《企业国有资产法》于 2009 年生效后，进场交易成为“法律”的要求。依照本条第 2 款规定，国有资产转让原则上应当在依法设立的产权交易场所公开进行，避免因不透明、不公开、不竞价、不公正操作导致的国有资产流失。
《企业国有资产交易监督管理办法》（国务院国资委、财政部令第 32 号）	第二章　企业产权转让 第十三条　产权转让原则上通过产权市场公开进行。转让方可以根据企业实际情况和工作进度安排，采取信息预披露和正式披露相结合的方式，通过产权交易机构网站分阶段对外披露产权转让信息，公开征集受让方。其中正式披露信息时间不得少于 20 个工作日。 因产权转让导致转让标的企业的实际控制权发生转移的，转让方应当在转让行为获批后 10 个工作日内，通过	《企业国有资产交易监督管理办法》明确了三种交易行为（企业产权转让、企业增资、企业资产转让）均以进场交易为原则，直接协议转让为例外。

续表

法规名称	法规内容	分析
	产权交易机构进行信息预披露，时间不得少于 20 个工作日。 第三十一条　以下情形的产权转让可以采取非公开协议转让方式： （一）涉及主业处于关系国家安全、国民经济命脉的重要行业和关键领域企业的重组整合，对受让方有特殊要求，企业产权需要在国有及国有控股企业之间转让的，经国资监管机构批准，可以采取非公开协议转让方式； （二）同一国家出资企业及其各级控股企业或实际控制企业之间因实施内部重组整合进行产权转让的，经该国家出资企业审议决策，可以采取非公开协议转让方式。 第四章　企业资产转让 第四十八条　企业一定金额以上的生产设备、房产、在建工程以及土地使用权、债权、知识产权等资产对外转让，应当按照企业内部管理制度履行相应决策程序后，在产权交易机构公开进行。涉及国家出资企业内部或特定行业的资产转让，确需在国有及国有控股、国有实际控制企业之间非公开转让的，由转让方逐级报国家出资企业审核批准。	
《金融企业国有资产转让管理办法》（财政部令第 54 号）	第一章　总则 第五条　金融企业国有资产转让包括非上市企业国有产权转让和上市公司国有股份转让。 金融企业国有资产转让以通过产权交易机构、证券交易系统交易为主要方式。符合本办法规定条件的，可以采取直接协议方式转让金融企业国有资产。	

续表

法规名称	法规内容	分析
	第四章 国有资产直接协议转让 第三十五条 有下列情况之一，经国务院批准或者财政部门批准，转让方可以采取直接协议转让方式转让非上市企业国有产权和上市公司国有股份。 （一）国家有关规定对受让方有特殊要求； （二）控股（集团）公司进行内部资产重组； （三）其他特殊原因。 拟采取直接协议转让方式对控股（集团）公司内部进行资产重组的，中央管理的金融企业一级子公司的产权转让工作由财政部负责；一级以下子公司的产权转让由控股（集团）公司负责，其中：拟直接协议转让控股上市公司股份的，应当将转让方案报财政部审批。	
《关于规范国有金融机构资产转让有关事项的通知》（财金〔2021〕102号）	三、规范转让方式，严格限制直接协议转让范围 国有金融机构资产转让原则上采取进场交易、公开拍卖、网络拍卖、竞争性谈判等公开交易方式进行。转让在公开市场交易的证券及金融衍生产品，应当通过依法设立的交易系统和交易场所进行。除国家另有规定外，未经公开竞价处置程序，国有金融机构不得采取直接协议转让方式向非国有受让人转让资产。属于集团内部资产转让、按照投资协议或合同约定条款履约退出、根据合同约定第三人行使优先购买权、将特定行业资产转让给国有及国有控股企业，以及经同级财政部门认可的其他情形，经国有金融机构按照授权机制审议决策后，可以采取直接协议转让方式进行交易。	

[1]《企业国有产权转让管理暂行办法》第四条 企业国有产权转让应当在依法设立的产权交

易机构中公开进行，不受地区、行业、出资或者隶属关系的限制。国家法律、行政法规另有规定的，从其规定。

[2] 参见倪俊骥、韦玮：《总体解读〈企业国有资产交易监督管理办法〉》，载微信公众号“国浩律师事务所”2016 年 7 月 3 日，https://mp.weixin.qq.com/s/Lu2PavNFyTf-5Edn6EL6PQ。

（2）应进场而未进场的企业国有资产交易行为的效力。

①应进场而未进场的法律后果。

从法律规定看，根据《企业国有产权转让管理暂行办法》（已废止）第 32 条①第 1 款第 1 项之规定，企业国有产权未按该办法规定在产权交易机构中进行交易的，国有资产监督管理机构或者企业国有产权转让相关批准机构应当要求转让方中止产权转让活动，必要时应当依法向人民法院提起诉讼，确认转让行为无效。但是《企业国有产权转让管理暂行办法》已于 2017 年 12 月被废止，这表明相关监管机构可能对于未进场交易的国有资产转让效力问题的态度发生转变。

从司法实践看，对于应进场而未进场的企业国有资产交易行为，法院在司法实践中的裁判观点并不统一，部分法院认为该种转让行为因违法而无效，但最高人民法院的判例倾向于认为该转让行为有效。相关司法判决

① 《企业国有产权转让管理暂行办法》第三十二条　在企业国有产权转让过程中，转让方、转让标的企业和受让方有下列行为之一的，国有资产监督管理机构或者企业国有产权转让相关批准机构应当要求转让方终止产权转让活动，必要时应当依法向人民法院提起诉讼，确认转让行为无效。

（一）未按本办法有关规定在产权交易机构中进行交易的；

（二）转让方、转让标的企业不履行相应的内部决策程序、批准程序或者超越权限、擅自转让企业国有产权的；

（三）转让方、转让标的企业故意隐匿应当纳入评估范围的资产，或者向中介机构提供虚假会计资料，导致审计、评估结果失真，以及未经审计、评估，造成国有资产流失的；

（四）转让方与受让方串通，低价转让国有产权，造成国有资产流失的；

（五）转让方、转让标的企业未按规定妥善安置职工、接续社会保险关系、处理拖欠职工各项债务以及未补缴欠缴的各项社会保险费，侵害职工合法权益的；

（六）转让方未按规定落实转让标的企业的债权债务，非法转移债权或者逃避债务清偿责任的；以企业国有产权作为担保的，转让该国有产权时，未经担保权人同意的；

（七）受让方采取欺诈、隐瞒等手段影响转让方的选择以及产权转让合同签订的；

（八）受让方在产权转让竞价、拍卖中，恶意串通压低价格，造成国有资产流失的。

对以上行为中转让方、转让标的企业负有直接责任的主管人员和其他直接责任人员，由国有资产监督管理机构或者相关企业按照人事管理权限给予警告，情节严重的，给予纪律处分，造成国有资产损失的，应当负赔偿责任；由于受让方的责任造成国有资产流失的，受让方应当依法赔偿转让方的经济损失；构成犯罪的，依法移送司法机关追究刑事责任。

的具体情况详见下文分析。

②认定企业国有资产交易行为有效的案例。

核心观点1：关于国有资产转让应当进行评估、批准等程序的规定属规范内部程序的管理性规定，而非效力性强制规定。

最高人民法院在林某某等诉甘肃某旅行社房屋买卖合同纠纷案[①]（2015年2月16日）中认为，《全民所有制工业企业转换经营机制条例》、《国有资产评估管理办法》以及《企业国有资产监督管理暂行条例》中关于国有资产转让应当进行评估、批准等程序的规定，系对履行出资人职责的机构及相关人员行为的规范，是法律对国有资产管理者课以的义务，要求管理者审慎地履行自己的职责，上述规定均属规范内部程序的管理性规定，而非效力性强制规定，不应影响国有企业与第三人签订合同的效力。

核心观点2：在没有充足证据证明国有资产监督管理机关否定交易行为的情形下，不宜直接认定该行为无效。

最高人民法院在北京某置业公司与北京某投资公司等股权转让纠纷上诉案[②]（2015年6月28日）中认为，虽然案涉股权未在产权交易场所公开进行、未办理股权资产评估备案，但在没有充足证据证明国有资产监督管理机关否定股权转让的情形下，不宜直接认定北京某置业公司出让涉诉股权的行为无效。在本案中，最高人民法院回避了《国有资产评估管理办法》第3条属于效力性强制规范还是管理性强制规范的认定，而是另行探索了一个新的裁判路径：以国资部门行政处理前置作为合同效力认定依据，如果

---

① 参见最高人民法院民事判决书，(2014) 民提字第216号。

② 最高人民法院认为，北京某置业公司与北京某投资公司签订《交易框架安排协议》约定北京某置业公司将涉诉某公司49%股权转让给北京某投资公司，因该49%股权系国有资产，所以协议各方应当依照国有资产转让的法律法规完善相关程序和手续。北京某置业公司提供的其控股股东及上级主管企业安徽某集团2011年8月12日《会议纪要》，虽然北京某投资公司不认可其真实性，但因北京某投资公司未提供证据予以推翻，故对上述《会议纪要》的真实性应予采纳。该《会议纪要》表明上级主管企业安徽某集团对北京某置业公司出让涉诉股权并无异议，安徽省国资委2014年6月16日作出的《监督检查意见书》也可在一定程度上表明涉诉49%股权转让未脱离国有资产监督管理机关的监管，所以，即使北京某置业公司出让上述股权未在产权交易场所公开进行、未办理股权资产评估备案，但在没有充足证据证明国有资产监督管理机关否定股权转让的情形下，不宜直接认定北京某置业公司出让涉诉股权的行为无效。参见最高人民法院民事判决书，(2015) 民二终字第399号。

国有资产监督管理机关没有对未经评估国有资产转让进行否定，则法院也不直接以未评估为由认定转让行为无效。[①]

③认定企业国有资产交易行为无效的案例。

核心观点：有关进场交易的规定应当属于效力性强制规范；确认《企业国有资产法》实施以前违反国有资产转让强制性规范的行为，可以援用关于损害社会公共利益的条款。

上海市高级人民法院在某投资有限公司与上海某自来水公司股权转让纠纷上诉案[②]中维持了上海市第二中级人民法院的判决，企业国有产权转让应当在依法设立的产权交易机构中公开进行，目的在于通过严格规范的程序保证交易的公开、公平、公正，最大限度地防止国有资产流失，避免国家利益、社会公共利益受损。企业未按规定在依法设立的产权交易机构中公开进行企业国有产权转让，而是进行场外交易的，其交易行为违反公开、公平、公正的交易原则，损害社会公共利益，应依法认定其交易行为无效。

上述案件的主审法官在其撰写的案件评析中进一步阐述了裁判意见中的观点："一是涉及国有资产转让的强制性规范，首先是管理性强制规范，

---

① 参见黄华珍：《法宝丛书丨PPP 裁判规则系列之七——"未经评估和审批的国有资产转让合同不必然无效"》，载微信公众号"北大法宝"2017 年 5 月 9 日，https：//mp. weixin. qq. com/s/RlBnyO3VAiD1hZIoAH7R-w。

② 上海市第二中级人民法院认为，讼争股权的性质为国有法人股，其无疑是属于企业国有资产的范畴。对于企业国有资产的转让程序和方式，国务院、省级地方政府及国有资产监管机构均有相应的规定。根据国务院国资委、财政部制定实施的《企业国有产权转让管理暂行办法》的规定，企业国有产权转让应当在依法设立的产权交易机构中公开进行，企业国有产权转让可以采取拍卖、招投标、协议转让等方式进行。根据上海市政府制定实施的《上海市产权交易市场管理办法》的规定，本市所辖国有产权的交易应当在产权交易市场进行，根据产权交易标的具体情况采取拍卖、招标或竞价方式确定受让人和受让价格。上述两个规范性文件虽然不是行政法规，但均系依据国务院的授权对《企业国有资产监督管理暂行条例》的实施所制定的细则办法。而且，规定企业国有产权转让应当进场交易的目的，在于通过严格规范的程序保证交易的公开、公平、公正，最大限度地防止国有资产流失，避免国家利益、社会公共利益受损。因此，《企业国有产权转让管理暂行办法》《上海市产权交易市场管理办法》的上述规定，符合上位法的精神，不违背上位法的具体规定，应当在企业国有资产转让过程中贯彻实施。本案中，上海某水务公司在接受上海某自来水公司委托转让讼争股权时，未依照国家的上述规定处置，擅自委托金槌拍卖公司拍卖，并在拍卖后与某投资有限公司订立股权转让协议，其行为不具合法性。上海某水务公司认为讼争股权属于金融类企业的国有产权，该类国有产权的转让不适用《企业国有产权转让管理暂行办法》的规定，其观点显然与法相悖。上海某自来水公司认为上海某水务公司违法实施讼争股权的拍卖，并依拍卖结果与某投资有限公司订立的股权转让协议无效的观点成立。参见上海市高级人民法院民事判决书，（2009）沪高民二（商）终字第 22 号。

但在一定程度上也是效力性强制规范，其中有关进场交易的规定应当属于效力性强制规范。二是确认《企业国有资产法》实施以前违反国有资产转让强制性规范的行为，可以援用《合同法》中关于损害社会公共利益的条款。即如果交易行为违反了规章或者其他法律文件中有关交易程序中的强制性规范，而这种交易程序恰恰是为了使社会公共利益不受侵害，那么法院可以考虑援用违反社会公共利益条款认定交易合同无效。"①

（3）《民法典》生效后效力性强制规定与管理性强制规定的区分。

根据上述案例的裁判思路，要求进行评估和进场交易的规定应属于效力性强制规定还是管理性强制规定对案件的裁判结果有关键影响。《民法典》第153条第1款规定："违反法律、行政法规的强制性规定的民事法律行为无效。但是，该强制性规定不导致该民事法律行为无效的除外。"《民法典》第153条尽管在表述上与《合同法》及其司法解释有所不同，"但其精神内核并没有变，区分效力性强制性规定与管理性强制性规定仍然有其积极意义……其中前半句的强制性规定，违反的后果是导致合同无效，因而其性质上属于效力性规定……至于该条后半句的强制性规定，则指的是管理性规定。鉴于私法中一般不存在管理性规定问题，因而这里的强制性规定主要是指公法上的强制性规定"②。《九民纪要》指出要慎重判断"强制性规定"的性质，特别是要在考量强制性规定所保护的法益类型、违法行为的法律后果以及交易安全保护等因素的基础上认定其性质，并在裁判文书中充分说明理由。

2023年最高人民法院发布的《合同编司法解释》第16条对《民法典》第153条第1款关于"强制性规定不导致该民事法律行为无效的除外"的适用情形作出了具体的解释。该条第1款规定："合同违反法律、行政法规的强制性规定，具有下列情形之一，由行为人承担行政责任或者刑事责任能够实现强制性规定的立法目的的，人民法院可以认定该合同不因违反强制性规定无效：（一）强制性规定虽然旨在维护社会公共秩序，但是合同的实际履行对

① 刘德权主编：《最高人民法院裁判意见精选》（下），人民法院出版社2011年版，第886-887页。

② 最高人民法院民法典贯彻实施工作领导小组主编：《中华人民共和国民法典总则编理解与适用》（下），人民法院出版社2020年版，第757-760页。

社会公共秩序造成的影响显著轻微，认定合同无效将导致案件处理结果有失公平公正；（二）强制性规定旨在维护政府的税收、土地出让金等国家利益或者其他民事主体的合法利益而非合同当事人的民事权益，认定合同有效不会影响该规范目的的实现；（三）强制性规定旨在要求当事人一方加强风险控制、内部管理等，对方无能力或者无义务审查合同是否违反强制性规定，认定合同无效将使其承担不利后果；（四）当事人一方虽然在订立合同时违反强制性规定，但是在合同订立后其已经具备补正违反强制性规定的条件却违背诚信原则不予补正；（五）法律、司法解释规定的其他情形。”其中第1项即是对违法行为的后果和影响进行具体分析，在公共利益保护价值和公平价值之间进行平衡。第3项则要求对当事人双方的注意义务进行具体分析，负有国有资产管理职责的一方不能单纯以违反国有资产管理的法律法规为由否认合同效力，而要评估对方当事人了解该等规定和审查相关前置程序是否承担过重义务。例如，“国有资产转让应进场交易”如被视为法律通识，则对方当事人可能难以主张其“无能力或者无义务审查合同是否违反强制性规定”。

由此可见，司法实践中对于认定合同无效的判断更为慎重。

4. 小结

（1）国有资产转让的评估与进场交易的规定存在于《企业国有资产法》、《企业国有资产交易监督管理办法》、《企业国有资产监督管理暂行条例》（2019年修订）、《国有资产评估管理办法》（2020年修订）、《企业国有资产评估管理暂行办法》等法律、行政法规和部门规章中。

（2）违反国有资产转让的评估与进场交易的规定是否会导致相关交易行为无效，司法实践中存在不同的观点，其核心区别为国有资产转让的评估与进场交易的规定是效力性强制规定还是管理性强制规定，同时也要结合违法行为的后果、当事人的善意或注意义务等因素进行具体判断。

（3）即便认定相关规定不是效力性强制规范，如果存在转让方和受让方恶意串通，故意压低资产转让价格的情形，则可能会因以恶意串通，损害国家利益为由认定合同无效。因此，建议在涉及国有资产转让时应积极依法完整履行评估程序，并按照相关法律法规的规定进场交易。

第三章　债权类资产的破产隔离

本章关注的重点问题

- 什么是债权转让的内部效力和外部效力?
- 如何确认债权转让的生效时间?
- 通知债务人对债权转让效力的影响是什么?
- 什么是资产证券化交易（债权转让）中的抵销风险以及风险如何缓释?
- 什么是资产证券化交易（债权转让）中的混同风险以及风险如何缓释?
- 抵押、质押、保证等附属担保权益的转让条件是什么?
- 债权转让能否对抗法院的查封、扣押?
- 双务合同对破产隔离的影响是什么?

一、债权类资产的划分

在证券化领域，所谓“债权类资产”只涉及法律界定的“债”的很小的一部分内容。

首先，从债的分类来讲，资产证券化的“债权”来源于合同之债，而不会来源于侵权、不当得利、无因管理。典型的资产类型包括贷款、融资租赁、保理、应收账款等。因此，从合同的角度去理解和分析债权类资产的风险特性，以及伴随债权转让带来的相应法律后果，是最主要的法律分析模式。即使是不动产、知识产权类的基础资产，其现金流仍然要在基础资产被使用时才能产生，而使用的最常见手段就是订立合同。

其次，很明显地，这类资产只涉及原始权益人的“债权”，不涉及原始权益人的“债务”。由于 SPV 管理人无法履行相应债务，如果原始权益人的“债务”也纳入基础资产的范围，则 SPV 也无法持续获得相应的对价（现金流）。但是，当原始权益人与债务人互负债务（双务合同）时，原始权益人能否将对债务人的债权进行证券化，而将其对债务人的债务留在自身，这类资产情况会对 SPV 造成何种影响，相对于单纯的债权转让就要复杂很多（具体见本章第十部分的内容）。

最后，资产证券化所涉及的“债权类资产”既然是一种资产，其来源于资产负债表的资产部分，一般可以认为证券化的基础资产可以在原始权益人的资产负债表的资产端找到。也许在资产端体现的法律形式不是合同形式的，而是固定资产、无形资产等，在这种情况下，就需要将此类资产的现金流产生方式固化下来（使基础资产具有确定性），从而达到可以证券化的条件。

笔者于表 3-1 总结了三种最常见的债权类资产类型，将在本章分析“既有债权”类资产的特点及其证券化后满足破产隔离效果的一些重要问题，在第四章重点分析收益权类资产的相关问题。

表 3-1 债权类资产的分类

法律分类（大类）	法律分类（细分）	法律特征	与原始权益人破产隔离效果	业内典型实践
既有债权	一时性合同债权	原始权益人的义务已经履行完毕	破产隔离效果充分（融资租赁资产的例外）	销售类、融资类
	继续性合同债权（需持续履行对价给付义务）	现金流依赖于原始权益人的持续履行	不能实现完全的破产隔离效果	能源供应类
未来债权/收益权	一般无合同/仅有框架性安排	现金流依赖于原始权益人的持续经营或合同履行	基本不能实现破产隔离效果	基础设施/公用事业收益权类

二、债权类资产的证券化模式

债权类资产具有三种典型的资产证券化模式：信贷资产证券化、企业资产证券化和资产支持票据。

从第二章的分析可以看出，债权类资产的交易模式包括信托模式和买卖模式，通过订立信托合同或基础资产买卖合同的方式实现，两种模式都会导致债权转让。

三、债权转让生效的标志

在本章所述的债权类资产证券化模式中，要实现债权类资产与原始权益人的破产隔离，关键是要确定债权转让已经生效。

在证券化交易中，原始权益人和 SPV 管理人签署信托合同或基础资产买卖合同，并且合同中约定了很多的时点，那么债权转让生效应当以哪个时间为准？债权转让生效的标志是什么？

（一）债权转让的内部效力和外部效力

债权转让的效力分为内部效力（转让方和受让方之间的效力）和外部效

力，其中外部效力又包括对债务人的效力和对第三人的效力（见图 3-1）。

1. 内部效力。在转让方和受让方之间，债权转让生效的标志通常为债权转让合同生效。但是如果债权转让合同中约定了债权转让生效的其他条件（如约定受让方支付转让完毕转让价款作为债权转让生效的条件），则在该等条件满足后债权转让方可生效。特别地，债权通知债务人不是债权转让生效的必要条件。根据《民法典》第 546 条和《合同编司法解释》第 48 条[①]的规定，受让方取得转让债权不以通知债务人为条件，债权转让的效力不因未通知债务人而受影响。

2. 对债务人的效力。根据《民法典》第 546 条的规定，对债务人而言，债权转让未通知债务人，该转让对债务人不发生效力，即使受让方取得了债权，债务人有权拒绝受让人的履行请求；债务人向转让方履行债务的，债权消灭。如果债权转让通知了债务人，则债权转让对债务人发生效力，此时债务人即对受让方负有履行义务，并且有权以此拒绝转让方的履行请求；如果债务人仍然向转让方履行，则不发生债权消灭的效力。[②]

3. 对第三人的效力。债权转让对第三人的效力，主要指债权转让对抗不特定第三人，如转让方的其他债权人和债权多重转让情形下的后续受让方。

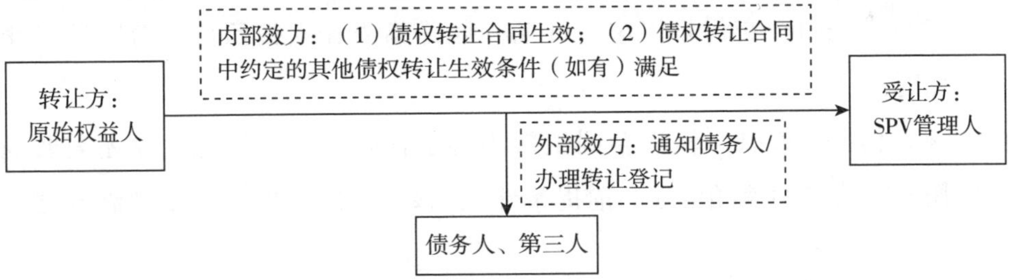

图 3-1　债权转让的法律效力图

---

① 《民法典》第五百四十六条　债权人转让债权，未通知债务人的，该转让对债务人不发生效力。

债权转让的通知不得撤销，但是经受让人同意的除外。

《合同编司法解释》第四十八条第一款　债务人在接到债权转让通知前已经向让与人履行，受让人请求债务人履行的，人民法院不予支持；债务人接到债权转让通知后仍然向让与人履行，受让人请求债务人履行的，人民法院应予支持。

② 参见黄薇主编：《中华人民共和国民法典释义及适用指南》（中），中国民主法制出版社 2020 年版，第 826 页。

（二）信托型交易中债权转让时点分析

在信托型交易中涉及如下时点：

（1）初始起算日/封包日/基准日。初始起算日/封包日/基准日从时间上界定了被证券化基础资产的范围：在该日之前，基础资产及其产生的现金流不属于入池资产，自该日起基础资产及其产生的现金流属于入池资产。在基础资产是按时间计算利息的情况下，需要特别关注的是：截至这一日的应付未付利息以及将来产生的利息全部入池，还是只有自这一日起计收的利息才入池，应当作出清晰地界定。当然，在以初始起算日/封包日/基准日界定被证券化基础资产的范围的基础上，基于特殊的商业考量或业务需求，也可以将某一部分基础资产及/或其产生的现金流排除在入池资产之外，这属于当事人意思自治的范畴。

（2）信托合同生效日。《民法典》第502条第1款规定："依法成立的合同，自成立时生效，但是法律另有规定或者当事人另有约定的除外。"一般而言，信托合同签署日即信托合同生效日。如果信托合同约定了其他生效条件，则在信托合同约定的合同生效条件均满足之日信托合同生效。

（3）信托财产交付日。这一日期一般是指委托人按照信托合同约定交付信托财产之日。

（4）信托生效日。信托合同生效不等于信托生效，信托生效还需要满足信托合同约定的信托生效的前提条件①，该等先决条件全部得到满足之日

---

① 例如，信贷资产证券化的《信托合同》通常约定如下内容：

委托人于信托生效日将资产池信托予受托人，受托人于信托生效日接受该资产池并设立信托，都以下列先决条件在信托生效日当日或之前得到满足（或部分被有权方放弃）为前提，即下列先决条件全部得到满足（或部分被书面放弃）之日为信托生效日：

（1）委托人已向受托人交付了委托人的金融许可证、营业执照以及批准委托人签署相关交易文件以及进行本合同项下交易的公司文件、批文或授权书的复印件（如有）；

（2）受托人已向委托人交付了受托人的金融许可证、营业执照以及批准受托人签署交易文件以及进行本合同项下的交易的必要的公司文件、批文或授权书的复印件（如有）；

（3）贷款服务机构、资金保管机构、主承销商已分别向受托人交付了批准或授权其签署相关交易文件、行使其权利和履行其义务所必备的全部内部授权文件（包括但不限于公司文件、批文或授权书）的复印件（如有）；

为信托生效日。

在信托型资产证券化项目交易中，信托生效日为债权转让生效之日。一般情况下，这一日期与初始起算日/封包日/基准日、信托合同生效日并不相同（在某些交易安排下，这 3 个日期也可以相同），当这 3 个日期各不相同时，应当以信托生效日确定债权转让生效日。而信托财产交付日一般与信托生效日相同，这是因为信托生效的其他条件可能在实际操作中都提前做好了安排，而信托财产交付是最后一步，因此，当信托财产交付完成时，信托就生效了。确认信托财产交付完成的工作，可以由双方签署确认函或发布公告的形式进行。

（三）买卖型交易中债权转让时点分析

（1）初始起算日/封包日/基准日、基础资产转让合同生效日。这两个日期的基本作用及达成条件与信托型交易类似。

（2）SPV 设立日。在企业资产证券化中，一般约定 SPV 设立日系指根据会计师事务所验资报告，SPV 募集资金总额已达到目标募集金额，且已全额划付至 SPV 账户，并经 SPV 管理人公告 SPV 设立的当日。

（3）转让价款支付日。在企业资产证券化中，一般约定在 SPV 设立当日，SPV 管理人将使用 SPV 募集资金向原始权益人支付基础资产购买价款。

在企业资产证券化项目中，一般约定 SPV 管理人在 SPV 设立当日向原始权益人支付基础资产转让价款，转让价款支付日为债权转让生效日。如果由于 SPV 管理人在 SPV 设立日无法完成转让价款的支付（两个日期不能

---

(4)《主定义表》《信托合同》《服务合同》《资金保管合同》《主承销协议》的相关各方已向受托人和前述交易文件的其他各方交付了经其妥为签署的正本；

(5) 银登中心已就本信贷资产证券化项目发放产品信息登记编码；

(6) 受托人和委托人已完成资产支持证券在人民银行的注册且受托人和委托人已按照人民银行的规定履行完毕发行前备案等相关手续；

(7) 受托人已经收到会计/税务顾问出具的关于拟设立信托的资产池的相关报告；

(8) 法律顾问已经向委托人和受托人出具了法律意见书，除其他事项以外，应就交易文件的合法性、有效性以及信托设立的合法性发表法律意见；以及

(9) 委托人和受托人已按照本合同约定完成信托财产的交付。

保证在同一日)，既可以约定转让价款支付日为债权转让生效日，也可以约定 SPV 设立日为债权转让生效日。一般而言，交割确认函的签署是原始权益人与 SPV 管理人就基础资产买卖交割的确认，不影响债权转让生效，但如果双方约定交割确认函签署之日为债权转让生效的标志，则应当以双方约定为准。

上述分析解决了债权类资产在转让方与受让方之间发生法律效力的问题，但债权类资产在转让方与受让方之间发生法律效力并不等同于债权类资产与原始权益人实现了破产隔离，这一问题还受到通知债务人、办理转让登记等条件的制约。

四、通知债务人的问题

债权转让是否能够达到“破产隔离”的效果，还必须考察该转让对抗债务人和第三人的外部效力。通知债务人至少会产生三个关键性效果：(1) 使债权转让对债务人发生法律效力；(2) 在债权多重让与的情况下，确定债权权利归属；(3) 对抗转让方债权人对基础资产的查封或冻结。从另一个角度来看，在证券化交易中，债权转让不通知债务人，虽然不违反法律规定，但也造成了基础资产与原始权益人的风险隔离不彻底的问题，进而也就需要对这些问题予以回应或解决。

(一) 不通知债务人是否影响债权转让的有效性?

1. 债权转让不通知债务人的法律后果

《民法典》第 546 条规定，“债权人转让债权，未通知债务人的，该转让对债务人不发生效力。债权转让的通知不得撤销，但是经受让人同意的除外。”根据前述规定，就债权转让不通知债务人的效力，可作如下理解：

(1) 债权转让不通知债务人不影响债权及其附属担保权益在原始权益人和 SPV 管理人之间转让的效力。债权及其附属担保权益自交易双方约定的债权转让生效日即由原始权益人转移至 SPV 管理人，不通知债务人并不影响债权及其附属担保权益在原始权益人和 SPV 管理人之间转让的效力。

（2）SPV 管理人与债务人的关系：在原始权益人或 SPV 管理人通知债务人债权转让的事实之前，SPV 管理人无权向债务人主张债权或担保权利，债务人亦没有义务向 SPV 管理人偿还债务或承担担保责任。

（3）原始权益人与债务人的关系：在债权转让通知送达债务人之前，债务人有义务继续向原始权益人偿还债务或承担担保责任，但原始权益人受领款项后，应将其所受领的款项返还给 SPV 管理人。

（4）SPV 管理人与保证人的关系：在附有保证担保权益的债权转让中，一般情况下，若无特殊约定，债权转让未通知保证人的，其效力与债权转让未通知债务人的效力类似，即不影响在原始权益人与 SPV 管理人之间转让的效力，但 SPV 管理人无权在通知保证人之前向保证人主张担保权利，保证人亦有义务继续向原始权益人履行担保义务。值得注意的是，若原始权益人与保证人在原合同或协议中明确约定了禁止债权转让，此时，债权转让不仅需要通知保证人，还须取得保证人的书面同意；否则，保证人将不再对 SPV 管理人继续承担保证责任。

2. 司法实践的支持

经检索公开的司法判例，同样可以得出，不通知债务人并不影响债权在原始权益人和 SPV 管理人之间转让的效力的结论。

案例 1：最高人民法院于 2021 年 9 月 6 日作出的（2021）最高法民申 4347 号民事裁定书认为，《合同法》第 80 条第 1 款（现《民法典》第 546 条，下同）规定，债权人转让权利的，应当通知债务人；未经通知，该转让对债务人不发生效力。本案中，无证据表明相关债务人对《债权转让协议》的通知提出异议。而华恒公司作为债权受让人，系该协议的当事方而非被通知方，即使未通知到债务人，亦不影响该协议对华恒公司发生效力。

案例 2：辽宁省高级人民法院于 2021 年 8 月 16 日作出的（2021）辽执复 296 号执行裁定书认为，《合同法》第 80 条第 1 款规定，债权人转让权利的，应当通知债务人。未经通知，该转让对债务人不发生效力。该条规定并未将通知作为债权转让本身成立和生效的条件，是否通知债务人并不影响受让人合法取得被转让债权的法律效果。

案例 3：湖北省高级人民法院于 2019 年 12 月 5 日作出的（2019）鄂民申 3975 号民事裁定书认为，债权转让未通知债务人，对债务人不发生法律效力，但在债权转让人与受让人之间仍合法有效，许某依据欠条向刘某主张权利，依法应予支持。

（二）SPV 设立时未发送债权转让通知的风险

1. SPV 管理人无权向债务人行使债权或担保权利

由于债权转让并未通知债务人，对债务人不发生法律效力，因此 SPV 管理人无权向债务人行使债权或担保权利。

2. 债务人向原始权益人还款或履行担保责任后债权归于消灭

在债权转让未通知债务人的情况下，债务人有义务继续向原始权益人偿还债务或承担担保责任，被转让的债权将因债务人清偿而归于消灭。此时，SPV 管理人只能要求原始权益人返还其所受领的款项，但原始权益人在受领债务人偿还的款项后可能陷于破产或因其他事由丧失了向 SPV 管理人返还其所受领的款项（返还不当得利）的能力，从而使 SPV 管理人难以获得清偿。从这一点来说，SPV 能否取得该等还款仍然受到原始权益人信用风险的影响。

3. 抵销风险

《民法典》第 549 条规定：“有下列情形之一的，债务人可以向受让人主张抵销：（一）债务人接到债权转让通知时，债务人对让与人享有债权，且债务人的债权先于转让的债权到期或者同时到期；（二）债务人的债权与转让的债权是基于同一合同产生。”根据前述规定，债务人可能在未接到债权转让通知前取得对原始权益人的债权，从而行使抵销权。关于这一风险，将在本章第五部分进行具体论述。

4. 不能对抗法院查封、冻结的风险

对于证券化项目中已作为基础资产转让的债权，如未将债权转让之事实通知债务人，当转让方发生其他债务纠纷时，其债权人可能申请法院查封、冻结已转让的基础资产或其回收款。我国法律对于债权转让如何能够

对抗转让方的债权人的问题，一直未有明确规定，这导致司法实践中裁判尺度不统一。客观上，在未发送债权转让通知的情况下，SPV 管理人所取得的债权存在无法对抗法院查封、冻结的风险，具体将在本章第八部分进行详述。

5. 多重转让的风险

如证券化交易中作为基础资产的债权转让未通知债务人，且转让方将同一债权再次转让给第三方并将第二次转让的事实通知了债务人，则债务人理应向最先通知的受让方履行债务，该履行行为将使债权消灭；SPV 管理人无权请求债务人继续履行，只能追究转让方的违约责任。根据《合同编司法解释》第 50 条第 2 款的规定，前述最先通知的受让人，是指最先到达债务人的转让通知中载明的受让人。① 关于多重转让的问题，具体将在本章第九部分展开论述。

（三）法律风险缓释措施

对于前述法律风险，在交易安排中，通常会采取在发生权利完善事件后由原始权益人或 SPV 管理人向债务人发送权利完善通知的方式予以缓释。

1. 权利完善通知的含义

权利完善通知，是指为完善 SPV 管理人在基础资产中的权益而向债务人发送的通知，即告知债务人债权转让的事实，使债权转让对债务人发生法律效力。

---

① 《合同编司法解释》第五十条　让与人将同一债权转让给两个以上受让人，债务人以已经向最先通知的受让人履行为由主张其不再履行债务的，人民法院应予支持。债务人明知接受履行的受让人不是最先通知的受让人，最先通知的受让人请求债务人继续履行债务或者依据债权转让协议请求让与人承担违约责任的，人民法院应予支持；最先通知的受让人请求接受履行的受让人返还其接受的财产的，人民法院不予支持，但是接受履行的受让人明知该债权在其受让前已经转让给其他受让人的除外。

前款所称最先通知的受让人，是指最先到达债务人的转让通知中载明的受让人。当事人之间对通知到达时间有争议的，人民法院应当结合通知的方式等因素综合判断，而不能仅根据债务人认可的通知时间或者通知记载的时间予以认定。当事人采用邮寄、通讯电子系统等方式发出通知的，人民法院应当以邮戳时间或者通讯电子系统记载的时间等作为认定通知到达时间的依据。

2. 权利完善事件

交易文件中通常约定，在发生权利完善事件后，由原始权益人或在一定情况下由 SPV 管理人向债务人发送权利完善通知。权利完善事件一般包括以下几类：发生资产服务机构主体信用或履约能力恶化事件（如发生资产服务机构解任事件、评级机构给予资产服务机构长期主体信用等级低于一定级别）；发生原始权益人主体信用恶化事件（如发生原始权益人丧失清偿能力事件、评级机构给予原始权益人的长期主体信用等级低于一定级别）；仅就某一笔债权类资产而言，借款人或担保人未履行其在基础合同项下的任何义务，以致须对其提起法律诉讼或仲裁。在近年来的交易中，从便利资产服务机构对基础资产的处置的角度出发，最后一类事件越来越少被采用。

（四）权利完善通知的发送主体与方式

1. 权利完善通知的发送主体

无论是《民法典》还是其生效前的《合同法》均未对债权转让通知的发送主体作出明确规定。一般认为，债权转让通知应当由债权转让方向债务人发出。那么，如果由债权受让方发出债权转让通知，是否可以起到通知债务人的效果呢？经公开检索，关于由债权受让方发出债权转让通知是否可以起到通知债务人的效果这一问题，司法判例存在不同的观点。

（1）支持性判例。

案例 1：在广东省云浮市中级人民法院于 2021 年 5 月 20 日作出的（2021）粤 53 民终 143 号二审民事判决书中，一审法院基于《合同法》第 80 条的规定，认为虽然现行法律并未绝对否定债权受让人代为通知债务人的法律效力，但基于合同相对性及债务人对合同相对人的信赖并出于保护债务人合法权益的需要，通知债务人的义务首先应当由债权人履行，只有在债权出让人存在根本无法履行义务的特殊情况时才可以考虑由债权受让人代为通知，且债权受让人通知的，应允许债务人对通知的真实性进行相应核实。但二审法院则在裁判理由中认为，现行法律并没有限制仅能由债权出让人通知债务人，债权受让人也可以作为通知的主体。张某（系债权受让人）已经将陆某（系债权出让人）签名的《债权转让通知书》寄送给陈某，通知书到达陈某即对陈某发生法律效力。

案例2：浙江省高级人民法院于2019年5月16日作出的（2019）浙民再37号再审民事判决书认为，债权转让可以由债权受让人通知债务人，唯在债权转让事实无法确认的情况下，债务人可拒绝债权受让人的履行请求，直到债权转让的事实得到确认。

案例3：山东省烟台市中级人民法院于2021年3月5日作出的（2020）鲁06民终5739号二审民事判决书认为，《合同法》第80条第1款的规定并未限定履行通知义务的主体，并且从履行通知义务的积极性来看，受让人作为接受债权的一方，通知债务人的积极性更高，并且受让人通知债务人后，债务人可以向原债权人了解债权转让的信息，并不影响和损害债务人的利益，因此由债权受让方履行通知义务并不违反上述法律规定。

基于前述司法判例，可以看出，持肯定性观点的裁判理由主要在于现行有关规定并未明确禁止由债权受让人向债务人发出债权转让通知，即基于“法无禁止即可为”原则认可了债权受让人通知行为的法律效力。部分司法判例同时认为，该等债权转让通知行为效力之发生还须以债权转让之真实性可予以确认为前提，或将确认该等债权转让行为真实性的义务加之予债务人。

（2）否定性判例。

案例1：最高人民法院于2021年12月16日作出的（2021）最高法民申7700号民事裁定书认为，根据《合同法》第80条第1款“债权人转让权利的，应当通知债务人。未经通知，该转让对债务人不发生效力”的规定，债权转让通知的主体为原债权人。虽然从促进交易便捷开展的角度，可以允许债权的受让人成为通知的主体，但受让人作为通知主体应属于例外情形。本案中，第二公路公司虽与王某签订了两份债权转让协议，约定将第二公路公司在案涉项目中投入的债权本金及相应利息转让给王某，但第二公路公司作为转让人并未通知某国投公司。王某虽已向某国投公司邮寄了“王某致某国投公司《律师函》”，但未提供证据证明第二公路公司向某国投公司履行通知义务存在障碍或第二公路公司已委托王某向某国投公司作出通知，且第二公路公司在本案中对案涉债权转让协议的真实性持有异议，并表示对王某将案涉债权转让情况通知某国投公司一事并不知情，故本案第二公路公司与王某之间就案涉债权转让的行为缺乏法律规定的要件，对某国投公司不发生效力。

案例 2：北京市第一中级人民法院于 2017 年 3 月 30 日作出的（2017）京 01 民终 12 号的二审民事判决书认为，债权人转让权利的，应当通知债务人，未经通知，该转让对债务人不发生效力。作为一种观念通知，债权让与通知由债权让与人作出或者由债权受让人作出，在结果上本应无差异；然而，通知主体的不同对债务人的利益产生重大影响，即如果债权转让的通知由债权受让人发出，而非债权出让人，债务人就要对通知所涉债权转让的真实性进行判断，否则，如果债务人收到虚假的债权转让通知，债务人对虚假受让人的清偿并不能免除其向原债权人或者真正的债权受让人的清偿义务，债务人仍然要向原债权人或者真正的债权受让人清偿，亦即在债权受让人作出债权转让通知的情形下，债务人被附加了对债权转让通知的真实性进行判断的义务，并承担由此带来的风险，债务人履行债务的负担被迫增加。鉴于此，债权转让通知的主体严格限定为债权出让人。

从前述司法判例可以看出，持否定性观点的裁判理由在于，若认可债权受让人通知债务人的法律效力，就意味着给债务人无端增加了需要对通知所涉债权转让真实性予以判断的义务，即债务人可能面临着收到虚假债权转让通知并基于此进行清偿的风险，这于债务人而言显然是不公平的。因此，原则上来说，只有在债权人发送债权转让通知存在客观障碍或者债权人委托受让人发送通知等例外情形中，才予以认可受让人通知债务人的法律效力。

值得注意的是，最高人民法院于 2017 年 3 月 30 日作出的（2016）最高法民申 3020 号民事裁定书认为，《合同法》第 80 条第 1 款规定的“债权人转让权利的，应当通知债务人。未经通知，该转让对债务人不发生效力”，应当理解为，在债权转让通知未送达债务人时，债务人对债权转让人的清偿仍发生债务清偿之法律效果，但并不影响债权受让人取得受让债权。虽然该款法律规定的债权转让通知行为人，从文义上应理解为债权转让人，但在可以确认债权转让行为真实性的前提下，亦不应否定债权受让人为该通知行为的法律效力，即应以债务人是否知晓债权转让事实作为认定债权转让通知法律效力之关键。故债权受让人直接向人民法院起诉，并借助人民法院送达起诉状的方式，向债务人送达债权转让通知，亦可以发生通知转让之法律效力。

综上所述，为了减少争议，应当首先考虑由债权转让方，或者由债权转让方授权债权受让方发送权利完善通知。

2. 连续的两次债权转让可否合并通知？

在保理公司作为原始权益人的应收账款资产证券化项目中，债权类资产可能发生两次转让，即由初始债权人转让给保理公司，再由保理公司转让给 SPV 管理人。如果债权两次转让，仅由保理公司通知债务人，或者仅由 SPV 管理人通知债务人，是否可以起到通知债务人的效果？

上述问题的实质在于，在债权连续转让过程中仅由单个受让人（无论是第一受让人保理公司还是第二受让人 SPV 管理人）向债务人发出一次债权转让通知，是否可以发生通知债务人的效果？

经公开检索，尚未检索到完全符合上述情形的司法判例。但从已检索到司法判例的裁判理由来看，使债务人能够准确获知债权转让的全部事实系债权转让通知的实质所在。

案例 1：四川省高级人民法院于 2021 年 4 月 2 日作出的（2021）川执复 67 号执行裁定书认为，在债权转让中，是否通知债务人并不是决定债权转让本身是否有效的要件，即使未经通知债务人，也不能成为否定债权在债权人和受让人之间发生转让的理由，故无论转让是否通知了债务人，均不影响债权转让本身的效力。事实上，复议申请人但某和某公司已知晓债权转让情况，故关于本案债权经几次转让，只收到最后一次转让通知书，且通知主体并不是最后一次转让主体，债权转让无效的理由不能成立。

案例2：山东省泰安市中级人民法院于2021年11月24日作出的(2021)鲁09民终3363号民事判决书中，贷款银行与董某签订借款合同后，贷款银行向董某发放贷款，同时由担保机构为该等借款合同提供担保及其他服务。因董某未能按照约定偿还贷款，担保机构向贷款银行代偿了借款本金及利息。担保机构代偿后，将其对董某的追偿权转让至某小贷公司，但未提供证据证明该次转让已通知董某；后某小贷公司又将该等债权转让给乐牛牛公司，乐牛牛公司仅提供了债权转让公告。该院经审理认为，乐牛牛公司起诉要求董某偿还欠款，起诉状已向董某送达，应认定涉案债权转让已通知到债务人董某，该债权转让行为对董某发生法律效力，故董某应向乐牛牛公司承担还款责任。

如果一次的通知能够使债务人知悉债权连续发生转让的基本事实，一般可认定该等债权转让对债务人具有法律效力。但根据上述第一项所述，由于只通过债权受让人向债务人发送债权转让通知，可能无法起到通知债务人的效果，因此，在证券化交易中，仍应当遵守由每一个债权转让方向债务人发送债权转让通知的原则。为了简化交易安排仅发送一次通知的，则应由本应发送通知的转让方出具授权他人代为通知的文件。

3. 债权转让通知是否可以通过公告方式送达？

(1) 正常类资产的公告送达。

债权转让通知的目的是让债务人知悉债权转让的事实以便向受让方履行债务，因此就正常类资产而言，债权转让通知原则上应采取一对一通知的方式，具体形式不限；在债权转让未通知债务人而受让方直接起诉债务人的情形下，法院可认定“债权转让自起诉状副本送达时对债务人发生效力”①。根据《合同编司法解释》第50条第2款的规定，债权转让通知采取

① 《合同编司法解释》第四十八条第二款　让与人未通知债务人，受让人直接起诉债务人请求履行债务，人民法院经审理确认债权转让事实的，应当认定债权转让自起诉状副本送达时对债务人发生效力。债务人主张因未通知而给其增加的费用或者造成的损失从认定的债权数额中扣除的，人民法院依法予以支持。

到达生效主义。[①] 从司法实践来看，公告送达的方式仅在采取非公告送达方式未能成功送达的情形下有可能获得法院认可，且司法判例中存在不同观点。

案例1（支持观点）： 最高人民法院于2020年3月21日作出的（2020）最高法民申1039号民事裁定书认为，张某裕与三之合公司签订《债权转让协议》，将案涉债权转让给三之合公司。在张某裕通过邮政特快专递向张某、润辉公司（债务人）送达债权转让通知但未能妥投的情况下，张某裕在河南经济报上向张某、润辉公司因公司公告送达债权转让通知，并不违反法律规定。

案例2（支持观点）： 最高人民法院于2016年9月27日作出的（2016）最高法执复48号执行裁定书认为，对于债权转让通知的形式，法律未作明确规定，债权人可自主选择通知形式，但应保证能够为债务人及时、准确地获知债权转让的事实。本案中，某支行在某晚报刊登债权转让公告，该方式并不能确保债务人及时、准确地获知债权转让的事实。但是，从结果来看，某公司（系债务人）已实际知悉了债权转让的事实，客观上达到了通知的效果。在此情况下，不应以债权人对通知义务不适当履行为由否定债权转让和申请执行人变更的法律效力。

案例3（不支持观点）： 山东省高级人民法院于2020年10月21日作出的（2020）鲁民申6735号民事裁定书认为，根据《最高人民法院关于审理涉及金融资产管理公司收购、管理、处置国有银行不良贷款形成的资产的案件适用法律若干问题的规定》（法释〔2001〕12号，已废止）、《最高人民法院关于金融资产管理公司收购、处置银行不良资产有关问题的补充通知》的规定，以报纸公告方式转让债权能够被认定债权人履行了通知义务

---

① 《合同编司法解释》第五十条第二款　前款所称最先通知的受让人，是指最先到达债务人的转让通知中载明的受让人。当事人之间对通知到达时间有争议的，人民法院应当结合通知的方式等因素综合判断，而不能仅根据债务人认可的通知时间或者通知记载的时间予以认定。当事人采用邮寄、通讯电子系统等方式发出通知的，人民法院应当以邮戳时间或者通讯电子系统记载的时间等作为认定通知到达时间的依据。

的，限于国有商业银行向金融资产管理公司转让不良贷款，或者金融资产管理公司受让不良贷款后，通过债权转让方式处置不良资产，济南某有限公司、青岛某有限公司以及申请人之间转让债权不符合上述司法解释规定的情形。对于已通过邮寄方式送达债权转让通知的，申请人原审中提交的证据无法证明上述邮寄送达的债权转让通知均已送达给被申请人，因此，涉案债权最终转让给申请人，因未依法通知到被申请人，对被申请人不发生法律效力。

基于上述司法判例，可以看出，根据《最高人民法院关于审理涉及金融资产管理公司收购、管理、处置国有银行不良贷款形成的资产的案件适用法律若干问题的规定》等司法解释的规定，公告送达债权转让通知的适用范围具有特定性，而且该规定目前已废止，在司法实践中法院可能不认可在正常类资产债权转让时以公告方式进行转让通知的效力。

但从前述最高人民法院两个判例的裁判理由来看，在采取非公告送达方式未能成功送达通知的情形下，采用公告送达的方式并不违反法律规定；或虽然采取公告送达方式无法确保债务人能够及时准确地获取债权转让的事实，但若在客观上已然达到了通知债务人的效果，亦可认可公告送达的效力。

（2）不良资产的公告送达。

《最高人民法院关于审理涉及金融资产管理公司收购、管理、处置国有银行不良贷款形成的资产的案件适用法律若干问题的规定》第6条第1款规定："金融资产管理公司受让国有银行债权后，原债权银行在全国或者省级有影响的报纸上发布债权转让公告或通知的，人民法院可以认定债权人履行了《中华人民共和国合同法》第八十条第一款规定的通知义务。"该规定在很长一段时间内为金融资产管理公司收购和处置不良资产提供了便利，但已于2021年1月1日被废止。

关于债权转让公告能否达到通知债务人的效果，目前没有法律或司法解释予以明确规定，但从其他司法解释或最高人民法院的答复中可以看出一些司法动向。例如，《最高人民法院关于审理民事案件适用诉讼时效制度若干问题的规定》(2020 年修正) 第 8 条第 1 款规定:“具有下列情形之一的,应当认定为民法典第一百九十五条规定的‘权利人向义务人提出履行请求’,产生诉讼时效中断的效力:……(四)当事人一方下落不明,对方当事人在国家级或者下落不明的当事人一方住所地的省级有影响的媒体上刊登具有主张权利内容的公告的,但法律和司法解释另有特别规定的,适用其规定。”另外,2020 年 11 月 4 日《最高人民法院对十三届全国人大三次会议第 5510 号建议的答复》指出:“实践中也不应排除在债务人下落不明、无法以其他有效方式直接通知的情况下,参照民事送达的有关规定,以公告方式履行通知义务。……最高人民法院正在着手研究起草有关不良资产转让的司法解释,对登报公告等方式的限制也予以了着重考虑,拟对公告方式设置一定的标准和条件,在限制和允许之中寻找合理的平衡点。”

案例 1(支持观点): 最高人民法院于 2021 年 9 月 6 日作出的(2021)最高法民申 4347 号民事裁定书认为,《债权转让协议》中约定了转让方可对协议项下的债权转让通知在省级以上报纸或法院相关的专业报刊上进行刊登。基于此,华融公司于 2014 年 1 月 8 日在《东南快报》(省级以上报纸)刊登《债权转让公告》,载明华融公司已将其对三明鑫隆化工有限公司享有的债权本金 24, 803, 187. 65 元及利息和相应从权利转让给华恒公司,已履行了约定的公告通知义务。

案例 2(支持观点): 最高人民法院于 2020 年 12 月 30 日作出的(2020)最高法执监 244 号执行裁定书认为,法律规定债权转让未通知债务人的,该转让对债务人不发生效力。债权转让通知债务人的目的是避免债务人重复履行、错误履行或加重履行债务负担,对通知的形式并无具体法律规定。从避免发生纠纷的角度看,债权人如能书面通知并由债务人签字认可是最佳形式,但如果债权人以登报的方式通知债务人,亦不违反法律强制性规定,应视为履行了通知义务。

案例 3(不支持观点): 南京市中级人民法院于 2020 年 1 月 6 日作出的(2019)苏 01 民终 1134 号民事判决书认为,债务人并非下落不明,原债权人未向债务人预留地址发送债权转让通知,径行通过报纸公告方式进行债权转让通知，不能产生通知到达债务人的法律效果。《最高人民法院关于审理涉及金融资产管理公司收购、管理、处置国有银行不良贷款形成的资产的案件适用法律若干问题的规定》以及《最高人民法院关于金融资产管理公司收购、处置银行不良资产有关问题的补充通知》仅适用于审理涉及金融资产管理公司收购、处置国有银行、国有商业银行（包括国有控股银行）不良贷款形成的资产的有关案件，不具有普遍适用的效力，案涉债权最初债权人民生银行并非国有银行或国有商业银行，不能适用上述规定。

案例4（不支持观点）：北京市第一中级人民法院于2020年6月24日作出的（2020）京01民终3013号民事判决书中，初始债权人为某银行，信达北京分公司与中经信公司签署《债权转让协议》，并在转让后于《金融时报》联合发布债权转让暨催收公告。中经信公司通过在《金融时报》发布催收公告及向债务人邮寄催收通知的方式进行催收。债务人认为，中经信公司不属于金融资产管理公司或商业银行，其公告不能起到中断诉讼时效的法律效果。审理法院认为，前述公告无法起到中断诉讼时效的法律效力，但是向债务人邮寄催收通知能够中断诉讼时效。

案例5（支持观点）：最高人民法院在（2015）民二终字第310号裁判文书中认为，对于债权转让通知方式，法律没有强制性规定。首先，从诚实信用角度看，除非万不得已，公告通知方式不是首选，但登报通知也是一种合法方式，与单个书面通知具有同等作用和效力。其次，债权转让不同于债务转让，债务人转让债务的必须书面通知债权人，并征得债权人同意，否则转让无效。而债权转让只需通知债务人即可。

综上所述，就不良资产债权转让通知的公告送达，由于《最高人民法院关于审理涉及金融资产管理公司收购、管理、处置国有银行不良贷款形成的资产的案件适用法律若干问题的规定》规定了适用范围，不具有普遍适用的效力，且该规定已于2021年1月1日被废止，债权转让公告通知的效力目前无明确法律依据。但是，考虑到不良债权转让交易中债务人下落不明或无法送达的情况比较普遍，而该等情形往往是由于债务人的联系方式发生变化而未按合同约定通知债权人造成的，从保护债权人正当权利的角度来说，应当对该等情况下采取公告方式进行债权转让通知的效力予以确认。

五、抵销风险

（一）抵销风险的含义

抵销，是指二人互负债务时，各以其对另一方享有的债权充当债务之清偿，而使其债务与对方的债务在对等额内相互消灭。《民法典》第568条第1款规定，“当事人互负债务，该债务的标的物种类、品质相同的，任何一方可以将自己的债务与对方的到期债务抵销；但是，根据债务性质、按照当事人约定或者依照法律规定不得抵销的除外”，该条所规定的抵销权一般被称为“法定抵销权”。而根据《民法典》第569条的规定，当事人互负债务，即使标的物种类、品质不相同的，经协商一致，也可以抵销，该抵销权一般被称为“约定抵销权”。

抵销权不会因债权转让而消灭。根据《民法典》第549条①的规定，当债务人接到债权转让通知时，债务人对让与人享有债权的，债务人可以向受让人主张其对让与人的抵销权。一旦债务人行使了抵销权，则被转让的债权因抵销而全部或部分消灭，SPV管理人无权向债务人主张被抵销的债权，而只能要求原始权益人在债权被抵销的范围内返还相应款项。此时，SPV管理人可能面临原始权益人不能返还相应款项的风险。这就是证券化交易中的抵销风险。

值得注意的是，抵销风险并不是债权转让不通知债务人产生的特定风险，而是债权转让本身所固有的风险。这是因为债务人在收到债权转让通知前后，都有权主张以其对原始权益人的债权与基础资产项下的债权相抵销，只不过抵销风险在债权转让不通知债务人的期间存在加重的可能性

---

① 《民法典》第五百四十九条　有下列情形之一的，债务人可以向受让人主张抵销：

（一）债务人接到债权转让通知时，债务人对让与人享有债权，且债务人的债权先于转让的债权到期或者同时到期；

（二）债务人的债权与转让的债权是基于同一合同产生。

（也可能减轻）。

在分析债务人行使抵销权给资产证券化项目带来的风险及其缓释措施之前，有必要先了解债务人主张抵销所带来的法律后果。具体而言，根据《民法典》第 549 条、第 557 条①、第 568 条以及第 702 条②等的规定，当债务人主张抵销时，将产生如下法律后果：

（1）基础资产项下的债权人与债务人对原始权益人享有的债权在同等数额内消灭。当债务人对原始权益人享有的债权先于基础资产项下的债权到期或同时到期时，无论债务人在接到债权转让通知前向原始权益人主张抵销，还是在接到债权转让通知后向 SPV 管理人主张抵销，等同于抵销债权金额的基础资产项下的债权将消灭。此时，SPV 管理人将无权要求债务人偿还前述被抵销的基础资产项下的债权。债务人在接到债权转让通知时不享有对原始权益人的债权，但在接到债权转让通知之后取得债权的，则债务人对 SPV 管理人不享有抵销权。

需要指出的是，除基础资产项下的债权外，如果原始权益人对债务人享有其他的债权，则原始权益人应与债务人、SPV 管理人确认被抵销债权是否属于基础资产项下的债权。

（2）SPV 管理人有权要求原始权益人返还相当于被抵销债权金额的款项。被抵销的基础资产项下的债权已由 SPV 管理人取得，但债务人主张抵销的是其对原始权益人的债权，并且导致原始权益人对债务人的负债减少，因此，SPV 管理人有权要求原始权益人返还相当于被抵销债权金额的款项，

① 《民法典》第五百五十七条　有下列情形之一的，债权债务终止：
（一）债务已经履行；
（二）债务相互抵销；
（三）债务人依法将标的物提存；
（四）债权人免除债务；
（五）债权债务同归于一人；
（六）法律规定或者当事人约定终止的其他情形。
合同解除的，该合同的权利义务关系终止。

② 《民法典》第七百零二条　债务人对债权人享有抵销权或者撤销权的，保证人可以在相应范围内拒绝承担保证责任。

作为该等被抵销的基础资产项下的债权的还款。

因此，虽然债务人行使抵销权会导致基础资产项下相应数额的债权消灭，但是SPV管理人也由此获得了向原始权益人要求返还被抵销债权金额的款项的请求权。如果此时原始权益人未及时偿付或因为发生破产等情况无力偿付该等款项，将可能致使资产池的现金流发生波动，或给SPV财产带来损失，该等不利后果最终由资产支持证券持有人承担。所以，抵销风险的敞口为债务人对原始权益人享有债权的金额和作为基础资产的债权本息余额中的孰低值。

（二）抵销风险的缓释

为缓释上述抵销风险，在资产证券化项目中，一般采取如下措施：

（1）原始权益人得知债务人行使抵销权后，应及时将相当于被抵销款项的资金全额支付给资产服务机构。交易文件一般会约定，如果债务人依据中国法律行使抵销权且被抵销债权属于已由SPV管理人取得的基础资产，则原始权益人应在得知债务人行使抵销权后立即将相当于被抵销款项的资金全额支付给资产服务机构，作为债务人偿还的相应数额的还款，并同时通知SPV管理人。

（2）当原始权益人存在无力返还被抵销债权金额的风险时，原始权益人应向债务人发送（或由SPV管理人代为发送）债权转让通知以锁定可被抵销的债权金额。具体而言，当原始权益人丧失某一约定的主体信用评级等级或发生丧失清偿能力事件等情况（权利完善事件），从而可能导致原始权益人无力返还被抵销债权金额的款项时，原始权益人应当按照交易文件的约定，向债务人发送债权转让通知（或由SPV管理人代为发送，该通知即权利完善通知），将原始权益人对债务人享有的债权已转让予SPV管理人的情况告知债务人，从而锁定债务人可以抵销的债权金额。

若接到通知时债务人对原始权益人享有的债权数额小于基础资产项下对债务人的债权本息余额，则债务人可以抵销的金额为接到通知时债务人对原始权益人享有的债权数额，债务人接到债权转让通知后发生的、对原始权益人享有的债权，将无法再向 SPV 管理人主张抵销，此即锁定可被抵销的债权金额的含义；反之，若接到通知时基础资产项下对债务人的债权本息余额小于债务人对原始权益人享有的债权数额，则债务人可以抵销的金额为基础资产项下对债务人的债权本息余额。

（3）发生权利完善事件后，原始权益人应持续监控抵销风险。持续监控抵销风险的方式为原始权益人持续统计和记录其对债务人享有的债权的数额，并且应于每个资产服务机构报告日之前将该等统计和记录结果提供给资产服务机构，由资产服务机构载入资产服务机构报告并提供给 SPV 管理人。

（4）设置抵销储备账户（在向境外投资者发售、有国际评级的项目中采用）。为了缓释抵销风险，SPV 管理人可以设置抵销储备账户，以核算将用于缓释抵销风险可能给资产池现金流带来波动或损失的款项的提取和支付情况。抵销储备账户的资金一般由原始权益人提供。设置抵销储备账户并存入必备（抵销）储备金额后，一旦发生任何债务人主张抵销的情形，SPV 管理人可指示托管银行将相当于债务人主张抵销的债权金额的资金从抵销储备账户转入 SPV 专户以供分配，从而缓释抵销风险给资产池现金流带来的波动，避免给基础资产带来损失。对于超出必备抵销储备金额的资金，可由 SPV 管理人向原始权益人（作为特别信托受益人）分配。

（三）抵销风险的难点

1. 如果原始权益人对债务人有多笔债权，且无法确定被抵销债权是属于已由 SPV 管理人取得的基础资产项下的债权还是原始权益人对债务人的其他债权，如何处理？

根据《民法典》第 560 条的规定，债务人对同一债权人负担的数项债务种类相同，债务人的给付不足以清偿全部债务的，除当事人另有约定外，由债务人在清偿时指定其履行的债务。债务人未作指定的，应当按照如下顺序清偿：一是已经到期的债务；二是数项债务均到期的，缺乏担保或担保最少的债务；三是均无担保或担保相同的，债务人负担较重的债务；四是负担相同的，按照债务到期的先后顺序；五是到期时间相同的，按照债务比例。

在资产证券化项目中，一般会要求原始权益人与SPV管理人共同与债务人确认被抵销债权是否属于信托财产，如无法确定，则按照届时基础资产项下对债务人的债权与原始权益人对债务人的其他债权的未偿本金余额的比例分配，或优先向SPV进行分配。

2. 存款保险制度与抵销风险的关系

对于发起机构为银行的信贷资产证券化项目，如果借款人在发起机构有存款且面临无法受偿的风险，借款人除可以向发起机构主张行使抵销权外，还可以选择通过存款保险制度获得最高偿付限额内的偿付。

（1）存款保险制度概述。

根据《存款保险条例》第2条①、第3条②及第4条③的规定，存款保险是指商业银行、农村合作银行、农村信用合作社等吸收存款的银行业金融机构（以下简称投保机构）向存款保险基金管理机构交纳保费，形成存款保险基金，存款保险基金管理机构依照该条例的规定向存款人偿付被保险存款，并采取必要措施维护存款以及存款保险基金安全的制度。被保险存款包括投保机构吸收的人民币存款和外币存款。

当投保机构经营出现问题时，存款保险基金管理机构将依照规定使用

---

①《存款保险条例》第二条　在中华人民共和国境内设立的商业银行、农村合作银行、农村信用合作社等吸收存款的银行业金融机构（以下统称投保机构），应当依照本条例的规定投保存款保险。

投保机构在中华人民共和国境外设立的分支机构，以及外国银行在中华人民共和国境内设立的分支机构不适用前款规定。但是，中华人民共和国与其他国家或者地区之间对存款保险制度另有安排的除外。

②《存款保险条例》第三条　本条例所称存款保险，是指投保机构向存款保险基金管理机构交纳保费，形成存款保险基金，存款保险基金管理机构依照本条例的规定向存款人偿付被保险存款，并采取必要措施维护存款以及存款保险基金安全的制度。

③《存款保险条例》第四条　被保险存款包括投保机构吸收的人民币存款和外币存款。但是，金融机构同业存款、投保机构的高级管理人员在本投保机构的存款以及存款保险基金管理机构规定不予保险的其他存款除外。

存款保险基金对存款人及时进行偿付。根据《存款保险条例》第5条①及第19条②的规定，投保机构经营出现问题包括下列情形：①存款保险基金管理机构担任投保机构的接管组织；②存款保险基金管理机构实施被撤销投保机构的清算；③人民法院裁定受理对投保机构的破产申请；④经国务院批准的其他情形。但存款保险的最高偿付限额为人民币50万元，包括同一存款人在同一家投保机构所有被保险存款账户的存款本金和利息。

（2）存款保险制度能否缓释抵销风险取决于借款人的选择。

存款保险制度为借款人提供了一个备选方案，当发起机构经营出现问题时，如果借款人选择优先通过存款保险制度获得最高偿付限额内的偿付，则存款保险制度在一定程度上缓释了信贷资产证券化项目中借款人行使抵销权的风险。但需要注意的是，存款保险能够在多大程度上缓解抵销风险，主要取决于借款人的选择，而借款人的选择受到诸多因素的影响，存在较大的不确定性。关于存款保险与行使抵销权二者之间的关系，应注意以下几点：

第一，按照目前的存款保险制度，借款人可以选择先通过存款保险在最高限额内获得偿付，如有剩余存款金额再向发起机构/受托人主张行使抵销权；也可以选择先以存款债权向发起机构/受托人抵销贷款债权，如有剩余存款金额再通过存款保险在最高限额内获得偿付。

第二，如果借款人通过存款保险在最高限额内获得偿付，则被存款保

---

① 《存款保险条例》第五条　存款保险实行限额偿付，最高偿付限额为人民币50万元。中国人民银行会同国务院有关部门可以根据经济发展、存款结构变化、金融风险状况等因素调整最高偿付限额，报国务院批准后公布执行。

同一存款人在同一家投保机构所有被保险存款账户的存款本金和利息合并计算的资金数额在最高偿付限额以内的，实行全额偿付；超出最高偿付限额的部分，依法从投保机构清算财产中受偿。

存款保险基金管理机构偿付存款人的被保险存款后，即在偿付金额范围内取得该存款人对投保机构相同清偿顺序的债权。

② 《存款保险条例》第十九条　有下列情形之一的，存款人有权要求存款保险基金管理机构在本条例规定的限额内，使用存款保险基金偿付存款人的被保险存款：

（一）存款保险基金管理机构担任投保机构的接管组织；

（二）存款保险基金管理机构实施被撤销投保机构的清算；

（三）人民法院裁定受理对投保机构的破产申请；

（四）经国务院批准的其他情形。

存款保险基金管理机构应当依照本条例的规定，在前款规定情形发生之日起7个工作日内足额偿付存款。

险偿付的金额对应的存款债权消灭，借款人不能以该部分存款债权向发起机构/受托人抵销贷款债权。

第三，借款人以存款债权向发起机构/受托人抵销贷款债权，其对发起机构相应金额的存款债权消灭，借款人不得再通过存款保险制度获得相应存款债权的偿付。

第四，目前我国的存款保险制度尚未规定“净额赔付”的方式，即先将借款人对发起机构的债务从可赔付的存款金额中扣除，再对剩余存款金额在最高偿付限额内进行偿付。“净额赔付”仍有待立法明确后才能实行。

3. 抵销适用场景的具体分析

（1）典型场景：银行对借款人有债权、借款人在银行有存款。

典型的抵销风险常见于发起机构为银行的信贷资产证券化项目。银行对借款人的债务主要为借款人在银行的存款，如果借款人在发起机构处有存款且先于基础资产项下的债权到期或同时到期，则借款人可以向银行主张抵销，此时，等同于抵销债权金额的基础资产项下的债权即消灭。

（2）在持续业务往来中或同一合同项下互负债务。

除了发起机构为银行的信贷资产证券化项目外，抵销风险还可能发生在应收账款、融资租赁等资产证券化项目中。例如，在应收账款资产证券化项目中，如果基础资产项下的债务人与原始权益人存在其他往来交易，从而对原始权益人享有应收账款债权且先于基础资产项下的债权到期或同时到期，则债务人可以向原始权益人主张抵销。而在融资租赁项目中，如果租赁物不符合融资租赁合同的约定且出租人对出卖人或租赁物的选择有决定作用或予以干预、擅自变更的，承租人可以请求出租人承担违约责任①。又

---

① 《民法典》第七百四十七条　租赁物不符合约定或者不符合使用目的的，出租人不承担责任。但是，承租人依赖出租人的技能确定租赁物或者出租人干预选择租赁物的除外。

《最高人民法院关于审理融资租赁合同纠纷案件适用法律问题的解释》（2020年修正）第八条　租赁物不符合融资租赁合同的约定且出租人实施了下列行为之一，承租人依照民法典第七百四十四条、第七百四十七条的规定，要求出租人承担相应责任的，人民法院应予支持：

（一）出租人在承租人选择出卖人、租赁物时，对租赁物的选定起决定作用的；

（二）出租人干预或者要求承租人按照出租人意愿选择出卖人或者租赁物的；

（三）出租人擅自变更承租人已经选定的出卖人或者租赁物的。

承租人主张其系依赖出租人的技能确定租赁物或者出租人干预选择租赁物的，对上述事实承担举证责任。

如，出租人无故妨碍、干扰租赁物的使用或致使第三人对租赁物主张权利而影响租赁物的使用，承租人可以请求出租人承担损害赔偿责任①，此时，承租人可以主张以违约金债权、赔偿金债权与基础资产项下的租金债权进行抵销。该等抵销均会导致等同于抵销债权金额的基础资产项下的债权消灭。

（3）应付员工工资与合同之债的抵销。

根据《劳动法》第 50 条②的规定，工资不得克扣，用人单位当然也不能主张以合同之债（如银行对员工的贷款债权）抵销应付工资。那么应付工资是否能抵销合同之债？与应付工资类似的、根据法律规定不得抵销的债权为禁止扣押的债权，例如“《德国民法典》第 394 条规定，不得对禁止扣押的债权主张抵销，其规范意旨在于保护不可扣押债权的债权人，以免对债务人的强制执行保护因抵销而失效。《日本民法典》第 510 条规定，债权为禁止扣押的债权时，其债务人不得以抵销对抗债权人”③，这是出于维持债权人日常生活的目的，有必要使抚恤金、退休金这类禁止扣押的债权予以实现④，否则，如果可以由支付义务人主张抵销，则保护权利人生活的立法计划和目的将无从实现⑤。但是，该等禁止扣押的债权并不限制债权人主张抵销，如果债权人自愿抛弃其利益保护，则可以主张抵销⑥。类似地，如果员工愿意放弃劳动法对其权利的保护，则有权以应付工资抵销合同之债。

---

① 《民法典》第七百四十八条　出租人应当保证承租人对租赁物的占有和使用。

出租人有下列情形之一的，承租人有权请求其赔偿损失：

（一）无正当理由收回租赁物；

（二）无正当理由妨碍、干扰承租人对租赁物的占有和使用；

（三）因出租人的原因致使第三人对租赁物主张权利；

（四）不当影响承租人对租赁物占有和使用的其他情形。

② 《劳动法》第五十条　工资应当以货币形式按月支付给劳动者本人。不得克扣或者无故拖欠劳动者的工资。

③ 崔建远：《论中国民法典上的抵销》，载《国家检察官学院学报》2020 年第 4 期。

④ 参见史尚宽：《债法总论》，中国政法大学出版社 2000 年版，第 855 页。

⑤ 参见孙森焱：《民法债编总论》（下册），法律出版社 2006 年版，第 909-910 页。

⑥ 参见崔建远：《论中国民法典上的抵销》，载《国家检察官学院学报》2020 年第 4 期。

因此，如果基础资产涉及发起机构向员工发放的贷款，当发起机构拖欠员工工资时，员工有权以发起机构欠付工资抵销其应偿还的贷款，受托人受让该贷款债权时也将承担该抵销风险。这也是一些零售贷款证券化项目排除员工贷款入池的原因。

六、混同风险

（一）混同风险的含义

从目前资产证券化业务的结构设计和交易安排上说，混同风险主要是指基础资产的回收款资金与资产服务机构的资金发生混同①，从而在资产服务机构陷入破产或被法院强制执行时，SPV 管理人无法有效地主张对该等回收款的所有权或取回权。

具体而言，虽然资产服务机构代 SPV 收取的回收款资金属于基础资产，但如果资产服务机构将该资金与资产服务机构的自有资金混同，因无法被明确地识别为基础财产，被混同的回收款资金的所有权将由资产服务机构取得；而在资产服务机构破产的情况下，被混同的回收款资金则成为资产服务机构的破产财产，SPV 将不享有对被混同资金的取回权②，仅在相当于被混同金额的范围内取得了对资产服务机构的债权，有权要求资产服务机构返还被混同金额的资金。若资产服务机构因破产等情况不能履行或完全履行其返还义务，则 SPV 对资产服务机构的债权将无法完全实现，SPV 因此面临回收款无法收回的风险。

在资产服务机构涉及其他债务纠纷而被法院强制执行的情况下，资产服务机构所占有的回收款也可能成为被执行的对象，如 SPV 管理人无法证

① 混同风险与抵销风险是完全不同的风险，但由于在国内的证券化交易中，原始权益人基本上也担任资产服务机构，针对两种风险又都采用了权利完善通知的缓释措施，因此造成对权利完善事件的简化，进而可能忽视两种风险的差别。如果资产服务机构与原始权益人不是同一家机构，混同风险与抵销风险的差别就变得非常明显了。

② 《企业破产法》第三十八条　人民法院受理破产申请后，债务人占有的不属于债务人的财产，该财产的权利人可以通过管理人取回。但是，本法另有规定的除外。

明其对回收款的所有权从而排除强制执行，则SPV也将承担混同风险。该风险出现的原因是资产服务机构代SPV收取的回收款一般存放在以资产服务机构名义而非SPV管理人名义开立的银行账户中，甚至可能与资产服务机构的其他资金存放于同一账户。法院的执行标的一般而言应当是被执行人的财产，法院一般根据财产的权利外观（如占有、登记状况）采取执行措施，如果第三人主张对被执行的财产的所有权，则可以提出排除执行异议。根据《最高人民法院关于人民法院办理执行异议和复议案件若干问题的规定》（法释〔2020〕21号）（以下简称《执行异议规定》）第25条的规定，人民法院判断案外人是否为权利人的一系列标准中，银行存款按照金融机构登记的账户名称判断。所以在证券化项目中，资产服务机构所占有的回收款也可能成为资产服务机构其他债务纠纷的执行对象。

因此，各种类型的资产证券化项目的监管规定对于防范混同风险提出了诸如单独设账、单独管理以及现金流封闭管理的要求。如关于单独设账、单独管理，《信贷资产证券化试点管理办法》《金融机构信贷资产证券化试点监督管理办法》要求受托机构将作为信托财产的信贷资产与其固有财产和其他信托财产分别记账、分别管理；贷款服务机构将证券化资产单独设账、与其自身的信贷资产分开管理；不同证券化交易中的信托财产/证券化资产也应当分别记账，分别管理①。《资产证券化业务管理规定》要求管理人应当为专项计划单独记账、独立核算，不同的专项计划在账户设置、资金划拨、账簿记录等方面应当相互独立。②《银行间债券市场企业资产证券

① 《信贷资产证券化试点管理办法》第二十四条　贷款服务机构应有专门的业务部门，对作为信托财产的信贷资产单独设账，单独管理。

《金融机构信贷资产证券化试点监督管理办法》第二十四条　受托机构应当将作为信托财产的信贷资产与其固有财产和其他信托财产分别记账，分别管理。不同证券化交易中的信托财产也应当分别记账，分别管理。

《金融机构信贷资产证券化试点监督管理办法》第三十八条　贷款服务机构应当制定管理证券化资产的政策和程序，由专门的业务部门负责履行贷款管理职责。证券化资产应当单独设账，与贷款服务机构自身的信贷资产分开管理。不同信贷资产证券化交易中的证券化资产也应当分别记账，分别管理。

② 《资产证券化业务管理规定》第十五条　管理人应当为专项计划单独记账、独立核算，不同的专项计划在账户设置、资金划拨、账簿记录等方面应当相互独立。

化业务规则》要求资产服务机构应将基础资产产生的现金流按约定转入发行载体或其管理机构在资金保管机构开立的资金保管账户。[①] 关于现金流封闭管理，《资产证券化业务管理规定》要求管理人应当建立相对封闭、独立的基础资产现金流归集机制，切实防范专项计划资产与其他资产混同以及被侵占、挪用等风险。[②]

（二）混同风险的缓释

虽然资产证券化项目均会要求资产服务机构对基础资产财产单独设账、单独管理，保证基础资产财产独立于资产服务机构管理或持有的其他资产，但只要债务人不直接向 SPV 专户支付应付款项，而是由资产服务机构收到回收款后根据约定的频率予以转付，混同的风险就会存在。目前而言，业务实践中缓释混同风险的基本措施包括三种：一是加快回收款转付频率乃至改变债务人的付款路径；二是设置混同储备账户；三是设置回收款归集专户并予以监管。具体如下：

1. 调整回收款转付频率及转付路径

一般而言，证券化项目会设置诸如资产服务机构的主体评级指标下降、资产服务机构发生重大违约等触发事件，该等事件的发生将加快回收款的转付频率，当资产服务机构的主体评级指标降低至一定级别时，还会要求改变回收款的转付路径。例如，部分项目的交易文件约定，自评级机构给予资产服务机构的主体长期信用等级低于某一级别之日起，发起机构或 SPV 管理人应将债权已转让予 SPV 的事实通知债务人（发送权利完善事件），并通知债务人将其应支付的款项支付至 SPV 专户。回收款转付频率或转付路径调整后，即使资产服务机构主体长期信用等级重新提高，回收款

① 《银行间债券市场企业资产证券化业务规则》第二十六条 基础资产应依照相关交易文件转让至特定目的载体，明确约定基础资产的未来现金流应转入特定目的载体或其管理机构在资金保管机构开立的资金保管账户。

② 《资产证券化业务管理规定》第十三条 管理人应当履行下列职责：……（六）建立相对封闭、独立的基础资产现金流归集机制，切实防范专项计划资产与其他资产混同以及被侵占、挪用等风险；……

转付频率及转付路径也不再恢复。

2. 设置混同储备账户

为了缓释混同风险，SPV 管理人可以设置混同储备账户。混同储备账户触发机制仍然是资产服务机构丧失某一约定的主体评级等级等资信情况的恶化，此时资产服务机构需要将相当于混同储备金额的资金存入混同储备账户。混同储备金额一般相当于资产服务机构向后备或替代资产服务机构转移服务时预计需转付的相应收款期间的回收款金额，但不少于资产服务机构丧失约定的主体信用评级等级时下一个收款期间的应收回收款金额。

如果基础资产与资产服务机构的自有资金发生混同，SPV 管理人应指示托管银行将相当于发生混同的资金金额（以混同储备账户内的金额及资产池实际产生的回收款金额为限）从混同储备账户相应转入 SPV 专户以供分配，以弥补因混同而未转付的回收款的金额。若后续资产服务机构将发生混同的基础资产与其自有资金又区分开，则资产服务机构有权获得已从混同储备账户转入 SPV 专户的金额。当优先级证券的本息偿付完毕或 SPV 终止，混同储备账户项下的全部资金将分配给作为特别信托受益人的资产服务机构。

3. 设置专门的回收款归集账户并对其进行监管

在企业资产证券化项目中，出于对混同风险的担忧，同时又不希望影响原始权益人与债务人正常业务关系的情况下，往往会要求资产服务机构以其名义为专项计划开立专门的归集账户，及时将其收到的基础资产回收款归集到该账户。并且，SPV 管理人将委托开户行对归集账户的资金实施监管，确保该账户内资金不被挪用，并及时被转付到 SPV 托管户。

尽管法院在强制执行中一般以资金账户的户名作为判断资金所有权的直接依据，但是近年来在涉及资产证券化的一些执行异议案件中，法院在经过对证券化交易安排的详细审查之后，认为 SPV 管理人实际享有对归集账户的控制权，且由于基础资产已合法转移给 SPV，资产服务机构只是代为收取回收款，故归集账户内资金的所有权应属于 SPV。

（三）混同风险的难点

广义的混同，实际上是各类形态的基础资产与原始权益人都存在的问题。而狭义的混同风险，则只是指属于SPV的现金资产与资产服务机构的自有现金资产的区分问题。换句话说，判断现金是否混同重点在于判断以资产服务机构名义开立的银行账户的资金归属。

前述账户监管措施存在一定的局限，原因在于该归集账户一般不是直接收取基础资产回收款的账户，债务人往往仍然还款到资产服务机构/原始权益人的日常收款账户，该账户内很可能包含未证券化的其他资产的还款。在资产服务机构将属于SPV的回收款划转到归集账户之前，基础资产回收款与资产服务机构的其他资金是完全混同的，SPV管理人无法对抗法院对日常收款账户的强制执行。由于判断现金资产的所有权具有较强的特殊性，将在第七章第三部分予以论述。

七、附属担保权益与主债权一并转让的原则与例外

在资产证券化交易中，债权发生转让的，必然会涉及附属于该等债权的从权利、权益的转移问题，该等附属担保权益系指与债权有关的为原始权益人的利益而设定的任何担保权利或其他权益，包括但不限于第三方保证、抵押权、质权等担保权利，以及根据不同基础资产特征确定的其他权益（如个人住房抵押贷款证券化交易中通常包括的抵押权预告登记权益、汽车抵押贷款证券化交易中常涉及的保险权益等）。为了保障SPV合法取得债权及附属担保权益，必须确保附属担保权益可以合法有效地转让给SPV。

（一）附属担保权益转移的从属性原则

1. 从属性原则的内涵

附属担保权益是从主权利派生出来的，从属于主权利，这也包括转让上的从属性。这一原则主要体现在《民法典》第547条，该条第1款规定："债权人转让债权的，受让人取得与债权有关的从权利，但是该从权利专属

于债权人自身的除外。”此外，《民法典》第 407 条规定了抵押权转让的从属性，即“抵押权不得与债权分离而单独转让或者作为其他债权的担保。债权转让的，担保该债权的抵押权一并转让，但是法律另有规定或者当事人另有约定的除外”。

在资产证券化交易中，基于附属担保权益的从属性转移原则，基础资产通常包括债权及其附属担保权益。在《民法典》出台前，以登记或占有为生效要件的担保权利（如抵押权、质权等）担保的主债权发生转移时，该等担保权利的转移是否以登记或转移占有为生效条件，法律规定得不够明确。对此，存在两种不同的观点①：第一种观点认为，未办理转移登记手续或转移占有，债权受让人就不能取得这些从权利，否则将违反物权变动公示公信原则；第二种观点认为，债权受让人可基于从属性取得该等从权利，无须办理转移登记手续或转移占有。然而，在 2007 年《物权法》生效后，由于其第 192 条规定“抵押权不得与债权分离而单独转让或者作为其他债权的担保。债权转让的，担保该债权的抵押权一并转让，但法律另有规定或者当事人另有约定的除外”，第二种观点逐渐成为法院审判实践中的主流观点。2019 年年底最高人民法院印发的《九民纪要》第四部分“关于担保纠纷案件的审理”“62.［抵押权随主债权转让］”进一步指出，在债权转让中，根据“从随主”规则，担保该债权的抵押权一并转让，“抵押人以受让人不是抵押合同的当事人、未办理变更登记等为由提出抗辩的，人民法院不予支持”。2020 年《民法典》于第 547 条第 2 款明确规定“受让人取得从权利不因该从权利未办理转移登记手续或者未转移占有而受到影响”，因此，从权利随主债权转让时是否以登记或转移占有为转移生效条件的问题已无争议。

在资产证券化交易中，权利完善事件发生前，一般无须就附属担保权益的转移采取额外的措施或履行额外的手续。一方面，主债权转让的，虽然未办理转移登记手续或转移占有，债权受让人仍能合法取得该等担保权

① 参见黄薇主编：《中华人民共和国民法典释义》（中），法律出版社 2020 年版，第 1050 页。

利，债权受让人取得的该等担保权利可以对抗债权让与人。另一方面，就以登记为生效要件的担保权利而言，未办理转移登记，不影响债权受让人取得的担保权利与债权让与人原享有的担保权利为同一顺位。债权转移，担保权利随债权转移后，原已办理登记的担保权利并未撤销，依法随主债权转移，但可依法办理变更担保权利人的登记手续。担保权利人的变更，只是原债权主体的变更，而不是重新设定担保，所以不影响担保的顺序，担保权利由变更后的债权人（债权受让人）继续享有，即使抵押物或质押物在债权转让之后被设立第二顺位担保权利，债权让与人享有的担保权利登记在先的，在清偿顺序上具有优先性。

2. 从权利未办理转移登记或未转移占有的，存在的风险及其缓释措施

根据《民法典》第209条①、第395条②、第402条③、第429条④、第441条⑤的相关规定，不动产物权的设立、变更、转让和消灭，需要通过登记实现公示效力；质权的设立以质押物的交付（就动产质权而言）或质押权利凭证的交付、登记（就权利质权而言）实现公示效力。在资产证券化交易中，因债权转移而一并转移的抵押权、质权，由于仍登记在原始权益人名下或由原始权益人占有，受托人取得的抵押权、质权不具备公示和对

---

① 《民法典》第二百零九条　不动产物权的设立、变更、转让和消灭，经依法登记，发生效力；未经登记，不发生效力，但是法律另有规定的除外。

依法属于国家所有的自然资源，所有权可以不登记。

② 《民法典》第三百九十五条　债务人或者第三人有权处分的下列财产可以抵押：

（一）建筑物和其他土地附着物；

（二）建设用地使用权；

（三）海域使用权；

（四）生产设备、原材料、半成品、产品；

（五）正在建造的建筑物、船舶、航空器；

（六）交通运输工具；

（七）法律、行政法规未禁止抵押的其他财产。

抵押人可以将前款所列财产一并抵押。

③ 《民法典》第四百零二条　以本法第三百九十五条第一款第一项至第三项规定的财产或者第五项规定的正在建造的建筑物抵押的，应当办理抵押登记。抵押权自登记时设立。

④ 《民法典》第四百二十九条　质权自出质人交付质押财产时设立。

⑤ 《民法典》第四百四十一条　以汇票、本票、支票、债券、存款单、仓单、提单出质的，质权自权利凭证交付质权人时设立；没有权利凭证的，质权自办理出质登记时设立。法律另有规定的，依照其规定。

抗善意第三人的法律效力。例如，在个人住房抵押贷款证券化项目中，作为基础资产的贷款债权及房产抵押权在交付受托人设立信托后，成为信托财产，但此时并不办理抵押权转移登记，抵押权仍登记在作为委托人的银行名下；如抵押人经委托人同意将房产转移给善意第三人，且抵押权被注销，受托人无法向该等善意第三人主张抵押权。

为缓释该等风险，可在交易文件中约定：在权利完善事件发生后，在约定的期限内，由委托人办理完毕基础资产项下的抵押权转移登记手续及质押物的转移占有或质权的转移登记手续，将抵押权、质权登记至受托人名下，或将质押物交付予受托人占有，从而完善受托人取得的抵押权、质权的公示效力。

（二）从属性原则的例外

在资产证券化交易中，需要特别关注的是从属性原则的例外对附属担保权益转移的影响。

1. 法定例外

由于一些从权利的特殊属性，法律对其转让的从属性作了一些特殊限制。例如，最高额担保，《民法典》第 421 条规定了“最高额抵押担保的债权确定前，部分债权转让的，最高额抵押权不得转让，但是当事人另有约定的除外”。根据《民法典》第 439 条①和第 690 条②的规定，最高额质押和最高额保证除了适用相应章节的规定外，参照适用最高额抵押权的有关规定。也就是在最高额担保的债权确定前，转让最高额担保项下部分债权的，最高额担保权利不得转让，除非当事人另有约定。

最高额担保合同担保的主债权部分转让的，就转让出去的部分债权是

① 《民法典》第四百三十九条　出质人与质权人可以协议设立最高额质权。

最高额质权除适用本节有关规定外，参照适用本编第十七章第二节的有关规定。

② 《民法典》第六百九十条　保证人与债权人可以协商订立最高额保证的合同，约定在最高债权额限度内就一定期间连续发生的债权提供保证。

最高额保证除适用本章规定外，参照适用本法第二编最高额抵押权的有关规定。

否继续附有担保，核心关注点有二：一是部分债权转让时，最高额担保合同担保的主债权是否已经确定；二是双方当事人是否有针对最高额担保合同担保的主债权转让的特殊约定。

（1）如何判断最高额担保的主债权是否已确定？

根据《民法典》第423条[①]和《担保制度司法解释》第30条[②]第3款，最高额担保所担保的主债权确定共有六种情形：

第一，约定的债权确定期间届满。如《最高额抵押合同》约定，抵押人以抵押物为债务人在债权人处自2021年1月1日起至2022年1月1日止发生的所有借款提供本金最高限额为人民币100万元的最高额抵押担保，则于2022年1月1日约定的债权确定期间届满，主债权确定。在资产证券化交易的基础资产核查过程中，可通过基础资产涉及的最高额担保合同的约定来判断截至初始起算日主债权是否确定。

第二，没有约定债权确定期间或者约定不明确，抵押权人或者抵押人自最高额抵押权设立之日起满二年后请求确定债权。如果《最高额抵押合同》未约定主债权确定的期间或者该约定不清晰，则自最高额抵押权设立之日起满二年后，抵押权人或者抵押人一旦请求确定债权，则主债权确定。在资产证券化交易的基础资产核查过程中，如果最高额担保合同未约定债权确定期间或约定不明，但最高额担保设立已满两年，可询问担保人或者

---

① 《民法典》第四百二十三条　有下列情形之一的，抵押权人的债权确定：

（一）约定的债权确定期间届满；

（二）没有约定债权确定期间或者约定不明确，抵押权人或者抵押人自最高额抵押权设立之日起满二年后请求确定债权；

（三）新的债权不可能发生；

（四）抵押权人知道或者应当知道抵押财产被查封、扣押；

（五）债务人、抵押人被宣告破产或者解散；

（六）法律规定债权确定的其他情形。

② 《担保制度司法解释》第三十条　最高额保证合同对保证期间的计算方式、起算时间等有约定的，按照其约定。

最高额保证合同对保证期间的计算方式、起算时间等没有约定或者约定不明，被担保债权的履行期限均已届满的，保证期间自债权确定之日起开始计算；被担保债权的履行期限尚未届满的，保证期间自最后到期债权的履行期限届满之日起开始计算。

前款所称债权确定之日，依照民法典第四百二十三条的规定认定。

原始权益人是否已经请求确定主债权。

第三，新的债权不可能发生。“新的债权不可能发生”可能为以下几种情况：一是最高额担保合同担保的主合同因为债务人违约被债权人要求履行还款义务，且债权人不再发放后续贷款；二是最高额担保合同担保的主合同因为债务人违约被解除；三是债权人发放的债权金额已经达到合同约定的最高额，但这种情况需注意，如主合同约定的贷款额度为循环额度，已发放贷款清偿后可继续申请贷款，且债权确定期间尚未届满，最高额担保项下仍可能发生新的债权，这时最高额担保所担保的债权仍不能确定。

第四，抵押权人知道或者应当知道抵押财产被查封、扣押。《中华人民共和国民法典释义》（上）认为：“在最高额抵押权存续期间，抵押财产被法院查封、扣押的，其有可能被拍卖或者变卖。抵押财产被拍卖、变卖的价格直接影响到最高额抵押权人债权利益的实现。为确保自己的利益，在抵押财产被查封、扣押时，最高额抵押权人一般都希望被担保的债权额尽早确定。此外，查封、扣押抵押财产实际上隔断了抵押财产与担保债权的关系，也脱离了最高额抵押人和最高额抵押权人对抵押财产的影响和控制。因此，无论是从保护最高额抵押权人、其他债权人利益的角度，还是从稳定担保关系的角度，都应当确定最高额抵押所担保的债权额。”①

第五，债务人、抵押人被宣告破产或者解散。债务人、抵押人被宣告破产或者解散的直接法律后果就是债务人、抵押人依法进行清算程序、完成注销登记后终止，因此，在主体终止前需要将最高额抵押所担保的债权额确定下来，从而依法进行清算，清偿债权债务。

（2）如何界定“当事人另有约定”？

由于“当事人另有约定”需达到排除适用法律禁止性规定的目的，因此，“当事人另有约定”需尽可能的清晰、明确，即“当事人另有约定”需明确表达出以下意思表示：在最高额担保的主债权确定前，最高额担保合同所担保的主债权可以全部或部分转让，且担保人同意对该全部或部分转

① 黄薇主编：《中华人民共和国民法典释义》（上），法律出版社 2020 年版，第 820 页。

让的主债权继续承担担保责任。

如果双方当事人仅约定“主合同项下债权转移给第三人的，本合同项下的担保随之转让”，由于过于概括，能否构成《民法典》第 421 条的“当事人另有约定”的情形存在不确定性，但从案例检索情况来看，多数法院予以认可。

(3) 如果不满足“最高额担保的主债权已经确定”或“当事人另有约定”如何处理？

如果不满足“最高额担保的主债权已经确定”或“当事人另有约定”的任一条件，则相应的最高额担保无法继续担保被转让（被证券化）的债权，入池债权将脱保。针对这一风险，可以通过委托人与借款人以补充协议、确认函等方式将主债权确定；或者委托人与担保人通过补充协议、确认函等方式确认主债权可全部或部分转让，且担保人对该全部或部分转让的主债权继续承担担保责任。

(4) 最高额担保项下债权部分转让时入池担保权益的特定化。

在解决最高额担保能不能合法有效地转让的问题后，又会产生一个特定化的问题：该等最高额担保项下部分债权转让后，如何确定 SPV 享有的担保权益的份额或金额？就风险防范的角度而言，在保证人承担保证责任或物权担保人就担保物主张优先受偿时，如保证人所支付的款项或担保物处置后所得价款不足以偿付最高额担保项下担保的所有债权，则 SPV 财产可能遭受相应损失。因此，为确定入池担保权益的比例和权益金额，往往需要在交易文件中对原始权益人与 SPV 管理人如何享有或分割最高额担保权益进行约定。

2. 当事人约定的例外

附属担保权益的转让可经当事人约定排除。《民法典》第 407 条规定：“抵押权不得与债权分离而单独转让或者作为其他债权的担保。债权转让的，担保该债权的抵押权一并转让，但是法律另有规定或者当事人另有约定的除外。”法律规定的典型例外，即前文提到的最高额抵押项下的主债权确定前，部分债权转让时，最高额抵押不得转让的情形。而当事人约定的例外，既可以是抵押权人在转让债权时，与受让人约定，只转让债权而不转让担保该等债权的抵押权，这种情形大多发生在债权部分转让时；也可以是抵押人专门为特定的债权人设定抵押，该抵押人与债权人约定，被担保债权的转让未经其同意的，抵押权因债权转让而消灭①。

《民法典》第696条第2款规定："保证人与债权人约定禁止债权转让，债权人未经保证人书面同意转让债权的，保证人对受让人不再承担保证责任。"保证担保属于人保，有较强的属人特性，因此《民法典》中特别规定保证人与债权人约定禁止债权转让时，债权人未经保证人书面同意转让债权的，保证人对受让人不再承担保证责任。

因此，在资产证券化交易的基础资产核查中，需关注基础资产相关文件中是否有禁止或限制债权或附属担保权益转让的特殊约定，如果存在该等特殊约定，首先应考虑能否与禁止或限制债权或附属担保权益转让的一方沟通，取得其关于债权或附属担保权益转让的书面同意；如果前述首选方案实现起来难度较大，可考虑脱保入池；如果脱保入池可能对该等基础资产或整个资产证券化交易造成重大不利影响（如严重影响该等基础资产的可回收性等），则应考虑将该等基础资产剔除出资产池。

八、债权转让对抗转让方债权人申请的司法查封、冻结的问题

关于债权转让效力的规定，《合同法》第80条②和《民法典》第546条③的规定基本一致，即债权转让未通知债务人的，该转让对债务人不发生效力；但新旧法均未对债权转让如何对抗第三人的问题作出一般性规定，仅在《民法典》第768条对应收账款多重保理的问题作出了处理。在原

① 参见黄薇主编：《中华人民共和国民法典释义》（上），法律出版社2020年版，第789页。

② 《合同法》第八十条　债权人转让权利的，应当通知债务人。未经通知，该转让对债务人不发生效力。

债权人转让权利的通知不得撤销，但经受让人同意的除外。

③ 《民法典》第五百四十六条　债权人转让债权，未通知债务人的，该转让对债务人不发生效力。

债权转让的通知不得撤销，但是经受让人同意的除外。

始权益人将债权作为基础资产转让给 SPV 后，转让方发生其他债务纠纷时，其债权人可能申请法院查封、冻结已转让的基础资产，SPV 管理人所取得的债权能否对抗原始权益人的其他债权人，是一个存在争议的法律问题。

（一）关于民事执行和执行异议的现行规定

根据《民事执行规定》第 2 条的规定，法院的执行标的一般而言应当是被执行人的财产，法院一般根据财产的权利外观（如占有、登记状况）采取执行措施，如果第三人主张对被执行的财产的所有权，则可以提出排除执行异议。《执行异议规定》第 24 条规定："对案外人提出的排除执行异议，人民法院应当审查下列内容：（一）案外人是否系权利人；（二）该权利的合法性与真实性；（三）该权利能否排除执行。"《执行异议规定》第 25 条进一步明确了人民法院判断案外人是否为权利人的一系列标准，其中，关于债权等"其他财产和权利"，"有登记的，按照登记机构的登记判断；无登记的，按照合同等证明财产权属或者权利人的证据判断"。因债权的有效取得并不以办理登记为必要条件（仅在债权转让或质押的情况下有可能办理登记），如债权转让并未办理登记，则只要转让合同及其他证据能够证明债权已真实地发生转让，受让方的权利应当可以排除第三人对该债权的强制执行措施。然而，从司法判例的整理情况来看，法院对此问题的处理存在较大分歧。

（二）司法实践情况

1. 司法实践中的分歧

司法实践中，法院对于债权受让人能否排除转让人的债权人对该债权申请的强制执行问题，主要分为以下三种观点：

观点一：如在法院强制执行法律文书到达债务人之前，相关债权转让未通知（包括未能证明通知）债务人，则即使债权转让协议有效，债权受让人所享有的权利也不足以排除转让人的债权人对该等债权的强制执行。

该观点为大多数法院的观点。① 与此相对应，对于法院强制执行文书到达债务人之前，债权转让已通知债务人的情形，多数法院认同债权转让已经生效，该债权由受让人享有，受让人所享权利足以排除转让人的债权人对该债权申请的强制执行，但此类裁判文书中大多未明确债权转让通知是否对裁判结果起到了决定性作用。②

观点二：无论债权转让是否已在强制执行法律文书到达债务人之前通知债务人，该债权转让均有效，受让人能够取得债权，且足以排除法院对

---

① 持此类观点的裁判文书包括：河北省沧州市中级人民法院民事判决书，(2017) 冀 09 民终 2474 号；四川省高级人民法院民事裁定书，(2018) 川民再 348 号；吉林省四平市中级人民法院民事判决书，(2017) 吉 03 民终 247 号；重庆市第五中级人民法院民事判决书，(2016) 渝 05 民终 2211 号；湖南省长沙市中级人民法院民事判决书，(2016) 湘 01 民终 3861 号；山东省高级人民法院民事判决书，(2014) 鲁商终字第 231 号；江苏省南京市中级人民法院民事判决书，(2017) 苏 01 民终 1208 号；湖北省十堰市茅箭区人民法院民事判决书，(2017) 鄂 0302 民初 1098 号；黑龙江省克东县人民法院民事判决书，(2018) 黑 0230 民初 326 号；海口海事法院执行裁定书，(2018) 琼 72 执异 30 号；等等。

② 持此类观点的裁判文书包括：江苏省南京市中级人民法院民事判决书，(2016) 苏 01 民终 6069 号；江苏省盐城市中级人民法院民事判决书，(2014) 盐民终字第 0485 号；福建省厦门市中级人民法院民事判决书，(2016) 闽 02 民终 3004 号；河南省济源市人民法院民事判决书，(2017) 豫 9001 民初 7128 号；北京市第三中级人民法院民事判决书，(2015) 三中民 (商) 终字第 13672 号；河南省洛阳市中级人民法院民事判决书，(2016) 豫 03 民终 3053 号；山东省济南市中级人民法院民事判决书，(2017) 鲁 01 民终 7950 号；天津市第二中级人民法院民事判决书，(2017) 津 02 民终 3238 号；辽宁省营口市中级人民法院民事判决书，(2017) 辽 08 民终 603 号；山东省莱芜市中级人民法院民事判决书，(2018) 鲁 12 民终 35 号；湖北省高级人民法院民事判决书，(2017) 鄂民再 97 号；重庆市第一中级人民法院民事判决书，(2017) 渝 01 民终 3098 号；重庆市第一中级人民法院民事判决书，(2017) 渝 01 民终 3099 号；安徽省宣城市中级人民法院民事判决书，(2016) 皖 18 民终 636、637 号；陕西省汉中市南郑区人民法院民事判决书，(2017) 陕 0721 民初 2295 号；陕西省汉中市南郑区人民法院民事判决书，(2017) 陕 0721 民初 2296 号；江苏省昆山市人民法院民事判决书，(2015) 昆民初字第 4930 号；北京市第二中级人民法院民事判决书，(2016) 京 02 民终 8078 号；重庆市第五中级人民法院民事判决书，(2017) 渝 05 民终 2902 号；江苏省盐城市中级人民法院民事判决书，(2013) 盐民终字第 1843 号；广东省茂名市中级人民法院民事判决书，(2018) 粤 09 民终 873 号；山东省新泰市人民法院民事判决书，(2016) 鲁 0982 民初 3599 号；吉林省通化市东昌区人民法院民事判决书，(2013) 东江西民初字第 270 号；湖北省高级人民法院民事判决书，(2017) 鄂民终 1022 号；四川省绵阳市游仙区人民法院执行裁定书，(2018) 川 0704 执异 15 号；北京市海淀区人民法院民事判决书，(2016) 京 0108 民初 16483 号；河南省西峡县人民法院民事判决书，(2018) 豫 1323 民初 1103 号；湖北省宜昌市中级人民法院民事判决书，(2018) 鄂 05 民终 1682 号；山东省鄄城县人民法院民事判决书，(2018) 鲁 1726 民初 441 号；重庆市江津区人民法院民事判决书，(2017) 渝 0116 民初 348 号；湖北省十堰市郧阳区人民法院民事判决书，(2017) 鄂 0321 民初 827 号；安徽省高级人民法院民事判决书，(2016) 皖民终 27 号；天津市滨海新区人民法院民事判决书，(2017) 津 0116 民初 3、4、5、6 号；等等。

该债权的强制执行。此为少数法院的观点。[①]

观点三：无论债权转让是否已在强制执行法律文书到达债务人之前通知债务人，受让人所享权利均不能排除转让人的债权人对该等债权申请的强制执行。此亦为少数法院的观点。[②] 该观点的主要依据为债权的相对性，且多个普通债权之间是平等的，不具有优先性和排他性。该观点显然值得商榷，究其原因，在于法院陷入了多个债权的漩涡而无法准确区分。就申请执行人而言，其所享有债权的债务人是被执行人，即让与人；就被申请冻结（作为执行标的）的债权而言，其债务人是第三方（次债务人）而非让与人。两个债权各自的债务人并非同一主体，何者优先无从谈起。而且，一旦债权在被执行之前有效转让给受让人，该债权将不再属于让与人的财产，让与人的债权人自然不能执行该债权。

由上可见，目前司法实践主流观点与学界主流观点并不一致，司法实践本身对此类案件的裁判观点也存在分歧，“同案不同判”现象屡见不鲜。

2. 涉及资产证券化交易的执行异议案例

目前已发生多起证券化的基础资产被原始权益人或债权人申请法院查封或冻结，而由SPV管理人提起的执行异议之诉。该等案例同样反映出法院观点的分歧。

例如，2018年5月23日合肥市中级人民法院（以下简称合肥中院）在审理某农村商业银行大兴支行（以下简称大兴支行）与某绿色能源公司金融借款合同纠纷案（以下简称能源案）时，依据大兴支行的申请查封冻结

---

① 持此类观点的裁判文书包括：安徽省合肥市中级人民法院执行裁定书，（2018）皖01执异43号；内蒙古自治区赤峰市中级人民法院民事判决书，（2014）赤民一终字第51号；山东省泰安市中级人民法院民事判决书，（2018）鲁09民终714号；安徽省宣城市中级人民法院民事判决书，（2018）皖18民终13号；河南省高级人民法院民事判决书，（2018）豫民再968号；四川省高级人民法院民事判决书，（2016）川民终881号；等等。

② 持此类观点的裁判文书包括：河北省献县人民法院民事判决书，（2016）冀0929民初3226号；陕西省西安市中级人民法院民事判决书，（2017）陕01民终2640号；北京市第一中级人民法院民事判决书，（2017）京01民初330号；天津市第二中级人民法院民事判决书，（2016）津02民初367号；湖北省来凤县人民法院执行裁定书，（2018）鄂2827执异35号；湖北省来凤县人民法院执行裁定书，（2018）鄂2827执异39号；等等。

了某绿色能源公司对某电力公司享有的3000万元电费及相关补贴。案外人某财富管理公司认为法院查封冻结的执行标的为之前该公司代表“某电力上网收费权资产支持专项计划”用募集资金购得，提出执行异议之诉。在该案中，合肥中院认为就案涉专项计划，各方当事人达成的《专项计划说明书》、《专项计划标准条款》和《基础资产买卖协议》三份合同合法有效，足以认定某财富管理公司以支付11亿元对价方式受让取得了某绿色能源公司等自2015年5月至2020年6月的电费收费权等相关现金债权，某财富管理公司对案涉执行标的所提出的执行异议，符合《执行异议规定》第25条第1款第5项所规定的排除执行的情形。在该案中，虽然债权让与通知后于协助执行通知书到达债务人①，但转让方与受让方于2015年11月9日在中登网办理了应收账款转让登记，此后又于2015年11月17日办理了应收账款质押登记。法院基于对相关合同约定、转让价款支付情况的审查，确认了基础资产转让的真实性，认为债权让与可以对抗第三人申请的强制执行。

然而就在能源案落幕不到三个月，湖北省来凤县人民法院针对与该案类似的案情，驳回了另一专项计划管理人某证券公司针对该院（2018）鄂2827执658号之五执行裁定书（裁定提取被执行人B绿色能源公司在C电力公司享有的电费及补贴款收入734.8583万元）提出的执行异议请求。尽管SPV管理人提出基础资产转让行为已向中登网办理应收账款转让登记，具有公示效力，法院仍然认为，案外人某证券公司与被执行人B绿色能源公司签订的《××资产支持专项计划（二期）基础资产买卖协议》，只对其双方当事人具有约束力，不能对抗善意第三人。② 随后，该法院又于2018

① 关于南陵县凯迪绿色能源开发有限公司（以下简称南陵凯迪公司）就转让电力上网收费权事先征得了国网安徽省电力有限公司（以下简称国网安徽公司）复函同意，是否可以认为南陵凯迪公司已经就债权转让向债务人发送了债权转让通知，笔者认为两者不应简单等同。因为一般情况下，国网安徽公司与发电企业签订的购售电合同中会对收费权转让作出限制，如果该案中存在转让限制的情况，则南陵凯迪公司需事先取得国网安徽公司同意方可转让收费权。而至于收费权转让是否最终发生，则取决于专项计划是否成功设立，存在不确定性，这也是该项目对权利完善通知另作后续安排的原因。因此，此处事先征得债务人同意并不等同于债权实际转让后的债权转让通知。

② 湖北省来凤县人民法院执行裁定书，（2018）鄂2827执异35号。

年11月9日在（2018）鄂2827执异39号执行裁定书中，以相同理由驳回了C电力公司（作为债务人）就同一执行标的提出的执行异议请求。

在某租赁公司等与某证券公司案外人执行异议之诉系列案件（以下简称租赁案）中①，一审法院查明：2017年8月31日，某租赁公司（作为卖方）与某证券公司（代表××租赁2017年一期资产支持专项计划，作为买方）签订《买卖协议》，卖方将其依据融资租赁合同对承租人享有的租金请求权和其他权利及其附属担保权益均转让给买方。2018年2月12日，某证券公司向某租赁公司支付其转让的基础资产购买价款485，000，000元。同日双方签订了交割确认函，确认双方基础资产买卖交割完成。2018年4月25日，某租赁公司在中登网办理了应收账款转让登记。后由于某租赁公司与其他方的融资租赁合同纠纷案的财产保全程序，北京市第一中级人民法院于2019年10月17日轮候冻结了某证券公司对以某租赁公司名义开立的监管账户内的资金，案外人某证券公司向北京市第一中级人民法院提出书面异议。

在租赁案中，虽然直接的争议标的是监管账户内资金的所有权，但由于该等资金系作为基础资产的融资租赁债权所产生，因此争议的焦点问题之一为某证券公司与某租赁公司之间的基础法律关系应为资产证券化特定法律关系还是借贷法律关系。一审法院根据某租赁公司关于证券化交易的董事会决议、合同约定的意思表示、转让价款支付等事实，认为该基础资产转让行为应视为真实出售而非融资借贷。并且，该专项计划获得上海证券交易所（以下简称上交所）无异议函，产品在基金业协会备案，某租赁公司主动将基础资产转让的动产权属在中登网进行统一登记，上述行为均具有对外公示的作用，足以产生对抗第三人的效力。而关于某租赁公司所称债权转让因未通知债务人而对债务人不生效的抗辩，一审法院认为："根据《中华人民共和国合同法》第八十条之规定，债权人转让权利未通知债

① 一审：北京市第一中级人民法院民事判决书，（2020）京01民初239号；二审：北京市高级人民法院民事判决书，（2021）京民终704号。

务人的，该转让对债务人不发生效力。但此条规定并不影响债权转让在转让人和受让人之间的效力。”故未支持某租赁公司的该主张。二审法院确认了一审法院查明的事实，并维持了原判。

（三）小结

综上，在资产证券化交易中，如作为基础资产的债权转让未通知债务人，客观上存在不能对抗原始权益人的其他债权人申请法院作出的保全或强制执行措施的风险（但是，除非基于对债权转让交易真实性的合理怀疑，法院的该做法是否有充分的法律依据值得商榷①）。在 SPV 管理人的执行异议获得法院支持的能源案和租赁案中，可以发现一个共同点，即基础资产转让均在中登网办理了应收账款转让登记，该公示行为一定程度上有助于证明转让交易的真实性以及受让方的权利外观。因此，如果基础资产转让不便在开始时向债务人发送债权转让通知，也最好能够在中登网办理转让登记；而当发生权利完善事件后，也应及时向债务人发送权利完善通知，以完善受让方所取得的权利。

九、债权类资产的“一物二卖”

债权类资产的“一物二卖”即指债权类资产的多重转让。这一问题的重要性在于：在债权类资产发生多重转让时，如何确定债权类资产的归属？受让人取得的债权如何才能对抗债务人及其他第三方？受让人在受让债权类资产时如何做才属于尽到了注意义务，从而被认定是善意的，或者说被认定是履行了 SPV 管理人的谨慎义务？由于多重转让涉及转让方、两个以上受让方、债务人多方的权利义务关系，该问题具有相当的复杂性，在经

---

① 最高人民法院认为：“若案外人主张执行标的的债权归属于自己，其所依据的应当是真实且无瑕疵的债权。而本案中，一方面《债权转让协议》的真实性存疑，另一方面即便双方之间存在合法有效的《债权转让协议》，因该债权转让对债务人尚未发生效力，其权属变动的公示尚未完成。因此，该效力尚未齐备的债权无法产生排除强制执行的效果。”参见最高人民法院民事裁定书，(2018) 最高法民申 4314 号。

历《民法典》《担保制度司法解释》《合同编司法解释》多次补充完善后，该问题仍留有疑问。

在《民法典》颁布实施前，对于债权的多重让与，司法裁判的主流观点为“通知在先，权利在先”。在《民法典》颁布实施后，《民法典》第768条就保理合同项下应收账款多重转让的优先顺位规则进行了明确，且《担保制度司法解释》第66条规定了，当同一应收账款存在保理、应收账款质押和债权转让时，当事人可以主张参照《民法典》第768条的规定确定优先顺序。《民法典》及《担保制度司法解释》将对债权类资产的“一物二卖”的法律效力认定造成重大影响，同时也带来了较大的争议。

（一）学界观点：“让与在先，权利在先”为主

对于债权转让对抗第三人的要件，我国学理上主要存在两种观点。主流观点认为“让与在先，权利在先”，受让人于债权让与合同发生效力时即可对第三人主张债权让与的效果。[①] 第二种观点认为“通知在先，权利在先”，单纯的债权让与合同不得对抗第三人，只有在通知债务人之后，债权受让人才可对第三人主张其为债权人。[②] 也有学者主张参考美国《统一商法典》等设立登记制度，以登记顺序决定何者权利优先。[③]

主张“让与在先，权利在先”的主流观点所持理由主要有三：（1）《合同法》仅明确了通知债务人为债权转让对债务人生效之要件，对于其他第三人并未另设公示方法，解释上应认为受让人于债权转让合同发生效力时即可对其他第三人主张债权让与的效果，这也正是债权让与对债务人以外

① 参见韩世远：《合同法总论》，法律出版社2018年版，第619页。类似观点另参见崔建远主编：《合同法》，法律出版社2016年版，第169-170页；方新军：《合同法第80条的解释论问题——债权让与通知的主体、方式及法律效力》，载《苏州大学学报（哲学社会科学版）》2013年第4期；谢鸿飞：《合同法学的新发展》，中国社会科学出版社2014年版，第366页；徐涤宇：《〈合同法〉第80条（债权让与通知）评注》，载《法学家》2019年第1期。

② 参见申建平：《债权双重让与优先权论》，载《比较法研究》2007年第3期；尹飞：《论债权让与中债权转移的依据》，载《法学家》2015年第4期。

③ 参见李宇：《债权让与的优先顺序与公示制度》，载《法学研究》2012年第6期。

第三人的效力内容,[①] 否则《合同法》的表述应为“未经通知,该债权让与不发生效力”[②]。(2)如果仅凭转让通知在先便能够使第三人取得债权,则相较于物权变动中的善意取得制度,无须考虑第三人是否善意且无须登记等较强公示手段便可取得债权,缺乏合理性。[③](3)如果两次债权让与都未通知债务人,则通说认为第一个受让人取得债权,还是“让与在先,权利在先”。

(二)《民法典》生效前的法律规定及司法裁判观点

1. 法律规定

《合同法》关于债权转让的规定,主要为第 80 条:“债权人转让权利的,应当通知债务人。未经通知,该转让对债务人不发生效力。债权人转让权利的通知不得撤销,但经受让人同意的除外”。《合同法》及其他相关法律未对债权转让如何对抗第三人(包括其他受让方及转让方的债权人)作出明确规定。

2. 司法裁判

针对该条在债权多重转让情形中的适用,司法裁判的主流观点为“通知在先,权利在先”。当债权被多次转让,债务人收到多份合法有效的转让通知书时,应向最先收到的通知所指向的受让人履行债务。此为债权表见让与,即让与人已将债权让与的事实通知债务人时,即使让与并未发生或让与无效,债务人基于让与通知,而与受让人实施的履行、抵销或其他消

① 参见韩世远:《合同法总论》,法律出版社 2011 年版,第 481 页。

② 在债权二重让与的情况下,从保护债务人角度,多数学者认为如债务人先收到第二次让与的通知,此时债务人无法知晓第一次转让的存在而向第二个受让人清偿的情形亦有效,但该观点并不与《合同法》第 80 条的规定相悖,因承认债务人的清偿行为有效并不等于承认第二个受让人“确定”地取得了债权。在二重让与场合,债务人有效地向第二受让人清偿时,因受让人之间以第一受让人为真正债权人,第一受让人对于第二受让人得依不当得利的规定,请求返还。参见韩世远:《合同法总论》,法律出版社 2011 年版,第 484 页;崔建远主编:《合同法》,法律出版社 2007 年版,第 217 页;史尚宽:《债法总论》,台北,1954 年自版发行,第 698 页;郑玉波:《民法债编总论》,台北,三民书局 1996 年版,第 479 页。

③ 参见潘运华:《债权二重让与中的权利归属》,载《法学家》2018 年第 5 期。

灭债务行为，均属有效。债权表见让与是保护债务人利益的一种重要措施。[①]

广东省高级人民法院在黎某、李某债权转让合同纠纷再审民事判决书[②]中即采纳该观点。该案中，苏某分别与黎某、李某先后签订了《债权转让协议书》，协议依法成立并生效，债务人为某县政府。法院认为，李某向债务人送达了债权转让通知，在送达时对某县政府发生效力；虽然黎某债权转让协议签订在先，但通知债务人的时间晚于李某送达债权转让通知的时间，因此，黎某的送达行为对某县政府不产生效力。

同样，南京市中级人民法院在邓某与某银行支行债权转让合同纠纷案[③]中认为：在案涉债权转让均有效的条件下，争议债权归属于邓某还是某银行支行，取决于各债权让与通知，谁先到达债务人。采纳同样审判态度的案件还包括（2018）冀01民初281号民事判决书、（2020）桂11民终1567号民事判决书涉及的案件，无论债权转让优先通知债务人的是在先的受让人还是在后的受让人，法院均认定债务人应当向优先通知的受让人履行债务，而另一受让人应根据其与原债权人的合同追究其违约责任。

在前述案例中，法院在债权多重转让的情形下，多将债权转让通知作为受让人取得债权的要件。这种判决方式，一方面，可能出于对债务人的保护，避免债务人错误履行债务、双重履行债务或加重履行债务的负担；另一方面，对于法院通过双方提供的证据进行事实认定，通知送达的时间往往比债权转让协议的生效时间更容易判断。

（三）《民法典》及配套制度的变化

1.《民法典》及配套制度相关规定

债权转让的效力问题，主要涉及《民法典》第546条、第768条、第

① 参见朱广新：《合同法总则研究（下册）》，中国人民大学出版社2018年版，第495页。
② 广东省高级人民法院民事判决书，（2017）粤民再300号。
③ 南京市中级人民法院民事判决书，（2015）宁商终字第636号。

769条和《担保制度司法解释》第66条以及《合同编司法解释》第48条和第50条。其中，《民法典》第546条[①]主要规定了债权转让对于债务人的效力，与《合同法》第80条相比无实质变化。《民法典》及《担保制度司法解释》的主要变化在于新增了债权多重转让/质押的效力优先顺序，《合同编司法解释》则新增了多重转让情形下债务人履行行为的效力，相关规定如下：

《民法典》第768条："应收账款债权人就同一应收账款订立多个保理合同，致使多个保理人主张权利的，已经登记的先于未登记的取得应收账款；均已经登记的，按照登记时间的先后顺序取得应收账款；均未登记的，由最先到达应收账款债务人的转让通知中载明的保理人取得应收账款；既未登记也未通知的，按照保理融资款或者服务报酬的比例取得应收账款。"

《民法典》第16章"保理合同"第769条："本章没有规定的，适用本编第六章债权转让的有关规定。"

《担保制度司法解释》第66条第1款："同一应收账款同时存在保理、应收账款质押和债权转让，当事人主张参照民法典第七百六十八条的规定确定优先顺序的，人民法院应予支持。"

《合同编司法解释》第50条："让与人将同一债权转让给两个以上受让人，债务人以已经向最先通知的受让人履行为由主张其不再履行债务的，人民法院应予支持。债务人明知接受履行的受让人不是最先通知的受让人，最先通知的受让人请求债务人继续履行债务或者依据债权转让协议请求让与人承担违约责任的，人民法院应予支持；最先通知的受让人请求接受履行的受让人返还其接受的财产的，人民法院不予支持，但是接受履行的受让人明知该债权在其受让前已经转让给其他受让人的除外。前款所称最先通知的受让人，是指最先到达债务人的转让通知中载明的受让人。当事人之间对通知到达时间有争议的，人民法院应当结合通知的方式等因素综合

① 《民法典》第五百四十六条　债权人转让债权，未通知债务人的，该转让对债务人不发生效力。债权转让的通知不得撤销，但是经受让人同意的除外。

判断，而不能仅根据债务人认可的通知时间或者通知记载的时间予以认定。当事人采用邮寄、通讯电子系统等方式发出通知的，人民法院应当以邮戳时间或者通讯电子系统记载的时间等作为认定通知到达时间的依据。”

2. 相关条款分析

（1）在同一应收账款签订多个保理合同的情况下，登记优先于通知；既未登记也未通知的，按比例受偿。

根据《民法典》第 768 条的规定，当应收账款债权人就同一应收账款订立了多个保理合同而导致多位保理人主张权利时，已经登记的保理人优先于未登记的保理人取得应收账款；登记在先的优先于登记在后的保理人取得应收账款；只有当应收账款均处于未登记的情形时，才按照债权转让通知到达债务人的先后顺序取得应收账款。

该条被明确纳入《民法典》，是保理业务领域的实践努力成果。中国人民银行征信中心自 2007 年便开始向社会提供应收账款转让登记服务；2014 年，天津市高级人民法院以审判纪要的方式对应收账款转让登记的效力进行了有限度的承认，规定：“天津市金融工作局、中国人民银行天津分行、天津市商务委员会联合发布的《关于做好应收账款质押及转让业务登记查询工作的通知》（以下简称《应收账款通知》）中所列主体[①]受让应收账款时，应当登陆中国人民银行征信中心动产融资统一登记平台，对应收账款的权属状况进行查询，未经查询的，不构成善意。《应收账款通知》中所列主体办理应收账款质押、转让业务时，应当对应收账款的权属状况在中国人民银行征信中心动产融资统一登记平台予以登记公示，未经登记的，不能对抗善意保理商。”[②] 2019 年修订的《应收账款质押登记办法》第 34 条[③]

---

① 《应收账款通知》所列主体包括：各银行、商业保理公司、金融资产管理公司、信托公司、财务公司、汽车金融公司、消费金融公司、金融租赁公司、外商投资融资租赁公司、内资融资租赁试点企业、典当行、小额贷款公司、融资性担保公司。

② 天津市高级人民法院：《关于审理保理合同纠纷案件若干问题的审判委员会纪要（一）》（津高法〔2014〕251 号），载天津法院网 2015 年 5 月 29 日，https：//tjfy. tjcourt. gov. cn/article/detail/2015/05/id/1935900. shtml。

③ 《应收账款质押登记办法》第三十四条　权利人在登记公示系统办理以融资为目的的应收账款转让登记，参照本办法的规定。

为权利人办理以融资为目的的应收账款转让登记提供了参照适用的规则依据，但这一登记并无法律、行政法规层面的依据，审判实践中对这一登记能否发生对抗效力存在不同的认识，直至《民法典》第768条正式认可了应收账款转让登记在多重保理情形下的对抗效力。尽管《民法典》以及《国务院关于实施动产和权利担保统一登记的决定》（国发〔2020〕18号）未明确规定应收账款转让登记的登记部门，但由于应收账款质押登记的法定登记部门为中登网，实践中已普遍认可应收账款转让登记的登记部门也为中登网。

（2）非保理的债权转让登记并非强制要求，但可能参照适用保理合同章中的应收账款转让规则。

需要注意的是，《民法典》第768条仅规定于保理合同章，并未规定于第六章“合同的变更和转让”（该章第545条、第546条规定了债权转让的一般效力规则），意味着《民法典》第768条的效力规则不必然适用于非保理的债权转让，但该规则仍存在参照适用于非因保理合同发生的债权转让的可能性。

第一，从《民法典》本身的规则解读出发，《中华人民共和国民法典释义及适用指南》（中）认为，在非因保理合同发生的债权转让的情形中，按照《民法典》第467条第1款规定“本法或者其他法律没有明文规定的合同，适用本编通则的规定，并可以参照适用本编或者其他法律最相类似合同的规定”，非因保理合同发生的债权转让，首先，适用《民法典》或者其他法律中明确的特别规定；其次，适用《民法典》合同编通则第6章关于债权转让的一般规定，同时参照适用最相类似的合同。因此，在对这些债权转让没有明确规定时，本章涉及保理中的应收账款债权转让的规则，可以参照适用于非因保理合同发生的债权转让。①

第二，从《担保制度司法解释》规则的角度进行解读：《担保制度司法

① 黄薇主编：《中华人民共和国民法典释义及适用指南》（中），中国民主法制出版社2020年版，第1146页。

解释》第 66 条第 1 款规定："同一应收账款同时存在保理、应收账款质押和债权转让，当事人主张参照民法典第七百六十八条的规定确定优先顺序的，人民法院应予支持。"如对该条进行扩张解释，则意味着当同一应收账款上同时存在"保理、应收账款质押和债权转让"中至少两种类型的权益时，即可主张参照适用《民法典》第 768 条的顺位规则。需要注意的是：应收账款质权本身采取登记生效主义，如未进行登记则应收账款质权不成立；而保理业务虽采取的是登记对抗主义，但《民法典》第 768 条明确规定了登记优先的规则，从风险防范角度出发，也应当完成相关应收账款转让的登记。在此基础上，虽然现行法律法规并未将登记作为一般性债权转让的生效或对抗要件，但从保护受让人利益的角度出发，对债权转让进行登记，能更好地保全其权利顺位、防止权利冲突。

然而，"既未登记也未通知的，按照保理融资款或者服务报酬的比例清偿"仅应适用于保理合同，最多仅能参照适用于均为担保性债权受让人之间的顺位确定，此时按照担保的债权比例清偿；但在其他的债权转让情形中无法参照适用①，或不能当然适用该比例清偿规则②。此外，与保理和一般债权转让不同，应收账款质押本身以办理质押登记为生效条件，未办理登记的，质权并未有效设立，更谈不上优先顺序的问题。

综合来看，《民法典》第 768 条的规定适用或类推适用于其他债权转让是没有争议的，但是在适用时需要结合具体情况进行分析并作出适当的变通。

（3）转让登记与转让通知竞合时的效力判断。

假设同一笔债权分别转让给两个受让方，第一次的转让办理了转让登记而未发送债权转让通知，第二次的转让发送了债权转让通知而未办理转让登记，则会产生转让登记与转让通知的竞合问题。如多重债权转让参照《民法典》第 768 条关于多重保理的优先规则，则"已经登记的先于未登记

① 参见朱虎：《债权转让中的受让人地位保障：民法典规则的体系整合》，载《法学家》2020 年第 4 期。

② 参见丁俊峰：《民法典保理合同章主要条文的适用》，载《人民司法》2021 年第 4 期。

的取得应收账款”，登记的受让方优先于通知的受让方取得债权。然而，若债务人已向通知的受让方履行了债务，根据《合同编司法解释》第 50 条第 1 款第 1 句的规定，“让与人将同一债权转让给两个以上受让人，债务人以已经向最先通知的受让人履行为由主张其不再履行债务的，人民法院应予支持”，因此登记的受让方无权再请求债务人向其履行。登记的受让方可否基于其权利的优先性请求通知的受让方向其交付债务人偿付的财产，法律规定并不明确①，登记的受让方有可能仅能请求转让方承担违约责任。

从上述假设情形可看出，即使一项债权转让办理了转让登记，由于该转让尚未对债务人生效，在债权多重转让情形下受让方仍可能最终丧失债权，因为法律所规定的债权转让对抗第三方和债务人的方式是不同的，只有两者兼顾才能完全消除多重转让的风险。

（四）风险缓释措施

综上所述，较既往规定，《民法典》在保理合同章第 768 条明确了在保理业务中，当同一应收账款存在多重让与时，已登记的保理人优先于未登记的保理人取得应收账款。对于非因保理发生的债权多重让与，《民法典》虽未明确规定登记的效力，但对第 768 条留下了可参照适用的空间。而在债权多重转让对债务人的效力问题上，《合同编司法解释》仍然坚持了通知优先原则。

在资产证券化业务中，为避免原始权益人因操作失误或融资需要而对已证券化的基础资产再次转让，从而影响 SPV 管理人对基础资产的权利，也为了使原始权益人在发生误操作时可以采取一定的补救措施，可采取如下解决方案：

1. 最优方案是在债权类资产转让后即在中登网办理应收账款转让登记，并向相关债务人、担保人发送债权转让通知。

① 从《合同编司法解释》第 50 条第 1 款的规定“最先通知的受让人请求接受履行的受让人返还其接受的财产的，人民法院不予支持，但是接受履行的受让人明知该债权在其受让前已经转让给其他受让人的除外”来看，司法态度倾向于保护善意的接受履行的受让方，类似于物权的善意取得。

2. 如果不能在债权类资产转让后即在中登网办理应收账款转让登记，考虑到在债权类资产转让时原债权人一般资信良好，恶意进行二次转让的风险可控，从降低交易成本的角度出发，至少应在发生权利完善事件后要求原债权人办理基础资产的转让登记并向相关债务人、担保人发送债权转让通知，至于转让登记的具体办理流程和要求，应根据届时适用的中国人民银行相关操作细则确定。

十、双务合同对破产隔离的影响

在资产证券化实务中，大部分基础资产都源于双务合同，如借款合同、融资租赁合同、货物买卖合同、工程合同等。双务合同项下的债权能否实现，不仅取决于债务人的履行，还会与债权人自身的义务履行情况相牵连。在债权人已经履行其自身义务的情况下，债权实现取决于债务人的履行，债权人将债权转移给 SPV 并无障碍，且所转让的债权能够与债权人的固有财产相区分。本部分重点分析的是债权人尚未履行完毕自身债务的双务合同作为证券化基础资产及其破产隔离问题。

在债权人尚未履行完毕自身债务的情况下，需要区分是有基础法律关系的未来债权和纯粹的未来债权。有基础法律关系的未来债权属于现行法律规定的债权转让范围①，但是存在原始权益人违约或破产而使未来债权无

① 参见路竞祎、刘小丽、张志杰、刘建剑：《〈民法典〉对资产证券化的六大影响》，载微信公众号“柏荣团队 ABS 法律评论”2020 年 6 月 1 日，https：//mp. weixin. qq. com/s/EkRgvhXVjuGoIkTUryfvLg。该文指出《民法典》第 440 条规定权利质权的范围时和第 761 条规定保理合同定义时均将原有立法提及的“应收账款”修正为“现有的或者将有的应收账款”。

《民法典》第四百四十条　债务人或者第三人有权处分的下列权利可以出质：

（一）汇票、本票、支票；

（二）债券、存款单；

（三）仓单、提单；

（四）可以转让的基金份额、股权；

（五）可以转让的注册商标专用权、专利权、著作权等知识产权中的财产权；

（六）现有的以及将有的应收账款；

（七）法律、行政法规规定可以出质的其他财产权利。

《民法典》第七百六十一条　保理合同是应收账款债权人将现有的或者将有的应收账款转让给保理人，保理人提供资金融通、应收账款管理或者催收、应收账款债务人付款担保等服务的合同。

法转化为既有债权的风险，影响 SPV 财产的回收。纯粹的未来债权则可能无法实现破产隔离，理论上一般认为，虽然转让合同可以自签订时生效，但权利的转移自权利产生时才生效。根据《企业破产法》第 30 条①的规定，对于原始权益人破产申请受理之后破产管理人签订的相关合同，该等新产生的合同权利自其产生时可能已被认定为破产财产，无法实现与原始权益人的破产隔离。

（一）双务合同项下债的特点②

目前法律并没有对“双务合同”予以定义。理论上认为，双务合同是指双方当事人互负债务，且双方债务互为对价，通常以双方给付的互相交换为目的的合同。

双务合同项下，双方的债务互为因果、互为代价、彼此牵连，在债的发生、债的履行和债的存续上发生种种的牵连关系。就成立而言，一方的债务如果因为内容不法等原因而不成立，对方的债务也不成立；就履行而言，一方可以因为对方对待给付义务上的问题，在一定情形下有权拒绝履行自己的债务，即享有抗辩权，包括同时履行抗辩权③、先履行抗辩权④和不安抗辩权⑤。双务合同项下的债权能否实现，不仅取决于债务人的履行，

---

① 《企业破产法》第三十条　破产申请受理时属于债务人的全部财产，以及破产申请受理后至破产程序终结前债务人取得的财产，为债务人财产。

② 参见韩世远：《合同法总论》，法律出版社 2011 年版，第 53-55 页。

③ 《民法典》第五百二十五条　当事人互负债务，没有先后履行顺序的，应当同时履行。一方在对方履行之前有权拒绝其履行请求。一方在对方履行债务不符合约定时，有权拒绝其相应的履行请求。

④ 《民法典》第五百二十六条　当事人互负债务，有先后履行顺序，应当先履行债务一方未履行的，后履行一方有权拒绝其履行请求。先履行一方履行债务不符合约定的，后履行一方有权拒绝其相应的履行请求。

⑤ 《民法典》第五百二十七条　应当先履行债务的当事人，有确切证据证明对方有下列情形之一的，可以中止履行：

（一）经营状况严重恶化；

（二）转移财产、抽逃资金，以逃避债务；

（三）丧失商业信誉；

（四）有丧失或者可能丧失履行债务能力的其他情形。

当事人没有确切证据中止履行的，应当承担违约责任。

还与债权人自身义务的履行情况相牵连。

（二）债权人已经履行其自身义务的情况

1. 在债权人已经履行自身义务的情况下，法律关系较为清晰：由于债权人已经履行完毕自身的义务，债务人自然无权拒绝履行其债务，即债权人对债务人享有明确清晰的请求权，而债务人没有抗辩权，债权的实现仅取决于债务人的履行，而与债权人无关。

2. 原始权益人将已经履行其自身义务的债权合法有效地转移给 SPV 后，由于该等债权的实现与原始权益人无关，在这一意义上，能够达到与原始权益人破产隔离的效果。但是由于原始权益人在 SPV 设立后往往担任资产服务机构，代为收取基础资产产生的回收款，在原始权益人担任资产服务机构期间，如果人民法院受理关于原始权益人的破产申请，且原始权益人的自有财产与其代为收取的回收款已相互混合而无法识别，则原始权益人代为收取的回收款可能会被人民法院认定为原始权益人的破产财产。

3. 在企业应收账款资产证券化项目中，《上交所挂牌确认指引 2 号》第 3.1.2 条第 1 项要求：原始权益人已经遵守并履行了基础资产所对应的任一份合同项下的义务，合同约定的付款条件已满足，且债务人履行其付款义务不存在抗辩事由和抵销情形。该指引实际排除了以未来债权作为基础资产开展企业应收账款资产证券化项目。

（三）债权人未履行完毕自身义务的情况

1. 未来债权的分类

在债权人尚未履行完毕自身债务的情况下，需要区分是有基础法律关系的未来债权还是纯粹的未来债权。

（1）有基础法律关系的未来债权。有基础法律关系的未来债权，是指据以形成债权的合同已经成立并生效，但该合同项下债权在合同生效时尚未形成，该债权尚需要在特定条件（如一方交付标的物、持续履行义务等）成就后方可形成，在债权产生之前，权利人实际持有的是一种期待权，该权利受到合同的约束和法律的保护。该等未来债权的典型即得到《动产和权利担保统一登记办法》[①] 肯定的"能源、交通运输、水利、环境保护、市政工程等基础设施和公用事业项目收益权"。

（2）无基础法律关系的未来债权。无基础法律关系的未来债权又被称为"纯粹的未来债权"，该类未来债权尚无已生效的合同文件作为其产生依据，因此并没有现时存在的任何权利（包括期待权），其权利的产生时间、数额、行使方式等均处于不确定状态，仅能根据原始权益人的业务范围、历史经营数据、市场环境等因素预测将来可能产生的债权类型、债权数量。

2. 未来债权作为资产证券化基础资产的情形

虽然《上交所挂牌确认指引 2 号》排除了以未来债权作为基础资产开展企业应收账款资产证券化项目，但并不意味着未来债权不能作为其他资产证券化项目的基础资产。无论是从理论还是从实践来看，未来债权都可以作为资产证券化基础资产。此处首先对有合同基础的未来债权直接作为证券化基础资产的法律可行性进行分析。所谓直接作为证券化基础资产，是指原始权益人将有合同基础的未来债权直接转让给 SPV 进行证券化，而不是进行双 SPV 结构转化。

从法律性质来看，根据《资产证券化业务管理规定》第 3 条[②]的规定，基础资产是指符合法律法规规定，权属明确，可以产生独立、可预测的现金流且可特定化的财产权利或者财产。有合同基础的未来债权能够满足上

---

① 2020 年 12 月 22 日，国务院正式印发《关于实施动产和权利担保统一登记的决定》，明确自 2021 年 1 月 1 日起，在全国范围内实施动产和权利担保统一登记。纳入统一登记范围的动产和权利担保，由当事人通过中登网自主办理登记。中国人民银行于 2021 年 12 月底发布《动产和权利担保统一登记办法》（中国人民银行令〔2021〕第 7 号），于 2022 年 2 月 1 日正式施行，《应收账款质押登记办法》（中国人民银行令〔2019〕第 4 号）同时废止。

② 《资产证券化业务管理规定》第三条　本规定所称基础资产，是指符合法律法规规定，权属明确，可以产生独立、可预测的现金流且可特定化的财产权利或者财产。基础资产可以是单项财产权利或者财产，也可以是多项财产权利或者财产构成的资产组合。

前款规定的财产权利或者财产，其交易基础应当真实，交易对价应当公允，现金流应当持续、稳定。

基础资产可以是企业应收款、租赁债权、信贷资产、信托受益权等财产权利，基础设施、商业物业等不动产财产或不动产收益权，以及中国证监会认可的其他财产或财产权利。

述条件。至于其可转让性，民法学理上一般均予认可[①]，而且我国《民法典》第440条规定权利质权的范围时和第761条规定保理合同定义时均将原有立法提及的"应收账款"修正为"现有的或者将有的应收账款"，这表明有合同基础的未来债权具有可转让性。司法实践中，也有法院指出："民事主体固不能将乌有之权利转让他人，但如民事主体对该种将来债权具有合理期待的，则此种期待即成为一种期待权益，受法律保护（如基于同一债权人连续提供同类商品、服务所形成的多个基础合同项下的多笔应收账款）。又因该种将来债权一般应具备财产价值，故民事主体转让此种具有经济价值的期待利益并无不当，其效力应予承认。"[②]

从实践来看，有合同基础的未来债权直接作为证券化基础资产的典型案例是某电力上网收费权资产支持专项计划项目。该案的具体情况详见本书第十章第二部分的分析。有学者指出：从本案的裁定结果可见，司法机关既认可了将来债权作为权利转让的客体，又明确了受让人在债权让与行为（《基础资产买卖协议》）生效后即取得将来债权。[③]

3. 未来应收账款的保理

保理与资产池证券化的融资方式存在相似之处，均是融资方通过转让

---

① 有学者指出："Lanrenz教授认为，如果未来债权已有基础（bereits ein Grund gelegt），那么不仅该债权可以让与，而且由该基础所生之让与人的既有法律地位——期待关系——也可以转让。受让人在德国民事诉讼法第259条的范围内可以主张将来之给付。"参见张谷：《论债权让与契约与债务人保护原则》，载《中外法学》2003年第1期。

② 上海市第一中级人民法院认为："依债权在转让时是否已真实成立，可将待转让之债权分为已成立债权及尚未成立债权，已成立之债权除法定或约定不得转让的外，均具备相应可转让性；尚未成立之债权，应属将来发生之债，其对应基础法律关系一部或全部尚未完全成立，故该种将来债权是否具备可转让性尚需视具体情况予以分析。所谓将来债权者，是指尚未实际成立但于将来可能成立之债权，其法律属性并非当事人缔约时既有现实存在之权利，而系将来可能存在之权利。民事主体固不能将乌有之权利转让他人，但如民事主体对该种将来债权具有合理期待的，则此种期待即成为一种期待权益，受法律保护（例如基于同一债权人连续提供同类商品、服务所形成的多个基础合同项下的多笔应收账款）。又因该种将来债权一般应具备财产价值，故民事主体转让此种具有经济价值的期待利益并无不当，其效力应予承认。"参见上海市第一中级人民法院民事判决书，（2015）沪一中民六（商）终字第640号。

③ 朱晓喆：《资产证券化中的权利转让与"将来债权"让与——评"平安凯迪资产支持专项计划"执行异议案》，载《财经法学》2019年第4期。

债权获得现金①。有合同基础的未来债权不仅可以作为证券化基础资产，还可以用于保理；而对于没有合同基础的未来债权，司法实践中则有法院不认可其作为保理业务的交易客体。

上海市第一中级人民法院在（2015）沪一中民六（商）终字第640号民事判决书中认定，现系争《商业保理申请及协议书》及其附件虽对佳兴农业公司此前经营状况予以记载，并以此为基础推算出可转让将来债权金额，但佳兴农业公司已自认前述记载的经营状况并非真实，卡得万利保理公司亦未对此予以必要的核查，故双方当事人仅据此种虚假记载并不足以对本案所涉将来债权产生合理期待，亦不具备将诉争将来债权转让他人之基础。同时，系争保理协议及其附件除前述经营状况外，仅就所涉将来债权作了期间上的界定，对于交易对手、交易标的及所生债权性质等债之要素均未提及，亦无其他可对该将来债权予以确定的约定，故在现有证据条件下，难以认定本案所涉将来债权已相对确定，据此亦无法认为，本案所涉将来债权具备合理期待利益，可对外转让。

根据上述裁判观点，虽然《民法典》第761条认可将来的应收账款可以作为保理合同中债权转让的标的，但将来的应收账款还需要符合下述条件才能作为保理合同中债权转让的标的，否则存在被认定为借贷交易的风险：

（1）债权转让方须提交真实的材料以合理预估未来将发生的债权金额，且商业保理公司须对债权转让方提交的材料、经营状况进行必要的核查，只有在材料真实合理的情况下，该债权才具有合理期待，为可转让的债权；

（2）保理协议及其附件需对债权期间、交易对手、交易标的、所生债权性质及其他可确定该将来债权的条款进行约定，使商业保理公司对将来债权具备合理期待利益，具有可转让性。

因此，当商业保理公司对该将来应收账款债权具备合理期待利益时，

---

① 关于保理与资产证券化的区别，参见彭冰：《美国资产证券化中的风险隔离机制》，北京大学2000年博士学位论文，第9-10页。

该将来应收账款债权具有可转让性，可进行商业保理。

4. 未来债权的破产隔离效果

（1）有基础法律关系的未来债权无法实现破产隔离。该等债权虽然属于现行法律规定的债权转让范围，但是存在原始权益人违约或破产而使未来债权无法转化为既有债权的风险。根据《企业破产法》第18条①的规定，破产管理人对破产申请受理前成立而债务人和对方当事人均未履行完毕的合同有权决定解除或者继续履行。如果原始权益人破产，破产管理人决定解除合同，基础资产项下的现金流将无法继续产生，无法实现与原始权益人的破产隔离。

（2）纯粹的未来债权无法实现破产隔离。理论上一般认为，虽然未来债权的转让合同可以自签订时生效，但权利的转移应自权利产生时才生效。② 根据《企业破产法》第30条③的规定，对于原始权益人破产申请受理之后破产管理人签订的相关合同，该等新产生的合同权利自其产生时可能已被认定为破产财产，无法有效地转移给SPV。

（四）融资租赁资产证券化项目中的破产隔离

根据上文分析，债权人是否已经履行其自身义务对破产隔离的效果有重要影响。然而在融资租赁资产证券化项目中，在租赁物已经交付使用、租赁物购买价款已经支付完毕（出租人的积极义务已经履行完毕）的情况

---

① 《企业破产法》第十八条第一款 人民法院受理破产申请后，管理人对破产申请受理前成立而债务人和对方当事人均未履行完毕的合同有权决定解除或者继续履行，并通知对方当事人。管理人自破产申请受理之日起二个月内未通知对方当事人，或者自收到对方当事人催告之日起三十日内未答复的，视为解除合同。

② 参见最高人民法院民法典贯彻实施工作领导小组主编：《中华人民共和国民法典合同编理解与适用》（三），人民法院出版社2020年版，第1763页。该书指出："我们认为，在将来债权转让的情况下，无论保理人是直接取得还是间接取得，理论上都是在债权发生的一瞬间，无需另行进行让与的意思表示，保理人均可立即取得债权……审判实践中，应当注意两个问题：一是债权转让的权利变动时点。债权转让作为准物权行为，除当事人另有约定外，现有债权在当事人意思表示一致时即可发生权利变动的后果，将来债权在实际发生之时即可发生权利变动的后果。"

③ 《企业破产法》第三十条 破产申请受理时属于债务人的全部财产，以及破产申请受理后至破产程序终结前债务人取得的财产，为债务人财产。

下，融资租赁合同是否为《企业破产法》第18条规定的待履行合同存在争议。对此，法律没有明确规定；学术论文多数倾向于认定融资租赁合同是待履行合同；司法实践中观点不一，认定融资租赁合同是待履行合同和不是待履行合同的判例均有。

1. 学理观点

（1）观点一：不是待履行合同。

出租人负有支付租赁物购买价款、将租赁物交付承租人使用的积极义务和保证承租人在租赁期间对租赁物占有、使用的消极义务。积极义务是以作为、看得见的方式完成的，而保证承租人平静占有的担保义务通常以不作为、看不见的方式履行。出租人的积极义务履行完毕后，承租人也实现了签订合同的实质目的。只有当承租人出现干扰、妨碍承租人占有、使用租赁物的行为时，承租人才可主张出租人违反了消极义务，否则不能认为承租人未履行完合同义务。①

（2）观点二：是待履行合同。

出租人在融资租赁合同项下的义务还包含不干扰承租人使用租赁物的消极义务，所以即使出租人已经支付了租赁物购买价款、交付了租赁物，在融资租赁合同租期届满前，出租人的义务并未履行完毕，此时承租人、出租人双方义务均未履行完毕，属于《企业破产法》第18条项下的待履行合同，破产管理人有权决定融资租赁合同继续履行或者是解除。②

---

① 参见李阿侠：《融资租赁案件裁判精要》，法律出版社2018年版，第389页。

② 参见闫登锋：《论破产清算中融资租赁合同的处理规则》，中国政法大学2016年硕士学位论文，第13页。该文提到，如果融资租赁合同在进入破产程序后租期尚未届满，那么承租人的主要合同义务当然还没有履行完毕，出租人负有消极义务即保证不干涉承租人对租赁物使用的义务，以及在约定租期结束租赁物归属于承租人的情况下还有向承租人转移租赁物所有权的义务。可见，此时双方当事人的主要合同义务均未履行完毕，且任何一方违约不履行上述义务，另一方可因此而主张抗辩。所以，未到期的融资租赁合同在破产程序中的处理应当适用关于待履行合同的相关规定。除此之外，于澜在《论破产程序中的融资租赁合同处理规则》、王振标在《破产程序中融资租赁合同的处理规则》也表达了类似的观点。

2. 司法判例

（1）观点一：不是待履行合同。

在（2015）津高民二终字第0070号民事判决书[①]中，天津市高级人民法院认为融资租赁的出租人只要支付了购买租赁物的价款，其合同义务就履行完毕，因此出租人已履行完积极义务的融资租赁合同不属于《企业破产法》规定的待履行合同，承租人的破产管理人无权解除融资租赁合同。

（2）观点二：是待履行合同。

在（2015）宁商再终字第5号民事判决书中，南京市中级人民法院认为承租人的破产管理人自破产申请受理之日起2个月内未通知出租人，视为解除了融资租赁合同。[②] 该判决中虽然法院没有直接论述融资租赁合同属于待履行合同，但是法院支持了破产管理人依据《企业破产法》第18条解除合同，可见法院也认可了该融资租赁合同属于待履行合同。

前述两份判决，破产的都是承租人，而非出租人，承租人的破产管理人均认为其享有《企业破产法》第18条项下的解除权。如破产一方为出租人，法院有可能基于破产清算或重整程序的需要而作出相反的判断。

①出租人仅履行完毕积极义务的融资租赁合同属于待履行合同，现行法律未规定出租人破产情形下破产管理人行使解除权的条件。

合同是否完全履行，需要看主合同义务和从合同义务是否都履行完毕；如果主合同义务履行完毕，从合同义务未履行完毕，那么仍然应当视为未

① 案情：2012年12月11日，中信富通公司与隆亨公司、众意公司签订融资租赁合同，约定开展售后回租业务。2014年9月，众意公司进入破产程序。一审法院认为根据管理人依据《企业破产法》第18条的规定，管理人具有解除合同的权利。天津市高级人民法院则认为，在融资租赁合同中，出租人的义务分为积极义务和消极义务，积极义务包括支付购买租赁物的价款和将租赁物交付承租人使用；消极义务是保证承租人对租赁物的占有、使用。一旦出租人的积极义务履行完毕，融资租赁合同的目的就已经实现，即可认定出租人已经完全履行了融资租赁合同。因此，中信富通公司支付价款后其在融资租赁合同项下的主要义务已经履行完毕。众意公司管理人不能依据《企业破产法》的规定对融资租赁合同行使解除权。

② 案情：2011年，江苏金融租赁公司与圆通汽车公司签订了融资租赁合同，约定了回租事宜。2013年5月，江苏省丹阳市人民法院受理了其他债权人对于圆通汽车公司的破产申请。南京市中级人民法院再审确认了《企业破产法》第18条在本案中的适用，认为圆通汽车公司管理人自破产申请受理之日起二个月内未通知江苏金融租赁公司，视为解除了融资租赁合同。

履行完毕。在融资租赁合同中，出租人在租赁期间保证承租人对租赁物的使用是平静、不被打扰的，也是出租人重要的从合同义务。

现行法律未规定该等情形下破产管理人行使解除权的条件或者限制解除权的行使。基于破产财产最大化原则，破产管理人选择是继续履行合同还是解除合同，主要基于以下三点考虑：

第一，剩余租期。破产清算程序具有紧迫性，出租人很快要面临清算和注销主体资格，如果融资租赁合同剩余期限较长，破产管理人就有动力选择解除合同、取回租赁物，将租赁物变卖后增加破产财产的价值。剩余的租赁期限越长，破产管理人就越可能解除合同；但是，破产管理人也可能会考虑首先与承租人协商提前终止合同并由承租人留购租赁物，这样破产债务人可以提前收回大量现金。

第二，租赁物价值与变现能力。租赁物价值越高、越方便变现，破产管理人就越可能解除。如果租赁物难以找到有相同需求的购买者，闲置要负担保管、维修成本，那出租人也不会选择解除合同。由于租赁物以动产居多，动产的处置往往面临较大的价值贬损，不利于破产财产最大化。

第三，损害赔偿金额的高低。根据《企业破产法》第 53 条[①]的规定，出租人的破产管理人解除融资租赁合同给承租人造成的损失，出租人应当承担赔偿责任，损害赔偿请求权作为破产债权清偿。破产管理人在解除融资租赁合同的时候还要综合考量对承租人的损害赔偿金额，如果金额过大，可能违反破产财产最大化原则。

②出租人仅履行完毕积极义务的融资租赁合同虽然属于待履行合同，但出租人破产情形下破产管理人的合同解除权应当受到一定限制。

第一，《民法典》及配套制度将融资租赁中出租人的所有权界定为非典

① 《企业破产法》第五十三条　管理人或者债务人依照本法规定解除合同的，对方当事人以因合同解除所产生的损害赔偿请求权申报债权。

型担保物权[①]，非典型担保物权是为了保护出租人的利益而设定和存在的，如果因该等所有权的存在而认为出租人的义务未履行完毕进而管理人可以解除合同，不符合担保物权设定的目的与本质。

出租人仅履行完毕积极义务的融资租赁合同仍属于待履行合同，主要是因为除积极义务外，出租人还负有消极义务，即保证不干涉承租人对租赁物使用的义务，以及在约定租期结束租赁物归属于承租人的情况下还有向承租人转移租赁物所有权的义务。出租人负有上述消极义务的原因是出租人对租赁物享有所有权。但《民法典》及其配套制度已将出租人对租赁物享有的所有权界定为非典型担保物权，这一非典型担保物权是为了保护出租人的利益而设定和存在的，融资租赁中出租人对租赁物享有所有权不是目的而是手段，与一般租赁中出租人对租赁物的所有权完全不同。如果因该等所有权的存在而认为出租人的义务未履行完毕进而管理人可以解除合同，不符合担保物权设定的目的与本质。

第二，2006 年发布但尚未生效的《融资租赁法（草案）》[②] 第 36 条对出租人破产管理人合同解除权作出了限制，即出租人破产时，不得影响承

---

① 《民法典担保制度司法解释系列解读之五　“关于非典型担保”及“附则”部分重点条文解读》：二、关于融资租赁。在融资租赁中，出租人对租赁物享有的所有权亦具有担保功能。与对待所有权保留一样，民法典为消除隐形担保，于第 745 条规定：“出租人对租赁物享有的所有权，未经登记，不得对抗善意第三人。”

《刘贵祥就民法典担保制度司法解释回答记者提问》指出：“二是着力拓宽企业融资渠道。保证、抵押、质押等传统的典型担保不能完全适应经济社会发展的需要，民法典扩大了担保合同的范围，增加规定了所有权保留、融资租赁、保理等具有担保功能的合同。”

民二庭负责人就《担保制度司法解释》答记者问时指出：一般认为，现代动产担保制度的基本规则包括以下几个方面：一是将不转移占有的动产担保形式作为最基本和最主要的担保形式；二是除典型担保外，担保方式还应包括所有具有担保功能的非典型担保，如让与担保、所有权保留、融资租赁、保理等；三是担保范围应当包括所有的动产和权利；四是担保权通过担保协议设立，允许企业为任何类型的债务设定担保，允许对担保物和担保债务进行概括描述；五是担保资产上的担保权延及可识别的收益、产品和替代品；六是建立统一的公示对抗效力规则，并明确登记是担保权取得对抗第三人效力的主要公示方法；七是建立全国集中统一的登记机构和登记系统，提供电子化的登记公示服务；八是建立统一清晰、可预测的优先权规则；九是建立高效的担保权执行程序，支持庭外执行。

在非典型担保部分，本解释明确了融资租赁、保理、让与担保等非典型性担保合同的性质，并规定了债权人实现担保物权的方式，丰富了担保交易的类型，拓宽了获得信贷的途径。

② 2006 年 11 月发布 2006 年第三次征求意见稿，目前未生效。

租人在融资租赁合同项下的权利。除该法另有规定外，破产管理人不得解除融资租赁合同。

3. 小结

综上，融资租赁业务中，由于出租人对租赁物享有所有权，出租人履行完毕积极义务后，出租人仍负有一定的消极义务，因此出租人仅履行完毕积极义务的融资租赁合同属于待履行合同。尽管如此，该等消极义务的存在不宜作为出租人破产管理人解除合同的充分理由。

但是由于现行法律未规定出租人的破产管理人行使解除权的条件或者限制解除权的行使，由于出租人和承租人之间的租赁合同属于在破产申请前成立而出租人和承租人均未履行完毕的合同，故出租人的破产管理人可以决定解除租赁合同或者继续履行租赁合同（但承租人有权要求破产管理人提供担保），在租赁合同解除后，基础资产的回收等将因此受到不利影响。

第四章　收益权类资产的破产隔离

本章关注的重点问题

- 收益权的法律性质是什么?
- 收益权信托和收益权买卖的区别是什么?
- 收益权能否设立信托?
- 收益权能否合法有效设立质押担保?

尽管收益权类资产已成为证券化和各类投融资中广为接受的交易标的，业界对于收益权究竟为何种权利却缺乏统一认识。目前尚无法律或行政法规对收益权作出界定。在市场经济实践中，收益权是债权人、股东或受益权人等权利人比照《物权法》（已废止）第 39 条及现在的《民法典》第 240 条规定的物权或所有权项下占有、使用、收益和处分的四个权能，从债权等权利中抽离出来一项获取收益的权利，其并非一种法定权利，而是由交易方根据交易需要以某项资产或权利为基础，通过合同约定构建的权利。① 本章在分析收益权类资产法律性质的基础上，也对以收益权类资产作为基础资产的几种证券化模式的可行性和破产隔离风险进行论证，包括企业资产证券化中收益权类资产直接转让给 SPV 模式、资产支持票据中收益权类资产设立信托模式，以及企业资产证券化中收益权类资产转化成的双 SPV 模式。特别需要注意的是，虽然上述收益权证券化交易模式共同存在，但在每一种模式中收益权类资产的含义有所差异。

一、收益权类资产的性质

（一）收益权的概念

1. 收益权与收益的区别

在界定收益权类资产的概念之前，有必要先厘清“收益权”和“收益”之间的区别。收益是指基础资产经营、管理、出售、处置过程中产生的收益，通常指具体的现金流；而收益权是指依据法律或合约所享有的、获取上述收益的抽象的权利。享有收益权并不意味着最终可以获得收益，获得收益的多寡往往会受到包括基础资产的运营状况、债务人的履约能力、转让方的转付义务履行情况等与基础资产及转让方相关的多种因素的影响。

2. 法律法规中有关收益权的主要规定

表 4-1 列举了法律、司法解释、规范性文件、行业规则中与收益权有

① 参见陈越异：《新形势下资管业务中收益权问题研究——从监管与司法的关系角度介入》，上海交通大学 2020 年硕士学位论文，第 13 页。

关的主要规定及其变迁。

表 4-1　关于收益权的法律规定

序号	法律法规名称	立法/发文机构	具体条文
1	已废止：《物权法》（主席令第 62 号）	全国人民代表大会	第三十九条　所有权人对自己的不动产或者动产，依法享有占有、使用、收益和处分的权利。
	现行有效：《民法典》（主席令第 45 号）		第二百四十条　所有权人对自己的不动产或者动产，依法享有占有、使用、收益和处分的权利。
2	现行有效：《公司法》（主席令第 15 号）	全国人民代表大会常务委员会	第四条第二款　公司股东对公司依法享有资产收益、参与重大决策和选择管理者等权利。
3	已废止：《最高人民法院关于适用〈中华人民共和国担保法〉若干问题的解释》（法释〔2000〕44 号，以下简称《担保法司法解释》2021 年 1 月 1 日废止）	最高人民法院	第九十七条　以公路桥梁、公路隧道或者公路渡口等不动产收益权出质的，按照担保法第七十五条第（四）项的规定处理。[1]
	现行有效：《担保制度司法解释》（法释〔2020〕28 号）		第六十一条第四款　以基础设施和公用事业项目收益权、提供服务或者劳务产生的债权以及其他将有的应收账款出质，当事人为应收账款设立特定账户，发生法定或者约定的质权实现事由时，质权人请求就该特定账户内的款项优先受偿的，人民法院应予支持；特定账户内的款项不足以清偿债务或者未设立特定账户，质权人请求折价或者拍卖、变卖项目收益权等将有的应收账款，并以所得的价款优先受偿的，人民法院依法予以支持。

续表

序号	法律法规名称	立法/发文机构	具体条文
4	现行有效：《中国银监会办公厅关于规范银行业金融机构信贷资产收益权转让业务的通知》（银监办发〔2016〕82号）	中国银监会办公厅	第一条　一、信贷资产收益权转让应当遵守“报备办法、报告产品和登记交易”相关要求……
5	现行有效：《银行业信贷资产登记流转中心信贷资产收益权转让业务规则（试行）》（银登字〔2016〕16号）	银行业信贷资产登记流转中心	第二条　本规则中信贷资产收益权是指获取信贷资产所对应的本金、利息和其他约定款项的权利。
6	已废止：《应收账款质押登记办法》（中国人民银行令〔2019〕第4号）	中国人民银行	第二条　本办法所称应收账款是指权利人因提供一定的货物、服务或设施而获得的要求义务人付款的权利以及依法享有的其他付款请求权，包括现有的和未来的金钱债权，但不包括因票据或其他有价证券而产生的付款请求权，以及法律、行政法规禁止转让的付款请求权。本办法所称的应收账款包括下列权利：……（三）能源、交通运输、水利、环境保护、市政工程等基础设施和公用事业项目收益权……
	现行有效：《动产和权利担保统一登记办法》（中国人民银行令〔2021〕第7号）		第三条　本办法所称应收账款是指应收账款债权人因提供一定的货物、服务或设施而获得的要求应收账款债务人付款的权利以及依法享有的其他付款请求权，包括现有的以及将有的金钱债权，但不包括因票据或其他有价证券而产生的付款请求权，以及法律、行政法规禁止转让的付款请求权。本办法所称的应收账款包括下列权利：……（三）能源、交通运输、水利、环境保护、市政工程等基础设施和公用事业项目收益权……

续表

序号	法律法规名称	立法/发文机构	具体条文
7	现行有效:《机构间私募产品报价与服务系统政府和社会资本合作(PPP)项目资产支持证券信息披露指南》(2017年10月19日)	中证机构间报价系统股份有限公司	第二条第二款　PPP项目收益权是在基础设施和公共服务领域开展政府和社会资本合作过程中，社会资本方(项目公司)与政府方签订PPP项目合同等协议，投资建设基础设施、提供相关公共产品或服务，并依据合同和有关规定享有的取得相应收益的权利，包括收费权、收益权、合同债权等。PPP项目收益主要表现形式为使用者付费、政府付费或可行性缺口补助等。
8	现行有效:《资产证券化监管问答(三)》(2019年4月19日)	中国证监会	一、对于基础设施收费等未来经营收入类资产证券化产品，其现金流来源于特定原始权益人未来经营性收入，依赖于特定原始权益人的持续经营。对该类资产证券化产品的现金流来源有哪些要求? 答：基础设施收费等未来经营收入类资产证券化产品，其现金流应当来源于特定原始权益人基于政府和社会资本合作(PPP)项目、国家政策鼓励的行业及领域的基础设施运营维护，或者来自从事具备特许经营或排他性质的燃气、供电、供水、供热、污水及垃圾处理等市政设施，公路、铁路、机场等交通设施，教育、健康养老等公共服务所形成的债权或者其他权利。 对于电影票款、不具有垄断性和排他性的入园凭证等未来经营性收入，不得作为资产证券化产品的基础资产现金流来源。物业服务费、缺乏实质抵押品的商业物业租金(不含住房租赁)参照执行。

续表

序号	法律法规名称	立法/发文机构	具体条文
9	现行有效：《上交所挂牌确认指引2号》（上证发〔2022〕165号）	上交所	4.1.1　本指引所称未来经营收入类基础资产，是指特定原始权益人基于国家政策鼓励的行业及领域的基础设施运营维护，或者从事具备特许经营或排他性质的燃气、供电、供水、供热、污水及垃圾处理等市政设施，公路、铁路、机场等交通设施，教育、健康养老等公共服务所产生的收入。

[1] 担保法第七十五条第四项　下列权利可以质押：……（四）依法可以质押的其他权利。

3. 结合相关规定对收益权概念的法律分析

所有权作为一个整体的权利，不能在内容或时间上加以分割，因此，如果将收益权视为物权或所有权项下的一项权能而非独立的权利，就排斥了资产收益权的可转让性。① 但从最高人民法院发布的《担保制度司法解释》允许“以基础设施和公用事业项目收益权、提供服务或者劳务产生的债权以及其他将有的应收账款出质”来看，收益权已经不再局限于物权或所有权的一项权能。

随着收益权在实践中被越来越广泛地作为交易标的，市场主体和监管机构对收益权转让的认可度越来越高，近年来的一些规范性文件和行业规则比较明确地认可了这种交易。学界关于收益权的法律性质主要存在“物权说”、“权能说”、“特殊权利说”和“将来债权说”等学说，其中以“将来债权说”为主流，即权利人在其对特定资产的经营管理中，未来享有的对第三人的金钱债权。②

在南昌某银行、内蒙古某银行合同纠纷案③中，最高人民法院认为：

① 参见李玉峰：《资产收益权的法律属性分析》，载《金融经济》2017年第20期。

② 参见耿启幸：《PPP项目收益权资产证券化的法律风险与应对进路》，载《浙江金融》2018年第9期。

③ 最高人民法院民事判决书，（2016）最高法民终215号。

"收益权在我国法律体系中并无明确定位，法律性质亦无明确界定，应当根据我国法律的相关规定及其权利属性进行分析。对于物权，权能与权利相分离极为常见，所有权人可以将所有权中的部分权能与所有权本身相分离而单独转让给其他人，在其物上设立用益物权或者担保物权，以达到物尽其用的目的。而债权虽为相对权，但其内部亦存在多项权能可以明确分辨，这就为其权能与权利的分离提供了基础。除了物权法定原则之外，我国法律对其他财产性权利并未禁止。具体到本案，各方当事人的交易标的'私募债券收益权'、'资管计划收益权'是交易主体以基础财产权利即华珠私募债为基础，通过合同关系创设的一种新的债权债务关系，其本质在于'收益'，即获取基于华珠私募债而产生的经济利益的可能性，包括本金、利息等资金利益。从其法律性质看，显然不属于法定的物权种类，而应为可分的债权权能之一。收益权虽然依附于基础资产，甚至收益权与基础资产在内涵与价值上高度重叠，但在各方商事主体选择以收益权作为交易标的的情形下，意味着各方并无转让和受让基础财产的意思表示。此种情况下，应当尊重各方在协议中达成的合意，认定各方交易标的为收益权，而非基础财产。"

综上所述，对收益权的概念大致可以作两种外延或层面的理解：

第一，狭义的收益权类资产，即收益权是区别于其所依附的基础资产并由交易双方人为创设的权利，指权利人收取特定资产之经营、管理、处置过程中产生的收益的权利。当收益权从转让方转让至受让方时，交易双方即构建了一种新的债权债务关系：受让方取得请求转让方转付特定基础资产之经营、管理、处置过程中产生的收益的权利。例如，目前在银行业信贷资产登记流转中心有限公司开展的信贷资产收益权转让业务，收益权所依附的信贷资产债权的核心内涵即为取得收益的权利，信贷资产收益权属于人为创设的与信贷资产债权相区别的一种权利，其行权对象仅限于转让方而不包括债务人。在基础资产为权益类资产如股权、信托受益权、基金份额时，情况类似，相应的收益权应作狭义理解，收益权的受让方不能取得基础资产权利人身份而直接向目标公司、受托人或基金管理人行权，而仅能依据合同约定要求转让方支付基础资产产生的收益。

第二，广义的收益权，包括各种取得资产收益的权利，而无论该权利主张的对象，因此可以涵盖狭义的收益权、债权、收费权。正如《机构间私募产品报价与服务系统政府和社会资本合作（PPP）项目资产支持证券信息披露指南》中对PPP项目收益权的定义一样，在能源、交通运输、水利、环境保护、市政工程等基础设施和公用事业领域，特许经营权收益权或特许经营项目收益权可能被理解为特许经营项目的收费权或债权本身，从而收益权的受让方有权直接向付费方请求付款，也可能被理解为狭义的收益权，在不同的情境中应结合收益权所依附的基础资产的类型及转让合同的具体约定进行区别、分析。

4. 收益权概念存在的意义

收益权往往依附于基础资产，基础资产通常是有法律明确规定的财产性权利，如债权、物权、股权等。那么为什么实践中不直接交易基础资产，而要交易收益权这样一个权利内容颇有争议的标的呢？究其原因主要有二：一是基础资产的交易存在一些问题或障碍，交易双方为了解决或者规避问题，退而求其次，选择交易收益权。二是基础权利的所有者只愿意拆出收益权能，从交易的目的来看，转让方作为基础资产的所有者转让收益权以达到融资目的，并不希望丧失对基础资产法律上的控制权；对于受让方来说，可能没有能力和资质管理基础资产，也没有取得除收益外的其他权能的需求。因此，尽管收益权转让交易可能存在潜在风险，但将转让标的界定为收益权，或许对交易双方来说都是较为高效的做法。

（二）收益权的法律特征

不同于股权、债权、信托受益权等法定权利可以依据相关法律去界定权利边界和权利行使的规则，收益权的权利性质、行使的方法、转让的规则等都缺乏法律统一规定，即使部分资产收益权可以找到法律依据，相关的法律依据也远远没有《公司法》对股权、《民法典》对债权以及《信托法》对信托受益权那样充分。结合已有的立法和市场实践，狭义的收益权具有以下共性法律特征：

1. 依附于基础资产，容易受到转让方对基础资产的管理、处分或相关基础合同的履行行为的影响

收益权是基于特定基础资产而派生的一种权利，如果没有基础资产的存在，基础资产收益权就会处于“皮之不存，毛将焉附”的状态。而基础资产状况的变化，也会直接影响收益权持有人最终能够获得的收益数额。

由于收益和风险往往相伴而生，收益权转让在关注基础资产的收益的同时，也不应忽视基础资产附带的风险。从这个角度来看，收益权交易可以理解为：转让方通过出让基础资产产生的未来现金流获得融资，而受让方以现金为对价取得基础资产产生的未来的现金收益，同时承担基础资产附带的风险。基础资产的风险和收益容易受到转让方行为的影响。例如，当基础资产是股权时，转让方对股东权利的行使以及通过委派董事、公司管理人员等对公司经营所产生的影响将关系到股权的价值或可能实现的收益；当基础资产是特许经营权或收费权时，转让方履行特许经营合同义务的情况直接影响着收益权能否实现。另外，对于所有基础资产类型而言，如转让方对基础资产进行处分而获得收益，该处分行为也将直接影响收益权的实现。

实践中，由于受让方缺乏对基础资产的控制，或者出于风险定价能力的顾虑，受让方往往只愿意获取基础资产的收益，而不愿意承担基础资产的风险，于是在收益权交易中，转让方往往以承诺到期回购或承诺补足差额等方式保障受让方取得预期的回报。

2. 受让方的行权对象是转让方，获取收益依赖于转让方的转付

由于收益权的持有人的收益必须从转让方处获得，在转让方收到收益至转付至受让方期间，收益停留在转让方账户，此时需转让的收益与转让方自身的财产可能发生混同。此外，如果转让方怠于履行催收或转付义务，或者转让方的其他债权人申请人民法院查封、扣押或冻结该等收益，也会直接影响到受让方能够最终获得的收益数额。

3. 无法实现与基础资产权利人的破产隔离

首先，如果基础资产收益的实现本身取决于转让方的持续经营或合同履行行为（收费权类基础资产往往具有这一特征），则根据《企业破产法》第26条[①]、第61条[②]规定，人民法院受理关于转让方的破产申请后，破产管理人经人民法院（或债权人会议）许可可以决定停止转让方的营业，如果转让方停止营业，基础资产也无法继续产生现金流，基础资产收益权的受让方可能因此遭受损失。[③]

其次，即使在转让方破产申请被受理后基础资产仍会持续产生收益，由于收益权所依附的基础资产并未发生转移，基础资产将作为转让方的破产财产，基础资产所产生的收益也有可能会被归入转让方的破产财产。人民法院是否会基于基础资产之上的收益权已经转让为由，认为基础资产产生的收益已经不属于转让方，从而不被纳入破产财产，目前无明确的法律依据，存在法律上的不确定性。按照《企业破产法》第16条[④]、第19条[⑤]、

---

① 《企业破产法》第二十六条　在第一次债权人会议召开之前，管理人决定继续或者停止债务人的营业或者有本法第六十九条规定行为之一的，应当经人民法院许可。

② 《企业破产法》第六十一条　债权人会议行使下列职权：

（一）核查债权；

（二）申请人民法院更换管理人，审查管理人的费用和报酬；

（三）监督管理人；

（四）选任和更换债权人委员会成员；

（五）决定继续或者停止债务人的营业；

（六）通过重整计划；

（七）通过和解协议；

（八）通过债务人财产的管理方案；

（九）通过破产财产的变价方案；

（十）通过破产财产的分配方案；

（十一）人民法院认为应当由债权人会议行使的其他职权。

债权人会议应当对所议事项的决议作成会议记录。

③ 本书广义的收益权类资产的定义，包括了债权，如果收益权类中包含的债权被认定是双务合同债权，且属于债权人未履行完毕自身义务的情况，其破产隔离问题可以参见本书第三章第十部分的分析。

④ 《企业破产法》第十六条　人民法院受理破产申请后，债务人对个别债权人的债务清偿无效。

⑤ 《企业破产法》第十九条　人民法院受理破产申请后，有关债务人财产的保全措施应当解除，执行程序应当中止。

第20条[①]、第21条[②]规定，人民法院受理关于转让方的破产申请后，从转让方的银行账户对外个别清偿债务的行为将被禁止，对转让方提起的诉讼、执行等法律程序也应停止。因此，转让方可能无法将已经取得的基础资产收益按照相关交易合同的约定转付给受让方，受让方只能按照《企业破产法》的有关规定申报破产债权并参与特定转让方的破产财产的分配。另外，根据《企业破产法》第2条第1款[③]和第32条[④]规定，人民法院受理破产申请前6个月内转让方的个别清偿行为可能被破产管理人请求法院撤销，即转让方已经转付给受让方的基础资产收益仍有可能被破产管理人追回。

（三）收益权交易中可考虑的风险缓释措施

很多收益权类资产证券化项目存在一定的固有风险，如基础资产容易受到原始权益人的经营管理和财务状况的影响，可能无法实现与原始权益人的破产隔离，且基础资产产生的现金流容易与原始权益人的固有财产发生混同。为了避免上述风险的产生，实践操作重点关注和采取以下措施：

1. 对转让方的基础资产有关权利进行限制

如上文所述，在收益权交易中，受让方需要承担转让方可能滥用其基础资产项下权利从而对收益权的价值或实现造成不利影响的风险，因此需要谨慎选择交易对手。同时考虑在交易合同中对转让方行使基础资产相关权利作出必要限制，对转让方继续履行基础合同项下义务提出相应要求，

---

① 《企业破产法》第二十条　人民法院受理破产申请后，已经开始而尚未终结的有关债务人的民事诉讼或者仲裁应当中止；在管理人接管债务人的财产后，该诉讼或者仲裁继续进行。

② 《企业破产法》第二十一条　人民法院受理破产申请后，有关债务人的民事诉讼，只能向受理破产申请的人民法院提起。

③ 《企业破产法》第二条第一款　企业法人不能清偿到期债务，并且资产不足以清偿全部债务或者明显缺乏清偿能力的，依照本法规定清理债务。

④ 《企业破产法》第三十二条　人民法院受理破产申请前六个月内，债务人有本法第二条第一款规定的情形，仍对个别债权人进行清偿的，管理人有权请求人民法院予以撤销。但是，个别清偿使债务人财产受益的除外。

并约定相应的违约救济措施。为了防止转让方不适当地处分基础资产甚至挪用处分所获得的收益，受让方可以考虑要求转让方将基础资产质押给受让方，从而起到阻却转让方随意处分基础资产的作用。

2. 对基础资产的收益进行监管并约定其归属

由于受让方的收益权实现依赖于转让方对基础资产收益的转付，为了防止转让方挪用该等收益或将其他资金与基础资产收益相混同，可以要求转让方开立独立的银行账户用于归集和存放基础资产产生的现金流，并委托开户行对该归集账户进行监管，确保每笔收益都按照合同约定转付给受让方。

另外，可以尝试在相关交易合同中约定，在转让方收到每一笔基础资产收益时，将该收益视为受让方委托转让方代为保管，其所有权归属于受让方。但由于转让方仍持有基础资产的所有权（该所有权可延伸至基础资产所实现的收益），且受金钱（收益款项）占有者推定为所有者的法律观念的影响，该种约定能否被人民法院采纳从而对抗其他债权人通过法院对归集账户中资金的查封、冻结和扣划，以及在破产程序中作为受让方对该等资金行使取回权的依据，具有不确定性。①

3. 提高对原始权益人的监管标准

越是依赖原始权益人主体经营、管理和财务状况的基础资产，越需要提高对原始权益人的监管，设置合理的监督指标和触发机制，在发生可能影响基础资产现金流的事件时，及时采取对应的触发机制以缓释风险。

4. 设置合理的外部增信措施

在不同的证券化项目中，基础资产的收益对原始权益人主体的依赖程度是不同的，在对原始权益人主体的依赖程度较高的项目中，应该对原始权益人经营不善或在财务状况出现问题后对基础资产现金流的影响进行充分预估，通过设置外部增信措施（如差额支付承诺、抵押、质押等），在基础资产收益不足时，可以通过行使担保权利等方式对资产支持证券的兑付

① 关于银行账户内资金的归属，可以参见本书第七章第三部分的分析。

提供法律保障。

5. 要求保留对转让方的追索权

由于收益权交易中受让方承担了较大的风险和不确定性，受让方可以要求转让方对基础资产产生的收益作出相应的保证，如达不到预期的收益水平，则要求转让方进行补足，或者要求转让方在融资期限届满时回购该收益权。当然，对转让方追索权的有效性应当建立在转让方除了基础资产外，还拥有充足的其他产生收益的资产的基础上，否则无法实现对受让方的有效保障。

6. 在资产买卖协议中尽可能地对基础资产的外延和内涵进行明确、详细的约定

明确的定义可以使基础资产满足资产证券化的特定化要求，避免可能发生的对基础资产范围的争议；更重要的是，避免发生因界定不清导致对基础资产的性质产生争议。在基础资产可以界定为合同债权时，不宜以收益权作为基础资产。我们将在下文第三部分（二）案例中进一步进行分析。

二、收益权信托和收益权买卖

如本章开头所述，在企业资产证券化中存在收益权类资产直接转让给SPV模式，在资产支持票据中存在收益权类资产设立信托模式，在两种证券化模式中，基础资产均采用了“收益权”一词的狭义含义。故本部分以狭义的收益权为基础分析两种交易模式的差别。

（一）收益权作为信托财产的适当性

1. 信托财产的确定性要求

根据《信托法》第14条规定①，信托财产源于两个部分：一是受托人因承诺信托而取得的财产；二是受托人因信托财产的管理运用、处分或者

① 《信托法》第十四条　受托人因承诺信托而取得的财产是信托财产。
受托人因信托财产的管理运用、处分或者其他情形而取得的财产，也归入信托财产。
法律、行政法规禁止流通的财产，不得作为信托财产。
法律、行政法规限制流通的财产，依法经有关主管部门批准后，可以作为信托财产。

其他情形而取得的财产。前者发生在信托设立时，受托人从委托人处取得，被称为初始信托财产；后者发生在信托存续期间，受托人基于对信托财产的管理而取得。

根据《信托法》第 7 条①和第 11 条②的规定，设立信托，必须有确定的信托财产，并且该信托财产必须是委托人合法所有的财产；若信托财产无法确定，信托无效。信托财产的“确定性”主要包含两层含义：一是信托财产为委托人有权处分的独立财产；二是信托财产的范围、种类、数量等在信托行为中有一定程度的明确约定。

在某投资管理股份有限公司与某信托股份有限公司、天津某股权投资一期基金等合伙协议纠纷案③中，某投资管理股份有限公司组建了合伙企业，合伙人一致同意将合伙企业资金用于受让标的股票的收益权。后某信托股份有限公司设立信托计划，投资人认购该信托计划优先受益权。2012 年，某信托股份有限公司签署《股票收益权转让协议》受让某股票处置收益及股票在约定收益期间所实际取得的股息及红利、红股、配售、新股认股权证等孳息。信托计划运行过程中，由于某股票持续低于优先级保本价，某信托股份有限公司按照优先受益人的指令，解除标的股票质押后变现持仓股票，变现价款尚不足以完全支付优先受益人本金及收益。某投资管理股份有限公司诉称由于标的股票收益权不具有确定性，不是适格的信托财产，案涉信托计划无效。该案经一审后，某投资管理股份有限公司不服原判，向最高人民法院提起了上诉。

---

① 《信托法》第七条第一款 设立信托，必须有确定的信托财产，并且该信托财产必须是委托人合法所有的财产。

② 《信托法》第十一条 有下列情形之一的，信托无效：

（一）信托目的违反法律、行政法规或者损害社会公共利益；

（二）信托财产不能确定；

（三）委托人以非法财产或者本法规定不得设立信托的财产设立信托；

（四）专以诉讼或者讨债为目的设立信托；

（五）受益人或者受益人范围不能确定；

（六）法律、行政法规规定的其他情形。

③ 最高人民法院民事判决书，（2016）最高法民终 19 号。

最高人民法院认为：“信托财产的确定是要求信托财产从委托人自有财产中隔离和指定出来，而且在数量和边界上应当明确，即，信托财产应当具有明确性和特定性，以便受托人为实现信托目的对其进行管理运用、处分。”结合该案的具体情况，最高人民法院认为，《股票收益权转让协议》明确了某信托股份有限公司所取得的涉诉股票收益权的数量、权利内容及边界，已经使得某信托取得的涉诉股票收益权明确和特定，受托人某信托股份有限公司也完全可以管理运用该股票收益权。所以，信托财产无论是……交付给某信托股份有限公司的……资金，还是某信托股份有限公司以上述资金从……处取得的股票收益权，均系确定”。

该案中最高人民法院仅关注到“股票收益权明确和特定”，却未对股票收益权（假使为委托人交付的信托财产）如何能够从委托人自有财产中隔离出来进行论述。

2. 信托的生效以信托财产的转移为前提

《信托法》第 15 条①规定，信托设立后，信托财产与委托人未设立信托的其他财产相区别，并且可以达到与委托人破产隔离的法律效果。

因此，信托作为一种独特的财产权结构，其设立必须以信托财产权属的转移为前提，如果信托财产无法完成转移交付，将导致信托财产无法达到破产隔离的法律效果，信托的设立尚未发生效力。

在某信托投资股份有限公司与昆山某公司营业信托纠纷案②中，昆山某公司为开发某项目与某信托（作为受托人）签订了《资产收益财产权信托合同》。该合同约定信托财产为“基础资产项下委托人依法享有的取得收益的财产权利及因对其管理、运用、处分或者其他情形取得的财产”，该“基础资产”则指昆山某公司拥有的在建工程某项目及其国有土地使用权。该

① 《信托法》第十五条 信托财产与委托人未设立信托的其他财产相区别。设立信托后，委托人死亡或者依法解散、被依法撤销、被宣告破产时，委托人是唯一受益人的，信托终止，信托财产作为其遗产或者清算财产；委托人不是唯一受益人的，信托存续，信托财产不作为其遗产或者清算财产；但作为共同受益人的委托人死亡或者依法解散、被依法撤销、被宣告破产时，其信托受益权作为其遗产或者清算财产。

② 上海市高级人民法院民事判决书，(2013) 沪高民五（商）终字第 11 号。

合同还约定，如昆山某公司未按合同约定向信托专户内汇集基础资产收益款或未履行资金补足义务，逾期期间应计收罚息。后昆山某公司未按时足额履行付款义务，双方将纠纷诉诸法院。

上海市高级人民法院认为：昆山某公司未按约定的付款时间向信托专户足额支付最低现金余额，违反了信托合同的约定，存在违约行为，理应归还本金及承担违约责任。

虽然该案的判决结果在客观上确认了以收益权为初始信托财产的信托合同的法律效力，但法院主要是从当事人真实意思表示的角度对信托合同进行了确认，并未对收益权作为信托财产的适当性以及信托的法律效力进行论证。

如前文所述，信托设立时一般要求有独立的信托财产的交付或转移，才能实现信托目的。而该案中的初始信托财产为房地产开发项目的在建工程及土地使用权的收益权，在信托设立时并未产生从委托人到受托人的独立信托财产的交付或转移。案涉信托合同将支付基础资产收益款约定为昆山某公司的义务，而实际上该义务系委托人的信托财产转移或者交付义务的延伸，因为委托人不实际交付基础资产产生的收益，作为信托财产的收益权就会落空。因此，在该案中，信托设立的实际法律效果是受托人取得了对委托人的请求交付基础资产收益的债权，而非如其他信托交易那样，受托人在信托设立时即取得可独立支配的信托财产；在基础资产收益实际交付之前，信托是否合法有效设立，存在疑问。

3. 收益权作为初始信托财产可能存在的问题

综合前述分析来看，收益权作为初始信托财产可能存在如下问题：

（1）信托的有效设立需要有信托财产的转移为前提。就收益权而言，只有当委托人将基础资产产生的收益交付给受托人，受托人才取得了可供管理和支配的信托财产，在此之前受托人仅能依据信托合同的约定请求委托人交付基础资产产生的收益。因此，在收益权转让时点，很难说信托财产的交付或转移已经完成，也很难认定信托已经合法有效设立。

（2）从信托财产的确定性来分析，按照最高人民法院在某投资管理股份有限公司与某信托股份有限公司、天津某股权投资一期基金等合伙协议纠纷案①中确定的标准来看，信托财产应从委托人自有财产中隔离和指定出来，并且在数量和边界上明确。收益权可能难以满足“从委托人自有财产中隔离出来”的要求；而其是否满足在数量和边界上明确的要求也需要结合具体情况进行分析。

（3）从信托财产的独立性来分析，收益权作为一项当事人自行创设的权利，其在当事人之间的转让仅能产生转让方与受让方的债权债务法律效果，无法达到与委托人破产隔离的法律效果，不符合《信托法》关于信托财产独立性的立法本意。

如周小明博士所述，从设立信托的角度看，委托人只能将具有独立权利形态的财产设立信托，不能用资格类的所谓“权利”或者某一财产权的具体权能设立信托。这是因为，首先，资格类权利因没有特定、具体的标的或内容而无法转移给受托人，具体权能也会因为没有表彰权利的凭证而无法转移给受托人；其次，以资格类权利或者具体权能设立信托，也无法产生信托财产独立性的法律效果。②

（二）收益权买卖交易的法律效力及法律定性

虽然收益权设立信托存在法律上的障碍，但并不妨碍收益权买卖交易的进行，只不过对于收益权买卖交易的法律定性需要予以关注。

1. 收益权买卖交易的由来

就该模式产生的背景来看，主要是为了规避中国银监会③对于信托公司贷款业务规模的限制④，以及要求银行业金融机构向固定资产投资项目提供

---

① 参见最高人民法院民事判决书，（2016）最高法民终19号。

② 周小明：《信托制度：法理与实务》，中国法制出版社2012年版，第133页。

③ 2018年3月，国务院印发《国务院机构改革方案》，组建中国银保监会，不再保留中国银监会；2023年3月，中共中央、国务院印发《党和国家机构改革方案》，在中国银保监会基础上组建国家金融监督管理总局，不再保留中国银保监会。

④ 2007年颁布的《信托公司集合资金信托计划管理办法》第27条第2项规定：“向他人提供贷款不得超过其管理的所有信托计划实收余额的30%。”2009年颁布的《中国银行业监督管理委员会关于修改〈信托公司集合资金信托计划管理办法〉的决定》将该处修改为“向他人提供贷款不得超过其管理的所有信托计划实收余额的30%，但中国银行业监督管理委员会另有规定的除外”。

贷款时对项目资本金、项目合规手续等的审查要求。《信托公司管理办法》（中国银监会令 2007 年第 2 号，2003 年修订）第 19 条中规定："信托公司管理运用或处分信托财产时，可以依照信托文件的约定，采取投资、出售、存放同业、买入返售、租赁、贷款等方式进行。信托公司不得以卖出回购方式管理运用信托财产。"不少信托公司在内部合规审查的标准上将"资产收益权转让加回购"模式认定为与信托贷款相区别的资金运用方式。

但 2008 年后，随着国家密集实施房地产宏观调控政策，中国银监会陆续发布一系列规范性文件[①]，收紧了银行业金融机构的信托贷款，同时禁止信托公司通过商品房预售回购、投资附加回购承诺等方式变相或间接发放信托贷款，并强调要"按照实质重于形式的原则"予以甄别。

2. 收益权买卖加回购交易的性质认定

司法实践中对于收益权买卖加回购合同性质的认定，存在三种不同观点。第一种观点认为该合同不符合《民法典》规定的有名合同典型特征，将其归为无名合同，即将案由定为合同纠纷；第二种观点认为在信托公司作为签订主体情况下，将合同认定为营业信托法律关系，即将案由定为营业信托纠纷；第三种观点认为收益权转让及回购仅是以买卖作为资金融通的形式，将其定性为借款合同，即将案由定为借款合同纠纷[②]。

部分法院从实质重于形式的角度重新定性了收益权买卖加回购合同性质。例如，在广东某房产有限公司、某资产管理股份有限公司广东省分公司等金融借款合同纠纷一案[③]中，法院认为案涉《转让及回购合同》及《还款协议》法律关系的性质应当认定为借款合同关系，理由如下：（1）在案涉《资金监管合同》中约定，在《转让及回购合同》项下债务获得完全清

① 包括但不限于《关于加强信托公司房地产、证券业务监管有关问题的通知》（银监办发〔2008〕265 号）、《关于信托公司开展项目融资业务涉及项目资本金有关问题的通知》（银监发〔2009〕84 号）、《关于支持信托公司创新发展有关问题的通知》（银监发〔2009〕25 号）、《关于加强信托公司房地产信托业务监管有关问题的通知》（银监办发〔2010〕54 号）、《关于信托公司房地产信托业务风险提示的通知》（银监办发〔2010〕343 号）。

② 夏敏：《收益权转让及回购合同的性质判断》，载《人民司法》2020 年第 17 期。该观点与我们在裁判文书网（wenshu. court. gov. cn，2022 年 3 月 25 日检索）检索结果一致。

③ 最高人民法院民事判决书，（2021）最高法民终 38 号。

偿之前取得的标的项目房屋销售款收入及租金收入应当全部进入销售款专户和租金专户，作为清偿《转让及回购合同》项下债务的备付金。按照此约定，某信托并未取得特定资产的收益权，其在《转让及回购合同》履行期间，无权任意处置特定资产取得的收益。（2）特定资产作为担保合同履行的抵押物，已抵押给某信托。如果按照《转让及回购合同》的约定，某信托已经取得了特定资产收益权，则没有必要再取得特定资产的抵押权，且转让方也无权将特定资产进行抵押。（3）转让方负有在一定期间经过之后以固定价格买回协议标的物的义务，并非买回的权利，某信托无需承担任何特定资产收益权的风险，与一般的买卖合同的交易模式完全不同。在某银行与某建设公司纠纷案①中，法院亦持类似观点：受让人支付转让款后并非通过行使收益权本身获取收益，而是要求转让方支付回购价款，且回购价款不是根据应收账款本身价值确定，而是根据转让价款与投资溢价之和确定，投资溢价由转让价款乘以投资溢价率及投资期限计算得来，符合借款合同出借人收取借款本金及固定期限利息的本质特征，应认定为借款合同。

部分法院将合同认定为营业信托法律关系，例如，在最高人民法院（2016）最高法民终231号民事判决书和北京市第二中级人民法院（2014）二中民初字第1328号民事判决书中，法院在判决主文说理部分，都不约而同提到回购合同中约定信托公司取得的特定资产收益权及其产生的全部收益归入信托财产，后者更是明确约定“每季度末月的20日支付一次应收账款收益”。最高人民法院认为该约定说明在信托公司取得特定资产收益权期间内，特定资产产生的任何收益均属于信托公司所有。因此，信托公司的收益不是固定收益，回购价格应为最低收益，该合同约定的业务内容属于信托公司正常的业务经营活动。

虽然各地各级人民法院对“资产收益权买卖加回购交易”模式有不同的定性，但都没有否认《特定资产收益权转让与回购合同》的效力，均认

① 安徽省高级人民法院民事裁定书，（2018）皖民初35号。

为系当事人真实意思表示，不违反法律、行政法规强制性规定，系合法有效的合同，由此双方当事人应恪守约定履行，违约的应当按约承担继续履行、赔偿损失等违约责任。但是，人民法院可能以其实际构成的法律关系确定各方的权利义务。

3. 企业资产证券化交易模式与收益权买卖交易的比较

收益权转让附加回购交易模式主要分为三个步骤：第一步，信托公司作为受托人发行集合资金信托计划（资金信托），投资人同时作为委托人和受益人，以资金认购信托计划受益权份额；第二步，信托公司以信托资金认购融资方所持有的特定资产（如土地、建设工程、股权等）对应的收益权，融资方获得融资，信托财产由信托资金转化为特定资产收益权；第三步，在一定期限后或一定条件触发后，融资方以现金溢价回购信托公司持有的特定资产收益权，信托财产由特定资产收益权转化为信托资金，投资人获得现金分配实现退出。

在企业资产证券化中，收益权类资产直接转让给 SPV 模式的主要交易安排，相较收益权转让附加回购交易更为简单，即原始权益人将某类收益权转让给 SPV，同时，原始权益人会对其转让的收益权产生的收益进行特定化承诺以及差额补足承诺。

企业资产证券化交易模式与收益权买卖交易有相似之处，均是通过对底层资产收益权进行结构化设计实现融资，由于两者转让给信托或 SPV 的均是资产收益权，而非资产本身，因此，均无法实现破产隔离。但企业资产证券化交易模式与收益权买卖交易也存在很多差异。

（1）产生原因不同。

企业资产证券化交易模式下的收益权所依附的基础资产是原始权益人根据政府及相关法律文件而取得的特许经营权或收费权，原始权益人根据法律规定和政府相关文件取得未来一定时间段内经营特定事项的收入，收益权产生的原因具有法定性；而在收益权买卖交易中，特定资产收益权所依附的基础资产可以是土地、建设工程、股权等，收益权依据买卖双方的合同约定而产生。

（2）确定性不同。

企业资产证券化交易模式下，原始权益人转让的是经营收费权项下特定期间的收入，未来特定期间内的收入可以基于过往的收入情况进行预测，资产未来的收益情况具有一定的确定性；而在收益权买卖交易中，收益权所依附的基础资产，如不动产，可能仍处于开发建设阶段，未来的收益情况具有较大的不确定性，股权的收益情况也将随着公司发展情况变动，亦具有较大的不确定性。

由于企业资产证券化交易模式下资产未来的收益情况具有一定的确定性，投资人主要根据资产的信用情况作出投资判断，这一特点使企业资产证券化交易模式不同于传统的依赖原始权益人主体信用获取贷款的融资模式。

4. 如何避免收益权买卖交易被认定为贷款

2017年8月发布的《最高人民法院关于进一步加强金融审判工作的若干意见》（2021年3月24日修订），明确对以金融创新为名掩盖金融风险、规避金融监管、进行制度套利的金融违规行为，要以其实际构成的法律关系确定其效力和各方的权利义务。最高人民法院在《九民纪要》中认为，从审判实践看，营业信托纠纷主要包括事务管理信托纠纷和主动管理信托纠纷两种类型。在事务管理信托纠纷案件中，对信托公司开展和参与的多层嵌套、通道业务、回购承诺等融资活动，要以其实际构成的法律关系确定其效力，并在此基础上依法确定各方的权利义务。《九民纪要》第七部分“关于营业信托纠纷案件的审理”第89条就“资产或者资产收益权转让及回购”作出规定：“信托公司在资金信托成立后，以募集的信托资金受让特定资产或者特定资产收益权，属于信托公司在资金依法募集后的资金运用行为，由此引发的纠纷不应当认定为营业信托纠纷。如果合同中约定由转让方或者其指定的第三方在一定期间后以交易本金加上溢价款等固定价款无条件回购的，无论转让方所转让的标的物是否真实存在、是否实际交付或者过户，只要合同不存在法定无效事由，对信托公司提出的由转让方或者其指定的第三方按约定承担责任的诉讼请求，人民法院依法予以支持。”

收益权转让附加回购交易模式以复杂的交易结构来规避监管的要求，这种避法行为在现行金融背景和司法审查下，人民法院可能会倾向于以实际构成的法律关系确定其效力和各方的权利义务，即穿透原则，将特定资产收益权转让附加回购认定为贷款，但同时也不会轻易否认相关合同的效力。收益权买卖附加其他增信措施，如差额补足承诺等，是否属于真实出售需作个案判断。

在上海市高级人民法院（2016）沪民初 26 号民事判决书中，A 公司与 B 信托公司签订《股权收益权转让及回购协议》一份，约定 B 信托公司以其受托信托财产受让 A 公司持有的 C 公司 100%股权对应的股权收益权；转让期限为两年，转让期满，A 公司应当归还全部转让款并支付回购溢价款，溢价款=基本价款×13.5%/年×转让期限起始日至转让期满日/360。在判断合同的性质与效力时，法院认为："交易究竟属于真实的买卖，还是以买卖方式移转标的物的所有权，而以价金名义通融金钱，需综合考量如下因素：一是，标的物可否在法律上、事实上进行转让；二是，标的物事实上是否已经转让；三是，买受人是否实际承担取得标的物后的风险；四是，买受人对出卖人有无追索权；五是，出卖人、买受人有无赎回标的物的权利或义务；六是，出卖人对标的物有无剩余价值追索权；七是，买卖标的物的实际交易价格和市场公允价格比较；八是，当标的物为未来应收账款时，买受人是否实际取得应收账款的管理和控制权。"可见法院会根据案件具体情况综合判断交易的真实性质。在上海市高级人民法院（2016）沪民初 26 号民事判决书中，法院分析："根据合同法有关买卖合同的相关规定，当标的物交付至买受人后，其风险应当由买受人承担。是故，如以应收账款作为买卖标的物的，买受人取得债权后，即应承担债权能否实际清偿的风险，不论盈亏均不得要求出卖人补足。但根据系争合同的交易安排，出卖人某公司在约定时间负有以固定的价格购回标的物的义务，而买受人收回最初转让款的同时获得表现为固定收益的溢价款。这样的交易结构，使得买受人根本无须承担股权收益权的任何风险，即使收益为零，其亦可以通过回购取得固定收益。……综合上述因素考量后，可以认定双方当事人的真实交易目的在于通过出卖而后回购的方式，以价金名义通融金钱。”

根据司法裁判观点的启示，在商事实践中，可以考虑通过以下具体的交易安排来体现当事人真实的意思表示，避免收益权买卖交易被认定为贷款，从而落入监管调整的范围以及法院按照贷款利率标准进行调整：

一是确保收益权事实上已经转让，产生的收益实际支付给受让方。在买卖合同中可以约定，转让方作为特定资产的权利人，基于其向受让方就特定资产收益权价值作出的披露，转让方承诺将基础资产产生的收益定期或不定期支付给受让方，并保证特定资产收益款不低于预期的金额，如果实际产生的金额少于预期，则由转让方进行补足。

二是应通过合同约定，使买受人实际承担取得标的物后一定的风险，如约定基础资产因不可抗力或意外事件而灭失或减损的风险主要应由受让方承担等。

三是尽量避免在交易中设置转让方有回购特定资产收益权的义务。在很多案例中，法院均认为转让方的回购义务排除了受让方承担特定资产收益权的风险，与一般的买卖合同的交易模式完全不同，且回购价格由转让价款加投资溢价组成，具有借款合同的特征。因此，应当避免约定转让方的回购义务。一般而言，如果转让方仅享有到期回购特定资产收益权的权利，而不负有回购特定资产收益权的义务，该种交易在法律上被认定为贷款的可能性较小，因为转让方对受让方没有一个确定的债务。部分交易中会约定转让方就选择权承担支付合理的权利维持费的义务。

四是应当注意买卖标的物的实际交易价格应和市场公允价格挂钩。在存在回购安排时，回购价格可以基于回购时特定资产收益权的评估值、市场价值、基础资产的变现价值，减去转让方已经支付的基础资产收益款；或者在转让价款加固定资金成本的基础上根据基础资产的增值情况或收益表现设定一定的浮动收益；而不是直接在转让价款的基础上增加按照一定收益率计算的资金成本。浮动的价格可以体现买受人在取得标的物后实际承担了一定的风险。

三、收益权类资产的双 SPV 证券化模式及其带来的关于未来经营收入质押是否有效的问题

由于收益权产生的法律基础和合同基础的不确定性（法律上的不确定性）以及未来现金流的不确定性，此类资产也可能转化为双 SPV 结构的模式［见第一章第一部分（三）所述］。特别说明的是，在本部分，收益权类资产采用广义的收益权概念，包括各种收取资产收益的权利，无论权利的行使对象是基础权利的权利人还是其对应的支付义务人，既涵盖狭义的收益权，也涵盖各种向支付义务人直接收费的债权。从会计角度来看此类收益权时，其可能并未出现在企业资产负债表中，而且体现为资产中的固定资产或无形资产。在双 SPV 模式项下，未来经营收入或将根据《担保制度司法解释》的规定①质押给 SPV，因此将产生未来经营收入质押是否有效的问题。

根据《民法典》第 440 条②、第 445 条③规定，现有的以及将有的应收账款可以出质，以应收账款出质的，质权自办理出质登记时设立。根据《动产和权利担保统一登记办法》第 3 条第 1 款中规定，应收账款是指应收账款债权人因提供一定的货物、服务或设施而获得的要求应收账款债务人

---

① 《担保制度司法解释》第六十一条第四款 以基础设施和公用事业项目收益权、提供服务或者劳务产生的债权以及其他将有的应收账款出质，当事人为应收账款设立特定账户，发生法定或者约定的质权实现事由时，质权人请求就该特定账户内的款项优先受偿的，人民法院应予支持；特定账户内的款项不足以清偿债务或者未设立特定账户，质权人请求折价或者拍卖、变卖项目收益权等将有的应收账款，并以所得的价款优先受偿的，人民法院依法予以支持。

② 《民法典》第四百四十条 债务人或者第三人有权处分的下列权利可以出质：

（一）汇票、本票、支票；

（二）债券、存款单；

（三）仓单、提单；

（四）可以转让的基金份额、股权；

（五）可以转让的注册商标专用权、专利权、著作权等知识产权中的财产权；

（六）现有的以及将有的应收账款；

（七）法律、行政法规规定可以出质的其他财产权利。

③ 《民法典》第四百四十五条 以应收账款出质的，质权自办理出质登记时设立。

应收账款出质后，不得转让，但是出质人与质权人协商同意的除外。出质人转让应收账款所得的价款，应当向质权人提前清偿债务或者提存。

付款的权利以及依法享有的其他付款请求权，包括现有的以及将有的金钱债权。其第 3 条第 2 款具体列示了应收账款类型包括销售、出租产生的债权，提供医疗等服务或劳务产生的债权，基础设施和公用事业项目收益权，提供贷款或其他信用活动产生的债权这四类应收账款，并以“其他以合同为基础的具有金钱给付内容的债权”作为兜底性规定，没有明确排除未来经营收入。

《担保制度司法解释》第 53 条规定：“当事人在动产和权利担保合同中对担保财产进行概括描述，该描述能够合理识别担保财产的，人民法院应当认定担保成立。”《中国人民银行征信中心中征动产融资统一登记平台操作规则》第 15 条第 2 款规定：“发起登记的当事人可以按照融资合同内容对标的物信息进行具体描述或概括描述，但应达到可以识别标的物的程度。”因此，对于应收账款质押，质押登记机关要求质押物应当可以被识别。

在司法实践中，关于未来经营收入质押的有效性，不同层级、不同地区法院的裁判标准并不统一，经检索和调研相关生效判决文书，司法实践中存在几种主要的裁判观点，下文列举其中具有代表性的案例。

（一）总体情况

基于对最高人民法院以及地方法院关于未来经营收入质押相关司法裁判观点的梳理，就未来经营收入质押的效力问题，总结如下：

（1）以特许经营许可作为基础关系的未来经营收入质押的，其合法有效性相对确定。

（2）以非特许经营领域的购销合同等合同作为基础关系的未来经营收入质押的，各地法院裁判观点不一，部分地方法院较为严格地认为如仅有框架性协议并对质押财产作概括性描述，难以满足质押财产特定化的要求因而质押无效。

（3）以无基础关系的纯粹未来经营收入质押的，各地法院裁判观点不一，其中，最高人民法院的观点相对宽松和积极，而部分地方法院观点相对更严格和消极。

（二）司法裁判观点

1. 存在特许经营的基础关系的应收账款质押的有效性

以特许经营许可作为基础关系的未来经营收入质押的，其合法有效性相对确定。

在福建海峡银行股份有限公司福州五一支行诉长乐亚新污水处理有限公司、福州市政工程有限公司金融借款合同纠纷案①中，福州市政工程有限公司以《污水处理厂特许建设经营协议》授予的特许经营权向福建海峡银行股份有限公司福州五一支行的借款提供质押担保，最高人民法院认为，“污水处理项目的收益权，经营权人系基于提供污水处理项目的经营服务而持续产生向付款义务方请求支付污水处理服务费的权利，故该债权属于集合性的将来债权。该收益权因存在特许经营的基础关系，而在一定期限内所产生，且债权金额亦可根据污水处理服务费的价格、提供服务的范围和对象等因素而得以预见，故从其产生原因、期间、债权金额三方面可判断其具备债权的确定性的特征，可成为质押标的物”。

在江苏某银行、某生物能源公司等金融借款合同纠纷案②中，淮安市清江浦区人民法院亦认可了特许经营收益作为应收账款质押标的物的有效性：因燃气特许经营权是指特许经营权人以管道输送形式向用户供应天然气，提供相关管道燃气设施的维护、运行、抢修、抢险业务服务，并获得相应收益的权利。提供服务不属于可转让的财产权利，获得收益是基于提供相关服务产生的将来金钱债权，属于应收账款范畴。债务人或第三人有权处分的应收账款可以出质。故诉争的管道天然气特许经营权的收益权即应收账款可以出质。因此，原告江苏某银行可在被告某生物能源公司燃气经营许可证有效期内且在动产担保登记期间内的应收账款享有优先受偿权。

---

① 福建海峡银行股份有限公司福州五一支行诉长乐亚新污水处理有限公司、福州市政工程有限公司金融借款合同纠纷案，最高人民法院指导案例 53 号（2015 年）。

② 淮安市清江浦区人民法院民事判决书，（2021）苏 0812 民初 6445 号。

2. 仅有框架协议而无对应基础合同的应收账款质押的有效性

对以非特许经营领域的购销合同等合同作为基础关系的未来经营收入质押的，各地人民法院裁判观点不一，部分地方人民法院较为严格地认为如仅有框架性协议并对质押财产作概括性描述，难以满足质押财产特定化的要求因而质押无效。

在重庆某担保公司、陈某与重庆某煤矿公司、重庆某水电公司等追偿权纠纷案①中，重庆市第一中级人民法院否认了已经办理质押登记手续的应收账款质押的效力，并明确提出了应收账款质押应当具备特定性的要求，该法院认为“特定性”是应收账款质押的必备要件之一。作为质押的应收账款至少应当具备基础法律关系固定、成就、应收账款对象稳定且高度可预见等特点。该案当事人签订了应收账款质押反担保合同、办理了登记手续，但其中对于质押财产范围的约定作出了“包括但不限于甲方享有的现在的和未来的所有的应收账款债权或信贷资产债权”的框架性、概括性描述，该约定未能明确应收账款对应的基础法律关系、债务人情况、债务数额等据以认定应收账款对应质权内容、范围的必备要素，即不能确定重庆某担保公司所主张质权的具体对象，该约定不符合应收账款质押应特定化的本质属性。

此外，湖北省高级人民法院在（2016）鄂民终 28 号民事判决书中，持有类似的裁判观点。

在某银行与福建某药业公司、福建某食品公司等金融借款合同纠纷案②中，福州市中级人民法院否认了已经办理质押登记手续的应收账款质押的效力，认为《应收账款质押合同》虽约定福建某药业公司对某树公司的“未来十八个月应收账款”亦属质押标的，但该约定仅系框架约定，从案涉两笔银行承兑汇票以及已结清的两笔银行承兑汇票额度申请程序来看，在被告福建某药业公司提出申请时，均应提交“应收账款”对应的基础交易合同即《药品买卖合同》，故《应收账款质押合同》约定的“未来十八个月应收账款”所指向的将来应收账款并非特定化的债权，应待应收账款实际产生后才可特

---

① 重庆市第一中级人民法院民事判决书，（2018）渝 01 民终 7328 号。

② 福州市中级人民法院民事判决书，（2014）榕民初字第 296 号。

定化并成为质押标的。

此外，福州市中级人民法院在（2014）榕民初字第374号民事判决书中，也持有类似的裁判观点。

3. 酒店经营收入等无明确基础关系的纯粹未来经营收入质押的有效性

对以无明确基础关系的纯粹未来经营收入质押的，各地法院裁判观点不一，其中，最高人民法院的观点相对宽松和积极，而部分地方法院观点相对更为严格和消极。

（1）最高人民法院认为在行权期间和金额可确定的情况下，可以有效设立应收账款质押。

在海口某酒店、海口某支行金融借款合同纠纷案①中，海口某支行与某管理公司签订《最高额质押合同》以及《应收账款质押登记协议》，以某管理公司的经营收费权（包括但不限于客房收入、餐饮收入、服务费收入等）提供最高额质押担保并在中登网的应收账款质押登记公示系统办理了质押登记，最高人民法院支持一审法院海南省高级人民法院的裁判观点，认为从《最高额质押合同》与《应收账款质押登记协议》的内容可知，该案中海口某酒店与某管理公司质押的实质上是其收益权，该权利虽系将来金钱债权，但其行使期间及收益金额均可确定，属于确定的财产权利，依其性质可纳入依法可出质的应收账款的范畴。且出质人海口某酒店与某管理公司与质权人海口某支行分别签订了《最高额质押合同》与《应收账款质押登记协议》，并在中国人民银行征信中心进行了质押登记，海口某酒店公司与某管理公司的收益权质押已具备公示要件，质权已依法成立并生效。

此外，最高人民法院在（2019）最高法民终422号、（2018）最高法民终583号等民事判决书中，也持有类似的裁判观点。

（2）部分地方法院对于未来经营收入质押效力持相对更为严格和消极的观点。

在某上海分行诉某酒店公司金融借款合同纠纷案②中，某酒店公司将其

① 最高人民法院民事判决书，（2017）最高法民终230号。

② 上海市高级人民法院民事判决书，（2017）沪民终286号。

经营收入（包括但不限于某酒店公司经营或销售物业及其附属设施产生的租金收入、酒店经营收入、销售收入及租赁/销售保证金及与物业相关的任何其他收入和收益）等收益进行了质押，并办理了相应的质押登记，但上海市高级人民法院支持一审法院上海市第一中级人民法院的裁判观点，认为质押权的成立，须以有明确具体的质押物为前提，应收账款质押系权利质押，须有明确具体、可得辨别或具备合理期待的相关债权作为标的物方能成立。本案中原告与某酒店公司间的《应收账款质押协议》以及原告在中国人民银行征信中心进行的应收账款质押登记，均未明确记载所称应收账款系依据原告与何人间的何种具体法律关系而产生，仅笼统罗列某酒店公司经营物业过程中可能获得收入的各种情况，据该种合同约定和登记内容，无法确认相关权利确实存续或具有合理期待性，故认定该应收账款质押因缺少明确具体的质押标的物而不能成立。

此外，杭州市中级人民法院在（2017）浙01民终8766号案件中，持有类似的裁判观点。

（3）《民法典》生效后，地方法院的裁判观点仍存在分歧。

在某青岛支行、青岛某酒店等金融借款合同纠纷案①中，山东省高级人民法院认为，某青岛支行与青岛某酒店签订了《质押合同》，载明应收账款价值为34,000万元。同日，青岛某酒店向某青岛支行出具了《应收账款确认函》，亦载明了其所质押的应收账款时间为2013年3月13日至2023年3月12日。嗣后，办理了期限为2013年3月13日至2023年3月12日，价值为34,000万元的应收账款出质登记。另外，某青岛支行与青岛某酒店签订《账户监管协议》明确约定了质押期间所有应收账款归集的监管账户。综合上述事实可以认定，基于质押物为将来的应收账款存在债务人不特定化的特殊性，双方对于质押物采用了概括描述的方式。嗣后，双方还对应收账款归集的监管账户进行了约定，以便于将该部分款项与青岛某酒店其他资产相区分。因此，前述合同约定足以达到合理识别质押物的标准。另外，根据《民法典》

① 山东省高级人民法院民事判决书，（2021）鲁民终1841号。

第445条规定，以应收账款出质的，质权自办理出质登记时设立。因涉案应收账款亦办理了期限为2013年3月13日至2023年3月12日，价值为34,000万元的应收账款出质登记，结合前文分析，某青岛支行对涉案青岛某酒店贷款期内应收账款质权已经设立，以应收账款折价或者拍卖、变卖所得的价款优先受偿，应予支持。一审法院列举的“双方对应收账款的具体情况未作明确约定，用于质押的应收账款的有关要素如债务人名称、债务数额、产生应收账款的基础法律关系等均不明确”，应当属于质权人对将来的应收账款进行监管时以及行使质权时需要确定的要素，而非判断质权是否设立的条件。

然而，在倪某、湖南某公司等民间借贷纠纷案①中，湖南省湘潭市雨湖区人民法院认为酒店经营收益不适宜以“应收账款”的范畴予以出质，“根据法律规定，可以出质的权利为：1. 汇票、支票、本票；2. 债权、存款单；3. 仓单、提单；4. 可以转让的基金份额、股权；5. 可以转让的注册商标专用权、专利权、著作权等知识产权中的财产权；6. 应收账款；7. 法律、行政法规规定可以出质的其他财产权利。本案中的酒店经营权是对酒店进行运营和维护，并获得相应收益的权利。酒店的运营和维护，属于经营者的义务，而其收益权，则属于经营者的权利。圆筑公司与龙山公司在合同条款中就酒店经营权进行质押，实质上是对酒店经营的收益权的质押；虽然酒店经营的收益权系将来金钱债权，但其行使期间、收益金额均无法确定，其性质不适宜以‘应收账款’的范畴予以出质”。

（三）未来经营收入作为质押财产需满足的法律要求

1. 可转让性

根据《动产和权利担保统一登记办法》第3条第1款规定，应收账款不包括法律、行政法规禁止转让的付款请求权。因此，作为质押财产的未来经营收入应当具备可转让性，这是未来经营收入质押的基本前提。为满足可转

① 湘潭市雨湖区人民法院执行裁定书，（2021）湘0302执异10号。

让性的要求，首先，未来经营收入的相应基础关系（如有）中不得存在对于转让的禁止或限制；如有，也应当可以通过明确的安排予以解除。其次，未来经营收入具备可转让性，也要关注未来经营收入是否具备合理可期待性和相对确定性，因此，未来经营收入的可转让性实质也需满足特定化和确定性的要求。

2. 特定化、确定性

尽管最高人民法院在相关案件中对于未来经营收入质押的效力采取了较为宽松和积极的观点，尤其对于无基础关系的酒店等纯粹未来经营收入的特定化标准要求较为宽松，但部分地方法院仍相对普遍地认为未来经营收入需满足相关的特定化、确定性要求。

（1）对于以特许经营许可作为基础关系的未来经营收入质押：在相关特许经营许可真实、合法合规且有效的前提下，通过对质押财产所对应的权利期限、金额等作出明确的约定，可以确认具体的法律关系、相关权利确实存续且具有合理期待性，一般认为可以满足特定化的要求。

（2）对于非特许经营领域的购销合同等合同作为基础关系的未来经营收入质押：建议区分既有应收账款和未来应收账款的不同情形，关注其是否满足特定化要求：对于具体合同项下的既有应收账款，即应收账款的债权人已履行完毕其供货或提供服务等义务，且权利的金额、付款期限、债务人均已明确的，可以认为满足特定化的要求；对于框架性合同项下的未来应收账款，即双方仅对未来将会具体发生的应收账款进行了框架性、概括性约定，但债权人尚未履行完毕其供货或提供服务等义务，权利是否发生、权利的金额、付款期限等需要结合后续具体给付情况方能确定，并非当然可以认定为满足了特定化要求，具体判断标准可结合如下关于“无基础关系的纯未来经营收入质押”部分的分析。

（3）对于无基础关系的纯未来经营收入质押：应当特别关注未来应收账款产生期间的确定性、金额的可预见性、对象（债务人）的可预见性。

第一，未来应收账款产生期间的确定性，即所质押的应收账款产生的期间应当根据明确的约定满足确定性要求。

第二，未来应收账款金额的可预见性，即所质押的应收账款所对应的应收账款债权金额应当可以根据特定服务的价格、提供服务的范围和对象等因素而得以预见或预测。

第三，未来应收账款对象（债务人）的可预见性，即在进行相应的未来应收账款质押时，应当考虑相应债务人的确定性，判断应收账款对象是否具备可预见性。

（四）交易所对收益权类资产的新规定框架

2022 年 12 月 30 日，上交所发布《上交所挂牌确认指引 2 号》，第 4. 1. 2 条明确规定了“未来经营收入”作为基础资产的要求，即：“未来经营收入类基础资产应当符合本指引第二章第一节的规定，基础资产、底层资产（如有）的运营应当依法取得相关特许经营等经营许可或其他经营资质，且特许经营等经营许可或其他经营资质应当能覆盖专项计划期限。”该“未来经营收入”即对应收益权类基础资产，含义同此前企业资产证券化规则中出现的“（未来）经营性收入”。

对未来经营收入，上交所规定了明确的排除情形（第 4. 1. 3 条）：“电影票款、不具有垄断性和排他性的入园凭证等未来经营性收入，以及物业服务费、缺乏实质抵押品的商业物业租金（不含住房租赁），不得作为基础资产现金流来源。”该规定基本延续了 2019 年 4 月 19 日中国证监会发布的《资产证券化监管问答（三）》的口径，该监管问答规定电影票款、不具有垄断性和排他性的入园凭证等未来经营性收入不得作为资产证券化产品的基础资产现金流来源，并规定物业服务费、缺乏实质抵押品的商业物业租金（不含住房租赁）参照执行该禁止性规定。

同时，《上交所挂牌确认指引 2 号》也采用了“资产收益权”一词，明确资产收益权不可以作为信托财产，在第五节“企业融资债权”第 3. 5. 3 条针对双 SPV 模式作了如下规定：“基础资产为信托受益权的，除应当符合本指引第 3. 5. 2 条的规定外，还应当符合下列要求：（一）信托类型明确，底层法律关系清晰，信托财产运用不存在投资股权、证券、资产收益权等情形……”上述规定明确在基础资产为企业融资类债权时，采取双 SPV 模式时应注意信托财产不得投资于资产收益权，也印证了本书前文所论证的资产收益权不适于做初始信托财产的观点，并进一步排除了其作为后续取得的信托财产的情形。

第五章　股权类资产的破产隔离

本章关注的重点问题

- 股权转让的生效时点如何认定?
- 股权信托的生效时点如何认定?

股权或股份，即有限责任公司或者股份有限公司的股东对公司享有的人身和财产权益的一种综合性权利。由于股权或股份蕴含财产权属性，资产证券化交易中，可通过交易结构的设计，将股权类资产装入 SPV 进行证券化。尤其是在我国类 REITs 的不动产、基础设施资产证券化实践中，除已经不再使用的“专项计划+私募基金”模式外，还包括股权信托模式，即以项目公司（一般是有限责任公司）股权作为信托财产设立信托的股权信托型结构。特别是在《商业银行委托贷款管理办法》（银监发〔2018〕2 号）出台后[①]，“专项计划+股权信托”模式的运用较为广泛[②]。鉴于目前的资产证券化交易中，比较常见的作为证券化客体的为有限责任公司股权，且关于有限责任公司股权让与的争议较多，下文将就有限责任公司股权的破产隔离进行分析。

一、股权转让的生效时点

（一）股权转让生效时点的争议

《公司法》（2018 年修正，已于 2023 年修订）第 71 条[③]和第 73 条[④]规定了有限责任公司股权的转让，股权转让涉及转让方与受让方之间的合意、其

---

① 在类 REITs 项目此前常见的“专项计划+私募基金”模式交易结构中，一般通过设立私募基金向底层项目公司发放委托贷款构建债权。《商业银行委托贷款管理办法》禁止商业银行以“受托管理的他人资金”发放委托贷款，极大地限制了该种模式的运用。

② 由于交易所的企业资产证券化项目放开了资产支持专项计划向项目公司直接放款的模式，因此原始权益人将下属公司股权设立信托持有信托受益权，再将信托受益权转让给资产支持专项计划的方式进行资产证券化交易已经不再是主要模式。但是，股权信托模式仍然是银行间市场企业资产证券化的重要模式，并且股权转让、股权信托仍然是资产与原始权益人的破产隔离问题中很重要的问题。

③ 《公司法》（2018 年修正）第七十一条　有限责任公司的股东之间可以相互转让其全部或者部分股权。

股东向股东以外的人转让股权，应当经其他股东过半数同意。股东应就其股权转让事项书面通知其他股东征求同意，其他股东自接到书面通知之日起满三十日未答复的，视为同意转让。其他股东半数以上不同意转让的，不同意的股东应当购买该转让的股权；不购买的，视为同意转让。

经股东同意转让的股权，在同等条件下，其他股东有优先购买权。两个以上股东主张行使优先购买权的，协商确定各自的购买比例；协商不成的，按照转让时各自的出资比例行使优先购买权。

公司章程对股权转让另有规定的，从其规定。

④ 《公司法》（2018 年修正）第七十三条　依照本法第七十一条、第七十二条转让股权后，公司应当注销原股东的出资证明书，向新股东签发出资证明书，并相应修改公司章程和股东名册中有关股东及其出资额的记载。对公司章程的该项修改不需再由股东会表决。

他股东的同意及优先购买权、出资证明书的签发，公司内部文件如章程、股东名册等的变更以及工商变更登记等主要事项，但是关于股权转让何时生效，《公司法》（2018 年修正）并无明文规定。

“在私法上，权利之归属于某主体的法律意义，其首要的功能与意义，在于该项权利得因此进入该主体名下‘一般财产’范畴，成为其‘责任财产’的一部分。一旦成为该主体名下的责任财产，其终极意义也就体现于对该主体之债权人的保护上，即债权人为获得债权之清偿，得依法律程序而对此项权利予以强制执行；在该主体因资不抵债而陷入破产程序时，此项权利也因此被纳入破产财产。权利转让直接导致权利归属关系的改变，亦即所转让之权利，脱离此主体（即转让人）的一般财产范畴，同时进入彼主体（即受让人）的责任财产领域。”① 由此可见，判断股权转让何时生效是讨论股权破产隔离的起点。

关于股权转让生效时点，主要有以下四种学说：（1）意思说：股权转让合同生效则股权转移，变更股东名册仅是股权受让方向公司主张并行使股权的要件；（2）通知说：转让方通知公司股权转让的事实后股权转移；（3）股东名册变更说：公司股东名册登记后股权转移；（4）工商登记变更说：公司完成股权公司变更登记后股权转移。②

（二）《九民纪要》确立股权转让时点裁判规则

《九民纪要》第二部分“关于公司纠纷案件的审理”第 8 条规定：“当事人之间转让有限责任公司股权，受让人以其姓名或者名称已记载于股东名册为由主张其已经取得股权的，人民法院依法予以支持，但法律、行政法规规定应当办理批准手续生效的股权转让除外。未向公司登记机关办理股权变更登记的，不得对抗善意相对人。”在邢台某公司与李某甲、李某乙清算责任

---

① 张双根：《论股权让与的意思主义构成》，载《中外法学》2019 年第 6 期。

② 参见最高人民法院民事审判第二庭编著：《〈全国法院民商事审判工作会议纪要〉理解与适用》，人民法院出版社 2019 年版，第 133-134 页。

纠纷一案[①]中，某工贸公司拖欠邢台某公司货款，后某工贸公司被股东李某甲、李某乙注销，邢台某公司请求原股东李某甲、李某乙支付拖欠货款。最高人民法院认为“李某甲与李某乙是公司股东，虽然两人签订股权转让协议，李某甲将所持有的某工贸公司50%股权转让给李某乙，但并未在工商登记机关办理股权转让和股东变更登记，因此某工贸公司的股权变更不能对抗债权人邢台某公司。对于邢台某公司而言，李某甲仍然具有某工贸公司股东的身份，承担某工贸公司股东的责任”。根据最高人民法院在《〈全国法院民商事审判工作会议纪要〉理解与适用》中对本条的解读，“股权转让合同生效后，不会自动发生股权转让……受让人取得股权是股权转让合同与股东名册变更共同作用的结果……在不存在规范股东名册的情况下，有关的公司文件，如公司章程、会议纪要等，只要能够证明公司认可受让人为新股东的，都可以产生相应的效力”。[②]

（三）《公司法》（2023年修订）明确股权转让生效时点

《公司法》（2023年修订）第86条第2款规定“股权转让的，受让人自记载于股东名册时起可以向公司主张行使股东权利”，从而明确了股权转让方式下，受让人自记载于股东名册时起可以向公司主张行使股东权利。《公司法》（2023年修订）第56条[③]新增了股东名册记载的内容，股东名册不仅需要记载股东名称或姓名，还应记载“取得和丧失股东资格的日期”；《公司

① 最高人民法院民事裁定书，（2015）民申字第1416号。

② 最高人民法院民事审判第二庭编著：《〈全国法院民商事审判工作会议纪要〉理解与适用》，人民法院出版社2019年版，第135页。

③ 《公司法》（2023年修订）第五十六条　有限责任公司应当置备股东名册，记载下列事项：

（一）股东的姓名或者名称及住所；

（二）股东认缴和实缴的出资额、出资方式和出资日期；

（三）出资证明书编号；

（四）取得和丧失股东资格的日期。

记载于股东名册的股东，可以依股东名册主张行使股东权利。

法》（2023 年修订）第 57 条[①]明确股东有权查阅、复制股东名册。“股东名册的功能被极大强化……这意味着股东名册乃一家公司成员变迁的‘家谱’，蕴含着丰富的公司信息。”[②]

（四）小结

综上，《公司法》（2023 年修订）明确了有限责任公司股权转让生效时点为自股权受让方的姓名或者名称记载于股东名册之时；如果不存在股东名册，根据《九民纪要》第 8 条的规定，有限责任公司股权转让生效时点为经其他有关公司文件可证明的公司认可受让方为新股东之时。

二、信托登记制度对股权信托的影响

（一）信托登记制度的实践困境

《信托法》第 10 条规定：“设立信托，对于信托财产，有关法律、行政法规规定应当办理登记手续的，应当依法办理信托登记。未依照前款规定办理信托登记的，应当补办登记手续；不补办的，该信托不产生效力。”

关于信托登记制度，《信托法》仅在第 10 条作出了前述原则性规定，对于信托登记适用的财产范围、信托登记的直接法律效果等具体问题并未予以明确，也未出台相关配套制度或具体操作规则，且已有的财产权登记制度亦

---

① 《公司法》（2023 年修订）第五十七条　股东有权查阅、复制公司章程、股东名册、股东会会议记录、董事会会议决议、监事会会议决议和财务会计报告。

股东可以要求查阅公司会计账簿、会计凭证。股东要求查阅公司会计账簿、会计凭证的，应当向公司提出书面请求，说明目的。公司有合理根据认为股东查阅会计账簿、会计凭证有不正当目的，可能损害公司合法利益的，可以拒绝提供查阅，并应当自股东提出书面请求之日起十五日内书面答复股东并说明理由。公司拒绝提供查阅的，股东可以向人民法院提起诉讼。

股东查阅前款规定的材料，可以委托会计师事务所、律师事务所等中介机构进行。

股东及其委托的会计师事务所、律师事务所等中介机构查阅、复制有关材料，应当遵守有关保护国家秘密、商业秘密、个人隐私、个人信息等法律、行政法规的规定。

股东要求查阅、复制公司全资子公司相关材料的，适用前四款的规定。

② 李建伟、杨奕钒：《新公司法股东知情权的规则创新及其裁判展望》，载人民法院网 2024 年 2 月 1 日，https：//www. chinacourt. org/article/detail/2024/02/id/7792197. shtml。

无信托登记制度的相关规定。尽管近年来有关机构对信托登记制度的发展进行了积极尝试，包括 2016 年中国信托登记有限责任公司（以下简称中国信登）[①] 的成立、2017 年中国银监会《信托登记管理办法》（银监发〔2017〕47 号）[②] 的颁布及 2018 年《中国信托登记有限责任公司信托登记管理细则》的颁布等，但前述办法及细则的规制范围目前仍然主要限于信托产品登记的领域，而未能完全涵盖“信托财产登记”的范畴。因此，我国目前实际上尚未建立起统一完善的信托财产登记制度。

股权信托，顾名思义，即委托人以其合法享有的有限责任公司股权信托给受托人设立的信托。除了一般信托生效要件中要求的合法的信托目的、确定的信托财产、不存在其他信托无效情形等要素外，股权信托能否有效设立，还需特别关注的一点、也是证券化交易中的关键法律要点，即信托登记对股权信托效力的影响。产生这一问题的原因主要在于上述《信托法》第 10 条所规定的信托登记制度。

根据本章第一部分的分析，股权转让于股权受让方以其姓名或者名称已记载于股东名册之时生效，在设立股权信托时，委托人与受托人签署的信托合同即载明了委托人与受托人双方之间关于股权转让的合意，受托人（代表股权信托）被记载于股东名册之时，受托人（代表股权信托）可向公司主张权利，股权成为信托财产，独立于委托人、受托人的固有财产。然而，《公司法》第 32 条明确规定了公司登记事项包括股东名称，但在股权转让后，股东变更的工商变更登记程序以及《信托法》第 10 条对信托制度缺乏具体规定，这些因素共同导致了股权信托登记在实际操作中难以落实和执行，也使股权信托的效力蒙上了疑云。

---

① 国家企业信用信息公示系统公示的“中国信托登记有限责任公司公示的经营范围：……（七）提供其他不需要办理法定权属登记的信托财产的公示登记服务。……”参见 https：//www. gsxt. gov. cn/index. html。

② 《银监会发布〈信托登记管理办法〉》，载国家金融监督管理总局官网 2017 年 8 月 30 日，https：//www. cbirc. gov. cn/cn/view/pages/ItemDetail. html？docId = 152668&itemId = 915&generaltype = 0。《银监会发布〈信托登记管理办法〉》：“《办法》构建的信托登记制度，是服务行业发展和监管的基础性建设（不涉及信托财产登记），有利于确认信托各项要素、厘清各方权责关系，有利于进一步发挥信托制度优势，保护信托当事人的合法权益”。

(二) 信托登记的效力模式

信托登记制度是一种通过登记方式公开财产设立信托事实的公示制度，是建立信托公示制度的大陆法系国家和地区信托法下一种运用广泛、监管规范及公信力最高的公示制度。

设立信托登记制度的初衷是保护信托财产的独立性。由于信托财产会交付给受托人但又独立于受托人的其他财产，受托人自身的债权人不能就信托财产进行追偿；在受托人破产时，信托财产也不属于受托人的破产财产。①因此，办理信托登记具有非常重要的意义。就信托登记的效力而言，目前大陆法系下主要包括登记对抗主义和登记生效主义两种模式。

1. 登记对抗主义

日本和我国台湾地区均规定了信托登记制度。我国台湾地区“信托法”②第 4 条规定，以应登记或注册之财产权为信托者，非经信托登记，不得对抗第三人。以有价证券为信托者，非依目的事业主管机关规定于证券上或其他表彰权利之文件上载明为信托财产，不得对抗第三人。以股票或公司债券为信托者，非经通知发行公司，不得对抗该公司。可以看出，我国台湾地区“信托法”采取的是登记对抗主义。日本也采用了同样的立法路径。③ 登记对抗主义意味着即使不进行信托登记，也不影响委托人与受托人之间信托设立的效力。

2. 登记生效主义

一般认为，我国采取的是登记生效主义的信托登记模式。④ 在我国现行《信托法》的语境下，对于“法律法规规定应当登记的财产”，若未依法办理

① 赵廉慧：《信托法解释论》，中国法制出版社 2015 年版，第 243-244 页。

② 台湾地区“信托法”资料来源于北大法宝。

③ 赵廉慧：《信托法解释论》，中国法制出版社 2015 年版，第 250-251 页。

④ 全国人大《信托法》起草工作组编：《〈中华人民共和国信托法〉释义》，中国金融出版社 2001 年版，第 43 页；张淳：《中国信托法特色论》，法律出版社 2013 年版，第 120-121 页；赵廉慧：《信托法解释论》，中国法制出版社 2015 年版，第 248-249 页；周小明：《信托制度：法理与实务》，中国法制出版社 2012 年版，第 152-154 页；中野正俊、张军建：《信托法》，中国方正出版社 2004 年版，第 85-87 页。

信托登记且未补办，信托将不产生效力。《中华人民共和国信托法释义》认为，“信托登记有两方面的法律意义：一是依照法律、行政法规的规定，对重要的信托财产办理法定的登记手续，是合法权利成立的要件。二是依法办理信托登记是关于信托关系成立的法定的公示方式。因此，依法办理信托登记，对信托关系的成立和信托当事人权利义务关系的确定，有重要的意义”。[①] 在我国，应当办理信托登记而未登记的法律后果是信托不发生效力。

（三）对《信托法》第10条规定的解读

虽然学者们和实务界普遍认为《信托法》第10条本意采取了“登记生效主义”的立法思路，但对其适用范围与方式又提出了更辩证的分析。

1.《信托法》第10条规定了“补办登记手续”，在未“补办登记手续”前，信托效力存疑

不同于严格的“登记生效主义”中未依法登记直接不产生效力的立法模式，现行《信托法》规定了允许当事人补办信托登记的“过渡期”。也就是说，在委托人以“有关法律、行政法规规定应当办理登记手续的”财产设立信托后到相应地补办信托登记手续之前，存在一段信托效力的“真空期”，《信托法》未对这一时间段内的信托效力作出规定。

《中华人民共和国信托法释义》对这段“过渡期”进行了解读：“如果信托当事人在设立信托时，对应当办理信托登记的财产未办理信托登记的，应当在规定的期限内补办信托登记；逾期仍不办理的，该信托行为不具有法律效力，不受法律的保护。”[②]《信托法》第10条第2款未对补充登记的时间期限和程序作出明确规定，合理的解释是，该条款要求在信托合同成立后的合理期限内进行登记。如果不澄清这一点，信托合同成立后而信托没有登记之前的法律地位是不清楚的。[③]

在“过渡期”内，若不存在其他效力瑕疵事由，同样应对信托的效力予

---

① 卞耀武主编：《中华人民共和国信托法释义》，法律出版社2002年版，第67页。
② 卞耀武主编：《中华人民共和国信托法释义》，法律出版社2002年版，第67页。
③ 参见赵廉慧：《信托法解释论》，中国法制出版社2015年版，第245-246页。

以认可。《信托法》第10条第2款规定的不补办信托登记时信托“不产生效力”的实质，应准确理解为如果信托当事人在“过渡期”内仍不履行依法办理信托登记的这一法定义务，则需要自行承担信托自始不发生效力的法律后果。①

2.《信托法》第10条应当根据信托财产的种类确认不同信托登记的效力

就信托登记的财产范围，《信托法》第10条仅规定了“有关法律、行政法规规定应当办理登记手续的，应当依法办理信托登记”，而并未进一步明确具体的财产范围。

《中华人民共和国信托法释义》对第10条的解释为，“按照我国有关的民事法律和其他法律的规定，涉及到某些特定的财产或财产权利的产生、变更、终止，都必须办理相应的登记或注册手续”，该条列举的应当经过信托登记的财产不仅包括土地使用权等登记生效的物权类型，还包括船舶、航空器等登记对抗的物权类型。②《中华人民共和国信托法释义》实际并未就必须办理信托登记的财产范围予以明确的界定或者划分，而其所列举的船舶、航空器等在我国物权法领域中属于采取登记对抗的物权类型。全国人大《信托法》起草工作组在《〈中华人民共和国信托法〉释义》对第10条的解释中也说明：有关法律、行政法规规定应当办理登记手续的信托财产，主要包括土地、房屋、汽车等③，但紧接着在其后的解释中，又说明“惟从实践来看，不登记不得对抗第三人似更合理”④。在这两个解释列举的财产类型中，可能未清晰界定两种登记类型，或者说隐含了两种登记：一种是此类财产进行转移所需办理的一般登记（区别于信托登记），如在房屋买卖中，需要办理房

① 参见刘柏荣、许苇、陈泓成：《类REITs“专项计划+股权信托”模式的关键法律问题解析——信托登记对股权信托效力的影响》，载中伦研究院编：《金融创新：模式与疑难法律问题解析》，法律出版社2018年版。

② 参见卞耀武主编：《中华人民共和国信托法释义》，法律出版社2002年版，第66-67页。

③ 参见全国人大《信托法》起草工作组编：《〈中华人民共和国信托法〉释义》，中国金融出版社2001年版，第42页。

④ 参见全国人大《信托法》起草工作组编：《〈中华人民共和国信托法〉释义》，中国金融出版社2001年版，第43页。

屋过户登记；另一种是专门的信托登记。

因此，应当根据《信托法》以外的“有关法律、行政法规规定”的财产登记的效力来确定不同信托财产办理信托登记之效力。根据《民法典》第153条[①]的规定，民事法律中的强制性规定包括效力性强制规定和管理性强制规定，违反效力性强制规定的民事法律行为无效。类似地，我国法律、行政法规关于财产登记的规定也可相应划分为效力性登记规定与管理性登记规定。效力性登记规定是指需依法办理登记手续才能相应发生财产权产生、变更或终止效力的规定，如不动产物权的登记规定；而管理性登记规定是指未依法办理登记手续也不影响财产权变动的规定，如特殊动产的登记规定。

信托登记对于不同信托财产的效力可以从三个方面理解。第一，如果法律、行政法规规定财产权转移的效力需要办理登记手续才发生，如不动产物权[②]、专利权[③]和商标权[④]等，则以该类财产权设立信托，除了需要办理财产权转移于受托人的登记手续外，还要按照《信托法》规定办理信托登记手续；第二，对于财产转移的效力依法不需要办理登记手续就能发生的财产，如动产物权、债权、非上市股份公司股权、著作权等，则以该类财产权设立信托，只要依法定方式履行财产权转移于受托人的手续即可，无须办理信托

---

① 《民法典》第一百五十三条 违反法律、行政法规的强制性规定的民事法律行为无效。但是，该强制性规定不导致该民事法律行为无效的除外。

违背公序良俗的民事法律行为无效。

② 《民法典》第二百零九条 不动产物权的设立、变更、转让和消灭，经依法登记，发生效力；未经登记，不发生效力，但是法律另有规定的除外。

依法属于国家所有的自然资源，所有权可以不登记。

③ 《专利法》（2020年修正）第十条 专利申请权和专利权可以转让。

中国单位或者个人向外国人、外国企业或者外国其他组织转让专利申请权或者专利权的，应当依照有关法律、行政法规的规定办理手续。

转让专利申请权或者专利权的，当事人应当订立书面合同，并向国务院专利行政部门登记，由国务院专利行政部门予以公告。专利申请权或者专利权的转让自登记之日起生效。

④ 《商标法》（2019年修正）第四十二条 转让注册商标的，转让人和受让人应当签订转让协议，并共同向商标局提出申请。受让人应当保证使用该注册商标的商品质量。

转让注册商标的，商标注册人对其在同一种商品上注册的近似的商标，或者在类似商品上注册的相同或者近似的商标，应当一并转让。

对容易导致混淆或者有其他不良影响的转让，商标局不予核准，书面通知申请人并说明理由。

转让注册商标经核准后，予以公告。受让人自公告之日起享有商标专用权。

登记手续；第三，我国有关法律对某些财产权的转移虽然规定了需要办理登记手续，但该登记不影响财产转移的效力，只产生对抗第三人的效力，如有限责任公司股权的变更登记、地役权的转移登记以及船舶、航空器和机动车辆的转移登记等，对于以该类财产权设立的信托，同样不需要办理信托登记。①

而有限责任公司股权的工商变更登记则属于典型的管理性登记。《公司法》（2023 年修订）第 34 条②、第 86 条③规定，有限责任公司股东权利的行使自相关受让方被记载于股东名册之后即可进行主张，股权的工商变更登记并不产生股权变动的法律后果，而主要产生“对抗善意相对人”的法律效果，未办理股权变更登记并不会导致股权变更行为的无效。股权信托涉及的信托登记应属于一项管理性规定④，即信托登记并非股权信托的必要生效条件之一。

（四）现行《信托法》下股权信托效力模式的司法判例

从司法实践来看，在现行《信托法》语境下，各级法院并未普遍以信托登记作为股权信托的生效条件。

最高人民法院在（2014）民二终字第 261 号民事判决书中，查明当事人在信托合同中约定本信托项下的信托财产是委托人所有的目标公司 100%的股权；本合同生效后，委托人将信托财产变更登记至受托人名下后，信托成立生效，并以所查明的该事实为基础作出相应判决。⑤ 在北京市高级人民法院（2019）京民终 618 号民事判决书中，一审法院查明《股权信托合同》及

---

① 参见周小明：《信托制度：法理与实务》，中国法制出版社 2012 年版，第 153-154 页。

② 《公司法》（2023 年修订）第三十四条　公司登记事项发生变更的，应当依法办理变更登记。公司登记事项未经登记或者未经变更登记，不得对抗善意相对人。

③ 《公司法》（2023 年修订）第八十六条　股东转让股权的，应当书面通知公司，请求变更股东名册；需要办理变更登记的，并请求公司向公司登记机关办理变更登记。公司拒绝或者在合理期限内不予答复的，转让人、受让人可以依法向人民法院提起诉讼。

股权转让的，受让人自记载于股东名册时起可以向公司主张行使股东权利。

④ 参见刘柏荣、许苇、陈泓成：《类 REITs“专项计划+股权信托”模式的关键法律问题解析——信托登记对股权信托效力的影响》，载中伦研究院编：《金融创新：模式与疑难法律问题解析》，法律出版社 2018 年版。

⑤ 新华信托股份有限公司与北京时光房地产开发有限公司、兴安盟时光房地产开发有限公司合同纠纷案，最高人民法院（2014）民二终字第 261 号民事判决书。

其补充协议、《股权转让合同》系各方当事人真实意思表示，内容不违反法律及行政法规的相关规定，应认定有效。案涉《股权信托合同》的信托期限尚未届满，认可了股权信托的效力。北京市高级人民法院在二审中确认了一审法院认定的事实，维持了原裁判。①

北京市高级人民法院在（2020）京民终33号民事判决书中，认定在案涉《信托合同》中，次级委托人（劣后受益人）将其对项目公司的股权委托受托人进行管理处分，其目的在于通过信托计划募集社会投资者（优先受益人）的资金，投资其控股的项目公司，发挥资金杠杆作用、实现融资功能；在《信托法》第10条对信托财产的登记及其法律效力作出了规定，但配套的信托财产登记制度并未建立的情况下，某信托公司采用股权权属过户的方式实现信托财产的控制与隔离，其目的在于控制并管理信托财产，派驻董事的目的也是为了保证信托财产的价值安全。案涉信托计划成立且执行，委托人在《信托合同》的目的已全部实现。②

在上海市高级人民法院（2020）沪执复28号执行裁定书中，一审法院金融法院认为："涉案股权虽登记在某信托名下，但安信信托已提交信托文件、付款回单等材料，证明涉案股权是涉案信托计划下的信托财产。"上海市高级人民法院确认了金融法院查明的事实，并据此作出了裁定。③

三、小结

就股权信托的登记而言，一般涉及股权变更登记和股权信托登记。股权变更登记，主要是指作为信托财产的有限责任公司股权由委托人交由受托人所进行的股权工商变更登记；股权信托登记，则是指以有限责任公司股权设立信托时应当办理的信托登记。

---

① 北京世宸房地产开发有限公司与中国信达资产管理股份有限公司广东省分公司等信托纠纷案，北京市高级人民法院（2019）京民终618号民事判决书。

② 中信信托有限责任公司与青岛舒斯贝尔房地产开发有限公司等营业信托纠纷案，北京市高级人民法院（2020）京民终33号民事判决书。

③ 银河金汇与安信信托执行异议案，上海市高级人民法院（2020）沪执复28号执行裁定书。

基于上述分析，在我国现行《信托法》的语境下，股权信托的生效不以信托登记作为生效要件，一方面，《公司法》（2023 年修订）明确了有限责任公司股权转让生效时点为自股权受让方的姓名或者名称记载于股东名册之时；另一方面，不办理股权信托登记并不必然导致股权信托无效，信托无效的法律后果适用于“应当补办而不补办”的情形。但从项目风险管理和控制的立场出发，可以在股权信托的设立中设置股权工商变更登记办理完毕作为信托生效条件之一，据此产生《公司法》（2023 年修订）规定的股权工商变更登记的对抗效力。

此外，若后续有关主管部门出台信托财产登记相关配套操作细则、相关股权信托登记存在可操作性，届时信托当事人应当依照《信托法》第 10 条以及相关信托财产登记操作细则的规定，依法办理股权信托登记，据此产生《信托法》第 10 条规定的信托登记效力。

第六章 资管份额类资产的破产隔离

本章关注的重点问题

- 在双SPV结构中为什么需要以资金（即使不是全部资金）先形成资产?
- 资管份额如何实现资产交割?
- 如果不需要以资金先形成资产，资管份额设立信托的法律关系会存在哪些不同?
- 资产份额中负有义务的财产权能否设立信托?

在资产证券化业务的发展过程中，部分项目采用了双SPV结构，原始权益人交付给SPV管理人的基础资产并非常见贷款债权、应收账款等债权类资产，而是信托受益权、契约型私募基金份额或有限合伙份额等资管份额。另行嵌套一层SPV的目的是解决基础资产的合规性问题，满足监管对于基础资产权属明确、可产生独立可预测现金流、可特定化、可转让[①]的一系列要求。在类REITs项目中，底层SPV还承担着将“股+债”结构的底层资产转化为资管份额，实现基础资产同质性[②]的作用。笔者已经在第四章分析了收益权类资产在双SPV结构中的破产隔离问题，本章将集中分析原始权益人将资管份额交付给SPV管理人这一环节。

由于不同的资管份额适用不同类型的资产证券化项目，交易结构也有所差别。信托受益权常见于商业房地产抵押贷款支持证券（CMBS）项目，基本结构为“信托受益权+资产支持专项计划”；契约型私募基金常见于类REITs项目，基本结构为“契约型私募基金份额+资产支持专项计划”[③]；有限合伙份额常见于并表型ABN项目中，基本结构为“有限合伙份额+资产支持票据信托”。下文针对不同类型的资管份额类资产逐一进行分析。

一、资管份额的形成与交付

（一）信托受益权

原始权益人转让信托受益权的前提是原始权益人享有信托受益权。根据

① 《资产证券化业务管理规定》第三条第一款　本规定所称基础资产，是指符合法律法规规定，权属明确，可以产生独立、可预测的现金流且可特定化的财产权利或者财产。基础资产可以是单项财产权利或者财产，也可以是多项财产权利或者财产构成的资产组合。

《银行间债券市场企业资产证券化业务规则》第六条　本规则所称基础资产，是指符合法律法规规定，权属明确，可以依法转让，能够产生持续稳定、独立、可预测的现金流且可特定化的财产、财产权利或财产和财产权利的组合。形成基础资产的交易基础应当真实，交易对价应当公允。

② 《资产证券化业务基础资产负面清单指引》第二条　资产证券化业务基础资产实行负面清单管理。负面清单列明不适宜采用资产证券化业务形式、或者不符合资产证券化业务监管要求的基础资产。实行资产证券化的基础资产应当符合《资产证券化业务管理规定》等相关规定，且不属于负面清单范畴。

《资产证券化基础资产负面清单》第六条　法律界定及业务形态属于不同类型且缺乏相关性的资产组合……

③ 由于私募基金监管规则的变化，契约型私募基金结构已经从类REITs结构中移除了。但契约型私募基金理论上仍可以作为资产证券化项目的基础资产。为保持资产类型的完整性，本书特别保留了契约型私募基金的论述，但篇幅不大。

《信托法》第 44 条的规定，受益人自信托生效之日起享有信托受益权。信托文件另有规定的，从其规定。因此，原始权益人应当在信托生效之日起享有信托受益权。但《信托法》并没有对信托的生效条件作出规定。学界基本认为，信托合同成立、信托合同生效与信托成立、信托生效应当分别界定。①

周小明博士认为信托的生效要件有四个：一是信托当事人生效要件；二是信托财产生效要件；三是信托行为生效要件；四是信托目的生效要件。②在资产证券化双 SPV 结构中，第一、二、四项生效要件一般不存在问题，而关键在于第三项信托行为生效要件。信托行为包括意思表示行为和财产转移行为。③ 换句话说，信托行为生效不仅需要信托的委托人和受托人签署合同，还要交付相应的信托财产。

1. 委托人签署信托合同（或受托人承诺信托），信托成立

《信托法》第 8 条第 3 款规定："采取信托合同形式设立信托的，信托合同签订时，信托成立。采取其他书面形式设立信托的，受托人承诺信托时，信托成立。"《民法典》第 136 条第 1 款规定："民事法律行为自成立时生效，但是法律另有规定或者当事人另有约定的除外。"因此，签订信托合同是信托当事人达成合意的行为，签订信托合同一般意味着信托合同成立、信托合同生效与信托成立。

在某信托公司与某汽车维修发展有限公司等合同纠纷一案④中，最高人民法院认为，认定信托是否成立，主要是看委托人和受托人之间是否就订立信托合同形成一致的意思表示、信托合同是否订立。本案中某信托公司提交了与委托方某证券有限责任公司签订的《单一资金信托合同》、银行对账单，可以证明单一资金信托已经成立并实际募集了 4000 万元，且该信托资金已经实际支付给某维修公司，某维修公司主张信托未成立无事实及法律依据，法

---

① 参见赵廉慧：《信托法解释论》，中国法制出版社 2015 年版，第 105-106 页；周小明：《信托制度：法理与实务》，中国法制出版社 2012 年版，第 160-172 页。

② 参见周小明：《信托制度：法理与实务》，中国法制出版社 2012 年版，第 111-159 页。

③ 参见周小明：《信托制度：法理与实务》，中国法制出版社 2012 年版，第 139-154 页。

④ 最高人民法院民事判决书，（2015）民二终字第 300 号。

院不予支持。从该判决中可以看出，信托公司提交的委托方某证券有限责任公司签订的《单一资金信托合同》即可以证明单一资金信托已经成立。

2. 受益人在信托生效之日享有信托受益权，信托生效应以信托财产交付为前提

信托成立是信托生效的前提，信托成立并不意味着信托生效。信托生效仍需完成财产转移行为，信托受益人才能享有信托受益权。

《信托法》并未完整规定信托财产交付行为的要求，《信托法》第 10 条第 1 款仅规定，对于信托财产，有关法律、行政法规规定应当办理登记手续的，应当依法办理信托登记。[①]

对于无须办理登记手续的信托财产所设立信托的生效时点，如果参照《中华人民共和国信托法释义》，所谓信托生效，是指信托产生法律约束力……受益权的取得以他人设立信托的行为生效这一客观事实的存在为必要……根据《民法通则》（已废止）的规定，民事法律行为自成立时起具有法律约束力，即民事法律行为自成立时生效。[②] 因此，在一般情况下，特别是以合同形式设立信托，该信托成立之日即为信托生效之日。附生效条件的信托，自条件成就时生效，受益人自条件成就时起享有信托受益权。附生效期限的信托，自期限届至时生效，受益人自期限届至时起享有信托受益权。

上述释义未考虑到信托财产交付对信托生效的影响，下文将就信托财产交付和生效问题做进一步探讨。

（1）信托财产交付的必要性。

《信托法》第 2 条规定："本法所称信托，是指委托人基于对受托人的信任，将其财产权委托给受托人，由受托人按委托人的意愿以自己的名义，为受益人的利益或者特定目的，进行管理或者处分的行为。"信托是受托人对财产进行管理或处分的行为，如缺少相应的信托财产，无法进行管理和处分，

① 具体论述请参见本书第八章。

② 参见卞耀武主编：《中华人民共和国信托法释义》，法律出版社 2002 年版，第 125 页。《民法典》生效后，关于民事法律行为的成立和生效条文发生变更：民事法律行为自成立时生效，但是法律另有规定或者当事人另有约定的除外，与《中华人民共和国信托法释义》一书中所表达的含义相同。

信托生效也就无从谈起。在资金信托中，委托人将信托本金划入信托账户交付给受托人；在财产权信托中，委托人可以交付相关财产权的资产文件及凭证。只有发生交付行为，才能使得信托公司实施管理、处分行为。

另外，不及时交付信托财产还可能导致混同的问题，即信托财产无法与委托人其他财产相区别，如果此时拟交付的信托财产被查封、扣押、冻结，则信托当事人无法主张信托财产独立性，只能要求委托人承担违约责任。

（2）信托从英美法系引入到大陆法系的合理化选择。

信托是从英美法系引入的一项财产管理制度。英美信托法确认凡委托人通过信托合同设立信托则有关的信托关系自信托财产被转移给受托人占有时起成立，也即信托自信托财产交付时成立。为保障财产的交付，英美信托法引进英美合同法中的对价规则来解决存在于信托合同中的财产转移条款的强制执行力问题。依据对价规则，存在于信托合同中的财产转移条款在由该合同所设立的信托存在对价的情形下能够被强制执行。①

信托制度从英美法系引入到大陆法系遇到的问题之一就是将信托合同认定为诺成合同还是实践合同。诺成合同与实践合同是大陆法系对合同的一种分类。诺成合同是指当事人各方的意思表示一致即成立的合同。实践合同又称要物合同，是指除双方当事人的意思表示一致以外，尚需交付标的物才能成立的合同。② 区分诺成合同与实践合同的目的在于，二者成立的要件与当事人义务的确定不同。合同成立要件不同，是指诺成合同仅以合意为成立要件，而实践合同以合意和交付标的物或者完成其他给付为成立要件。当事人义务的确定不同，是指在诺成合同中，交付标的物或完成其他给付系当事人的给付义务，违反该义务便产生违约责任；而在实践合同中，交付标的物或完成其他给付，不是当事人的给付义务，只是先合同义务，违反它不会产生违约责任，可构成缔约过失责任。

---

① 参见张淳：《信托法哲学初论》，法律出版社 2014 年版，第 112-113、261 页。

② 参见王利明等：《民法学》，法律出版社 2020 年版，第 569 页；魏振瀛主编：《民法》，北京大学出版社、高等教育出版社 2017 年版，第 440 页。

大陆法系的上述理论应用到信托实践中①，就是说如果将信托合同界定为诺成合同，则信托合同签订时，信托合同成立并生效；如果将信托合同界定为实践合同，则信托合同签订时，信托合同成立，但委托人没有交付信托财产，信托合同尚未生效，在委托人向受托人交付信托财产后，信托合同生效。

从信托制度的源头来看，信托财产的实际交付对信托生效具有关键意义，我国引入信托制度，也应当对信托财产交付后信托生效作出相关规定。

（3）从信托行为的实际运作来看，区分信托合同生效（信托成立）与信托生效也具有实际意义。

在信托合同生效后，除非签署信托合同和交付信托财产同时完成（这一点在实际运作过程中很难实现），信托当事人签署信托合同与交付信托财产必然存在一定的时间差。对处于这一状态的信托行为的效力进行界定具有非常重要的意义。如果信托合同被视为诺成合同，则受托人将具有依据信托合同要求委托人转移信托财产的强制执行力；如果信托合同被认定为实践合同，则在委托人实际交付信托财产前，信托合同根本未生效，受托人也就不具有依据信托合同要求委托人转移信托财产的强制执行力。② 中国《信托法》明确将信托合同定性为诺成合同，以合同方式设立信托的，只要当事人之间达成合意，信托即成立。因此，在信托当事人签署信托合同后，是否可以进一步发展为一个有效的信托，法律上应当作出相应规定。

在信托合同生效（信托成立）至信托生效这一阶段，委托人、受托人、受益人的权利与信托生效后不同，这一区别主要是由信托财产尚未完成交付引起的。信托成立未生效时，信托当事人之间的信托权利义务关系尚未确立，

---

① 大陆法系国家学者及立法对信托合同的归类存在较大争议，参见张淳：《中国信托法特色论》，法律出版社 2013 年版，第 99-115 页。以日本为例，2006 年《日本信托法》第 3 条规定："设立信托，可依照下列方法中的任何一项：（1）签订合同：与特定当事人签订合同（以下称信托合同），旨在对该特定当事人进行财产转让、设定担保权或为其它处分财产行为……"诺成合同说最终因被《日本信托法》所肯定从而成为有法律依据并成为能够在法律上成立的观点，参见张淳：《信托法哲学初论》，法律出版社 2014 年版，第 112-113、258-259 页。

② 参见张淳：《信托法哲学初论》，法律出版社 2014 年版，第 247-264 页。

委托人、受托人之间仅存在转移与接受信托财产、使信托真正生效的权利义务关系。对于受益人而言，因受益人不是信托设立行为的直接当事人，信托仅依照委托人和受托人的信托行为而设立，不需要受益人为特定的法律行为，受益人既不享有权利也不承担义务。[①] 而在信托财产交付、信托生效后，委托人、受托人、受益人按照信托合同的约定各自享有相应的权利和义务，对信托财产进行管理、运用、处分并分配信托收益。

综上所述，为保障作为基础资产的信托受益权合法形成且无权利上的瑕疵，至少应满足以下两个条件：第一，签署信托合同或受托人承诺信托；第二，信托财产应当完成交付。

3. 信托受益权的转让以双方约定为准

信托受益权形成后，即可作为基础资产向 SPV 转让，但上述转让不得违反信托文件的限制性规定。[②]《信托法》第 48 条仅简单规定了信托受益权的可转让性，但对于转让的时间、效力等并未进一步作出细化规定。对此，只能在信托受益权特征的基础上，在其他相关法律中寻求解释。

赵廉慧教授在《信托法解释论》一书中认为："不管把受益权定性为债权、物权还是其他新的权利，其本质都是属于一种财产权，原则上具有可转让性。对于受益权的转让大致可以参照债权让与的原理。"[③] 此外，资产证券化项目中的信托是通过信托合同设立的，信托受益权的转让实际上也是信托合同权利的转让，根据《民法典》第 467 条第 1 款的规定："本法或者其他法律没有明文规定的合同，适用本编通则的规定，并可以参照适用本编或者其他法律最相类似合同的规定。"信托受益权转让大致可以参照债权转让的规定，转让的生效时间尊重转让人和受让人意思自治，即以约定的生效时间为准。

在 CMBS 项目中，信托文件通常会明确约定信托受益权转让的时点。例如，

---

① 参见周小明：《信托制度：法理与实务》，中国法制出版社 2012 年版，第 162 页。

② 《信托法》第四十八条　受益人的信托受益权可以依法转让和继承，但信托文件有限制性规定的除外。

③ 赵廉慧：《信托法解释论》，中国法制出版社 2015 年版，第 459 页。

受让方按照约定支付完毕全部受益权转让价款之日，信托受益权项下自信托生效日对应的所有利益、风险由受让方承担，对应的权利和义务一并转让给受让方。此时，信托受益权自受让方按照约定支付完毕全部受益权转让价款之日完成转让。

4. 信托受益权转让应当通知受托人，否则对受托人不发生效力

《中华人民共和国信托法释义》认为："转让受益权原则上不需要委托人和受托人同意，但是，受益人或者受益权的受让人应当通知受托人，否则转让对受托人不发生效力，受托人接到通知并未表示异议的，则受托人应向受让人即新的受益人给付信托利益，并可以以此对抗原受益人。"① 上述通知受托人的要求，实际上与《民法典》合同编关于债权转让通知规则②的原理相通，受托人对应的即为债权转让中的债务人，没有通知受托人的，转让行为并非不能生效，而是不对受托人发生效力，也即受托人可以视为信托受益权并未发生转让，并继续向原受益人分配信托利益，且不因为向原受益人分配信托利益承担任何责任。

（二）契约型私募基金份额

类 REITs 项目与 CMBS 项目同属于企业资产证券化项目，作为类 REITs 项目基础资产的契约型私募基金也与信托受益权具有相似之处，下文就契约型私募基金的形成与交付进行分析。

1. 投资者签署基金合同并交付认购资金，满足基金合同约定的条件后，私募基金成立。私募基金成立后，未经备案不得进行投资运作

契约型私募基金，即以契约形式在中国境内以非公开方式向投资者募集资金设立投资基金，投资者与基金管理人签署基金合同，约定由基金管理人对基金财产进行使用、处分，并依据合同享有基金财产的收益。契约型私募基金与信托相类似，基金业协会在《〈私募投资基金合同指引〉起草说明》

---

① 卞耀武主编：《中华人民共和国信托法释义》，法律出版社 2002 年版，第 131 页。

② 《民法典》第五百四十六条第一款　债权人转让债权，未通知债务人的，该转让对债务人不发生效力。

中表明：契约型基金与基金管理人的关系为信托关系。[①] 基金业协会负责人亦在《关于进一步规范私募基金管理人登记若干事项的公告》答记者问中明确："信托关系是私募基金赖以存在发展的基础法律关系，私募基金管理人须履行诚实信用、专业勤勉的受托人义务，即所谓'受人之托，代人理财'。"[②] 可见，私募基金的实质是一种信托关系，其形成规则可参照上述有关信托受益权的分析。

私募基金的形成分为成立、备案两个步骤，在成立阶段，基金投资者签署基金合同、交付认购资金。[③] 由于私募基金实质上是一种信托关系，因此，亦需要投资者与管理人达成合意签署合同，并交付认购资金形成基金财产。

在备案阶段，管理人应当在募集完毕后的 20 个工作日内通过 AMBERS 系统申请私募投资基金备案。关于私募基金成立与备案的关系，《〈私募投资基金合同指引〉起草说明》作了进一步的说明："《契约型私募投资基金合同内容与格式指引》第十五条要求基金合同中应约定私募基金在基金业协会完成备案后方可进行投资运作，基金募集完成设立后应到基金业协会进行基金备案，备案不影响基金合同的效力以及基金的设立，但未经备案不能进行投资运作。"私募基金备案不属于行政审批，而是事中事后监管，在私募基金设立阶段无须相应批准。

契约型私募基金在 SPV 设立之前成立并完成备案后，即可作为基础资产。

2. 契约型私募基金份额转让以约定为准，未办理登记不影响转让行为的效力

根据《证券投资基金法》第 46 条第 1 款第 3 项的规定，基金份额持有人

---

① 《〈私募投资基金合同指引〉起草说明》一 "指引制定的背景" （一） "私募投资基金的组织形式及登记备案"规定："契约型基金本身不具备法律实体地位，其与基金管理人的关系为信托关系，因此契约型基金无法采用自我管理，且需由基金管理人代其行使相关民事权利。"

② 《中基协负责人就发布〈关于进一步规范私募基金管理人登记若干事项的公告〉答记者问》，载中国证券投资基金业协会网站，https：//www. amac. org. cn/xwfb/tzgg/201602/t20160205_ 18044. html。

③ 参见《私募投资基金登记备案办法》（中基协发〔2023〕5 号）第 39 条第 2 款规定："募集完毕是指私募基金的已认缴投资者已签署基金合同，且首期实缴募集资金已进入托管账户等基金财产账户。单个投资者首期实缴出资除另有规定外，不得低于合格投资者的最低出资要求。"

享有依法转让或者申请赎回其持有的基金份额的权利。私募基金份额亦具有可转让性。同时，由于契约型私募基金所涉权利主要来源于基金合同，契约型私募基金份额的转让实际上也是基金合同权利的转让，因此，亦可参照适用《民法典》合同编有关债权转让的规定，以双方约定为准。私募基金份额自双方约定的时间发生转让，登记应理解为基金业协会对外公示和管理的要求，未经登记不得对抗第三人。

（三）有限合伙份额

有限合伙份额的形成和转让与信托受益权、企业型私募基金份额的形成和转让有所不同。

1. 有限合伙企业设立时，有限合伙人依据合伙协议享有有限合伙份额

有限合伙份额的形成，以有限合伙企业的设立为前提。在有限合伙企业设立前，全体合伙人共同签署合伙协议，按照合伙协议享有权利，履行义务。[①]《合伙协议》签署生效，且合伙企业按照《合伙协议》的约定设立后，合伙人依据《合伙协议》取得合伙份额。

关于有限合伙企业的设立条件，《合伙企业法》第 3 章未作出全面规定，可以参照第 2 章“普通合伙企业”第 14 条的有关规定。[②] 设立合伙企业，应当具备以下五个条件：第一，有 2 个以上合伙人。合伙人为自然人的，应当具有完全民事行为能力；有限合伙企业的上限为 50 人，法律另有规定的除外，且至少有 1 个普通合伙人。第二，有书面合伙协议。第三，有合伙人认缴或者实际缴付的出资。有限合伙人不得以劳务出资。第四，有合伙企业的

---

① 《合伙企业法》第十九条　合伙协议经全体合伙人签名、盖章后生效。合伙人按照合伙协议享有权利，履行义务。

修改或者补充合伙协议，应当经全体合伙人一致同意；但是，合伙协议另有约定的除外。

合伙协议未约定或者约定不明确的事项，由合伙人协商决定；协商不成的，依照本法和其他有关法律、行政法规的规定处理。

② 《合伙企业法》第六十条　有限合伙企业及其合伙人适用本章规定；本章未作规定的，适用本法第二章第一节至第五节关于普通合伙企业及其合伙人的规定。

名称和生产经营场所。第五，法律、行政法规规定的其他条件。① 满足了以上条件，可以设立有限合伙企业，由申请人向企业登记机关申请登记并核发营业执照。《合伙企业法》第 11 条规定："合伙企业的营业执照签发日期，为合伙企业成立日期。合伙企业领取营业执照前，合伙人不得以合伙企业名义从事合伙业务。"也就是说，合伙企业的营业执照签发之日，合伙人取得合伙份额。

可见，不同于信托受益权，有限合伙份额的形成不以合伙人实缴出资为前提。虽然有限合伙份额自有限合伙企业设立之日起即形成，但是作为并表型 ABN 项目的基础资产，将未实缴出资的有限合伙份额设立财产权信托，仍然是一个有争议的问题，下文还会就这一问题进行分析。

2. 合伙人以外的受让人经修改合伙协议即成为合伙企业的合伙人，未办理工商变更登记不产生对抗效力

《合伙企业法》第 73 条规定："有限合伙人可以按照合伙协议的约定向合伙人以外的人转让其在有限合伙企业中的财产份额，但应当提前三十日通知其他合伙人。"可见有限合伙份额具有可转让性，但需要提前 30 日通知其他合伙人。

《合伙企业法》第 24 条规定："合伙人以外的人依法受让合伙人在合伙企业中的财产份额的，经修改合伙协议即成为合伙企业的合伙人，依照本法和修改后的合伙协议享有权利，履行义务。"可见合伙人以外的受让人自合伙协议修改并生效后，即可成为合伙企业的合伙人，是否在工商部门办理变更登记不影响新合伙人依据合伙协议享有权利、履行义务。

但是，申请办理变更登记是对外公示的要求，具有对抗第三人的效力。《合伙企业法》第 66 条的规定："有限合伙企业登记事项中应当载明有限合

---

① 《合伙企业法》第十四条　设立合伙企业，应当具备下列条件：
（一）有二个以上合伙人。合伙人为自然人的，应当具有完全民事行为能力；
（二）有书面合伙协议；
（三）有合伙人认缴或者实际缴付的出资；
（四）有合伙企业的名称和生产经营场所；
（五）法律、行政法规规定的其他条件。

伙人的姓名或者名称及认缴的出资数额。”可见合伙人的姓名及认缴的出资额属于登记事项，对于上述登记事项，《合伙企业法》第 13 条明确规定了执行合伙事务的合伙人应当自作出变更决定或者发生变更事由之日起 15 日内，向企业登记机关申请办理变更登记。向企业登记机关申请变更登记，是对外公示的需要。如果未办理变更登记，则合伙人之间签署、修改的合伙协议并非不产生效力，而是仅仅在合伙人内部之间有效，对外不能产生对抗第三人的效力，对于实际持有合伙份额的合伙人具有不利的影响。在谭某、王某等民间借贷纠纷一案①中，某毛巾厂以合伙人吴某、谭某的名义向王某明出具借条借款，此时合伙人王某、吉某已签订退伙协议，但未办理登记。江苏省淮安市中级人民法院认为，由于某毛巾厂系普通合伙企业，由上诉人谭某、王某、吉某与被上诉人吴某四人合伙注册成立，三上诉人作为合伙人对某毛巾厂的债务依法应承担无限连带责任，虽然上诉人王某、吉某主张其已经实际退伙，但由于未办理变更登记，对外不具有对抗第三人的公示效力。从上述案例来看，未办理变更登记，无法产生对抗第三人的公示效力。

因此，在并表型 ABN 项目中，有限合伙份额形成后，发起机构依照《信托合同》的约定将上述基础资产信托予受托人，受托人代表资产支持票据信托作为受让方与有限合伙企业的其他各方共同签署合伙协议，协议签署并生效时，资产支持票据信托即成为有限合伙人，为了产生对抗第三人的法律效果，应当及时就上述变更向工商部门办理登记。

二、资产份额中附有义务的财产权能否设立信托?

（一）资产份额中附有义务的财产权的转让和设立信托的区别

在 CMBS 和类 REITs 项目中，SPV 为资产支持专项计划，基础资产形成后向资产支持专项计划转让。而在并表型 ABN 项目中，基础资产形成后信托予受托人。本书第四章第二部分已经对财产权买卖行为与信托行为作了区分，

---

① 江苏省淮安市中级人民法院民事判决书，（2021）苏 08 民终 3851 号。

此处需强调如下观点：

第一，信托行为体现的是财产权的交付，而转让行为可以体现为权利的转让、义务的转让和权利义务的概括转移。从信托的定义来看，信托是指委托人将其财产权委托给受托人进行管理或者处分的行为。① 信托伴随着财产权的转移，同时也是一种财产管理的行为。作为一种信义关系，信托行为与合同法上权利义务的转让有实质上的区别。合同关系中双方处于平等的地位，当事人之间的利益是对立的，而信义关系和信义义务要求受托人为了受益人的利益行事，受托人的行为是利他的，受托人为了受益人的利益应履行积极管理和处分的行动义务。②

第二，法律规定单纯的债务具有可转让性，附有义务的财产权设立信托无明确的法律支持。《民法典》第 551 条第 1 款规定："债务人将债务的全部或者部分转移给第三人的，应当经债权人同意。"在债权人同意的情形下，债务可以进行转移。但附有义务的财产权能否设立信托，则无明确的法律规定，具有较大的争议。

上述区别意味着，在不同类别的资产证券化项目中需要采取不同的交易安排：在类 REITs 项目中，资产支持专项计划受让部分实缴的私募基金份额，转让方在基金文件项下的一切权利和义务概括转让给资产支持专项计划，后续由资产支持专项计划履行契约型私募基金份额的认购和出资义务。但是在并表型 ABN 项目中，附有实缴出资义务的有限合伙份额设立信托，与《信托法》第 7 条就存在一定的冲突，其可行性需进一步论证。

（二）资产份额中附有义务的财产权设立信托的理论及实践

1. 法律规定

我国现行法律法规中在信托设立时对信托财产的要求主要为：

---

① 《信托法》第二条　本法所称信托，是指委托人基于对受托人的信任，将其财产权委托给受托人，由受托人按委托人的意愿以自己的名义，为受益人的利益或者特定目的，进行管理或者处分的行为。

② 参见赵廉慧：《信托法解释论》，中国法制出版社 2015 年版，第 47 页。

《信托法》第 2 条　本法所称信托，是指委托人基于对受托人的信任，将其财产权委托给受托人，由受托人按委托人的意愿以自己的名义，为受益人的利益或者特定目的，进行管理或者处分的行为。

第 7 条　设立信托，必须有确定的信托财产，并且该信托财产必须是委托人合法所有的财产。本法所称财产包括合法的财产权利。

第 11 条　有下列情形之一的，信托无效：……（二）信托财产不能确定；（三）委托人以非法财产或者本法规定不得设立信托的财产设立信托；……

第 14 条　受托人因承诺信托而取得的财产是信托财产。……法律、行政法规禁止流通的财产，不得作为信托财产。法律、行政法规限制流通的财产，依法经有关主管部门批准后，可以作为信托财产。

从前述规定来看，《信托法》对于可以设立信托的财产作了概括性规定，没有具体规定可以设立信托的财产的种类和范围。若对上述法规进行字面理解，委托人合法所有的，具有确定性的，不属于法律、行政法规禁止流通的财产或财产权利均可作为设立信托的财产。

2. 学者解读

《中华人民共和国信托法释义》对《信托法》第 7 条的释义为："作为信托标的的财产应当是积极财产，而包含债务的财产，不能作为信托财产。"① 从这一观点来看，用于设立信托的财产，除了应符合确定性等要求外，还应具有积极财产性。

此外，学术界在对于可以设立信托的财产的研究中，亦提出信托财产应当为积极财产，不能为消极财产（系指如债务等负价值的财产），因为设立信托的目的主要是管理、处分信托财产而获得收益；但是以消极财产设立信托，不仅无法通过管理、处分该消极财产获得收益，信托受益人反而可能因信托关系的成立而承担债务。至于同时以积极财产和消极财产设定信托时的信托效力，一种观点认为，此种信托并非当然全部无效，仅以消极财产设定信托的部分无效；但是，如果整个信托以消极财产设定信托的部分无效，导

① 卞耀武主编：《中华人民共和国信托法释义》，法律出版社 2002 年版，第 58 页。

致信托目的落空，整个信托也应全部无效。此外，当积极财产与消极财产在性质上或与当事人的意思具有不可分关系时，应全部无效。① 另一种观点则认为，一项积极财产如果伴随着一定的法律义务，只要该财产的价值大于所附义务的价值，仍然可以作为信托财产设立信托；委托人以概括财产设立信托，只要积极财产的价值大于消极财产的价值，亦不妨碍以此设立信托。②

3. 司法判例情况

从笔者目前检索到的司法案例来看，在涉及以未完成出资义务的股权设立信托的案件中，法院并未关注附有出资义务的股权是否可以作为信托财产之问题，案件的主要焦点均为信托公司是否应承担瑕疵出资责任。

案例1：A信托公司、B公司追偿权纠纷案

在A信托公司、B公司追偿权纠纷一案③中，A信托公司与C公司签署《投资协议》、《信托合同》及《股权转让合同》，约定由C公司将尚未出资完毕的标的股权信托给A信托公司，A信托公司受让股权后，成为目标公司的股东，如相关主管部门要求其承担补足出资的义务，C公司应将相应资本支付给A信托公司。后B公司起诉请求目标公司返还垫付税款，请求C公司在未缴纳出资本息范围内对目标公司不能清偿部分承担补充赔偿责任，并请求A信托公司就C公司应承担的补充清偿责任承担连带责任。法院认为，该案二审争议焦点为A信托公司应否对C公司在未出资范围内就B公司的债权承担的补充赔偿责任负连带责任。《信托法》第10条对信托财产的登记及其法律效力作出了规定，但配套的信托财产登记制度并未建立。实践中，为了实现对信托财产的控制与隔离，有的采用权属过户的方式，有的采用对目标财产抵押或质押的方式。上述两种方式能够部分实现信托财产的控制与隔离效果，但又各有不足。反映在该案中，案涉股权过户固然能够实现受托人控

① 参见龚恒超：《信托财产法律问题研究》，西南政法大学2002年硕士学位论文，第4页；吴芮：《信托财产适格性研究——兼析安信信托诉昆山纯高案》，华东政法大学2017年硕士学位论文，第15页。

② 参见周小明：《信托制度：法理与实务》，中国法制出版社2012年版，第131页；赵廉慧：《信托法解释论》，中国法制出版社2015年版，第195-196页。

③ 最高人民法院民事判决书，（2016）最高法民终475号。

制股权的目的，但是由于过户登记在外观上并不具备信托财产的标识，隔离效果无法得到保障。且由于此类因信托目的引起的股权变动兼具股权交易与股权信托的双重特征，还引发了应当适用《信托法》还是《公司法》的争议。《信托法》与《公司法》在该问题上如何协调，不仅关系到个案中当事人权利的平衡与保护，也关系到信托行业的健康发展，是一个难以取舍的现实难题。

该案中，A 信托公司受让股权的目的在于控制并管理信托财产，派驻董事的目的也是保证信托财产的价值安全。但从表现形式上看，A 信托公司按照《公司法》的规定经过登记成为目标公司的股东，且案涉合同内容显示 A 信托公司明知登记为股东后可能需要承担补足出资的风险。综合考虑上述两方面因素，A 信托公司与 B 公司关于法律适用的主张都具有一定的法律依据与现实合理性。最高人民法院最终认定：一审法院根据《最高人民法院关于适用〈中华人民共和国公司法〉若干问题的规定（三）》（2011 年）第 13 条第 2 款[①]、第 18 条第 1 款[②]（2020 年修订后，分别为第 13 条第 2 款、第 17 条第 1 款）的规定，判令 A 信托公司对 C 公司在未出资范围内就 B 公司对目标公司的债权应承担的补充赔偿责任负连带责任并无不当。

案例 2：M 信托公司等与 N 公司股东损害公司债权人利益责任纠纷案

在 M 信托公司等与 N 公司股东损害公司债权人利益责任纠纷一案[③]中，M 信托公司与 E 公司签署《股权转让协议》，受让 E 公司所持尚未出资的 D 公司股权，后 D 公司向银行借款未还，N 公司作为担保人履行担保责任后向 D 公司追偿，请求 M 信托公司在未出资范围内承担补充赔偿责任。法院认

---

① 《最高人民法院关于适用〈中华人民共和国公司法〉若干问题的规定（三）》（2011 年）第十三条第二款　公司债权人请求未履行或者未全面履行出资义务的股东在未出资本息范围内对公司债务不能清偿的部分承担补充赔偿责任的，人民法院应予支持；未履行或者未全面履行出资义务的股东已经承担上述责任，其他债权人提出相同请求的，人民法院不予支持。

② 《最高人民法院关于适用〈中华人民共和国公司法〉若干问题的规定（三）》（2011 年）第十八条第一款　有限责任公司的股东未履行出资义务或者抽逃全部出资，经公司催告缴纳或者返还，其在合理期间内仍未缴纳或者返还出资，公司以股东会决议解除该股东的股东资格，该股东请求确认该解除行为无效的，人民法院不予支持。

③ 北京市高级人民法院民事判决书，（2017）京民终 601 号。

为：虽然M信托公司一审提交了2006年8月31日召开的D公司职工持股受益人大会决议，显示指定并授权委托人代表D公司与M信托公司签订《信托合同》，委托M信托公司受让E公司持有的D公司34.145%股权，作为公司职工持股信托的新增部分，M信托公司还提交了其在上海信托登记中心将前述《信托合同》《股权转让协议》等信托登记证明材料进行登记的部分复印件，但前述证据未在工商行政管理机关或其他具有公示效力的机构进行登记，其他各方当事人亦对复印件的真实性不予认可，故一审判决对M信托公司提交的前述证据未予采纳正确，北京市高级人民法院予以确认。综前所述，M信托公司依据《信托合同》管理的D公司信托财产为信托资金人民币5839.35万元，所对应的股权为20.855%。M信托公司持有的D公司34.145%股权受让自E公司，因E公司未缴纳该部分出资人民币9560.65万元，故E公司未收取对价；M信托公司对于E公司未履行出资义务即转让34.145%股权亦属明知，且承诺承担出资义务。故N公司有权要求M信托公司在未出资本息范围内对D公司债务不能清偿部分承担补充赔偿责任。

从上述司法实践来看，案件均涉及原股东将未履行完毕出资义务的股权设立信托，未履行完毕出资义务的股权成为信托财产，将信托公司登记为新股东。争议焦点均为：信托公司是否应承担瑕疵出资责任①。由于法院对信托公司履行出资义务持相对肯定的态度（其前提是附有义务的财产权可以有效设立信托），进而可以认为，附有义务的财产权用于设立信托并未被法院一概否定。

上述案例虽然是股权设立信托的情况，但与有限合伙份额设立信托具有

① 《公司法》（2023年修订）新增股东出资加速到期的规定。《公司法》（2023年修订）第54条规定，公司不能清偿到期债务的，公司或者已到期债权的债权人有权要求已认缴出资但未届出资期限的股东提前缴纳出资。同时，第88条规定了在股东转让已认缴出资但未届出资期限的股权时，转让人与受让人缴付出资的义务，即股东转让已认缴出资但未届出资期限的股权的，由受让人承担缴纳该出资的义务；受让人未按期足额缴纳出资的，转让人对受让人未按期缴纳的出资承担补充责任。未按照公司章程规定的出资日期缴纳出资或者作为出资的非货币财产的实际价额显著低于所认缴的出资额的股东转让股权的，转让人与受让人在出资不足的范围内承担连带责任；受让人不知道且不应当知道存在上述情形的，由转让人承担责任。所以，根据《公司法》（2023年修订）的规定，在信托公司接受已认缴出资但未届出资期限的股权设立信托时，其承担缴付出资的义务的法律规定更为清晰了。

相似性，有限合伙份额与股权都是基于有限合伙人或股东对有限合伙企业或公司出资所形成的一种财产权利，股东与有限合伙人都需要承担实缴出资的义务。附有实缴义务的有限合伙份额设立信托，在很大程度上可以参照附有出资义务的股权设立财产权信托的相关案例。

委托人是否能以消极财产设立信托存在争议，但如果委托人将未实缴出资的合伙企业财产份额设立信托，并且委托人和受托人对实缴出资义务进行了相应的安排，不宜将信托行为认定为无效。

（三）资产份额中附有义务的财产权设立信托引发的问题

如果发起机构将未实缴出资的合伙企业财产份额设立信托，这和发起机构将已经完全实缴出资的合伙企业财产份额设立信托究竟有何区别呢？

根据《信托法》第 14 条第 1 款、第 2 款的规定，信托财产包括：（1）受托人因承诺信托而取得的财产；（2）受托人因信托财产的管理运用、处分或者其他情形而取得的财产。

在实务操作中，参与机构对于信托型资产支持票据的信托法律关系存在不同理解。一种观点认为，发起机构以基础资产设立的信托为自益信托，投资者系从发起机构受让资产支持票据（信托受益权）成为受益人，投资者缴付的募集资金用于向发起机构支付信托受益权转让价款；另一种观点认为，发起机构以基础资产设立的信托为他益信托，投资者获得发行载体发行的资产支持票据（信托受益权）成为受益人，投资者将缴付的募集资金作为取得信托财产的对价另行委托受托机构代为向发起机构支付。

第二种观点更为合理，因为发起机构以基础资产设立信托取得对价更符合证券化交易的目的（将基础资产实现“真实出售”并以基础资产产生的现金流作为支持发行受益凭证），使交易环节发生在基础资产信托环节（特别涉及税收认定），发起机构取得的是因基础资产设立信托而取得的基础资产转让对价；而第一种观点涉及基础资产信托、信托受益权转让两个环节，在基础资产设立自益信托环节，发起机构取得了信托受益权，而在发行资产支持票据的环节，发起机构向投资者转让了信托受益权，此时，发起机构直接向投资者发行了资产支持票据，而不是通过发行载体进行发行。

无论何种理解，投资者交付的募集资金不属于《信托法》第 14 条第 1 款、第 2 款规定的受托人因承诺信托而取得的财产（系指委托人向其交付的信托财产）或受托人因信托财产的管理运用、处分或者其他情形而取得的财产。因此，在一般的信托资产支持票据结构中，募集资金不属于信托财产，进而不能作为受托人（代表资产支持票据信托）缴纳有限合伙份额实缴出资的款项。

在并表型 ABN 项目中，如果发起机构将附有出资义务的有限合伙份额委托给受托人设立财产权信托，同时将《合伙协议》项下发起机构对有限合伙份额实缴出资的义务转让给受托人，受托人（代表信托）以 0 元对价从发起机构处受让未实缴出资的有限合伙份额的出资义务，受托人将资产支持票据信托的募集资金用于向合伙企业实缴出资。

以受托人名义将投资人缴纳的募集资金用于有限合伙份额的实缴出资，即本质上是受托人以募集资金作为信托财产，受托人缴付有限合伙出资的行为属于运用信托财产的行为，因此，投资者向信托受托人交付募集资金具有资金信托的性质。但如上述分析，虽然信托型资产支持票据并未严格规定交易的法律关系（对能否在财产权信托之外，设定信托受让实缴出资义务，同时安排信托资金用于缴付有限合伙企业出资没有明确规定），但一般认为资产支持票据信托是财产权信托。

上述模式将可能导致该操作方案下的信托同时具有财产权信托和资金信托的特征，进而引发对信托适用不同的监管规则的问题。例如，信托业保障基金的缴纳，资金信托按发行金额的 1%认购，财产权信托按信托公司收取报酬的 5%计算。

第七章　资金的隔离

本章关注的重点问题

- 现金类资产能否入池?
- 现金类资产如何交付给SPV?
- 在资产支持证券存续期内，服务机构账户是否具有独立性和隔离效果?

本章的资金或现金特指企业存在银行账户内的资金。资产证券化的基础资产初始形态种类多样，其破产隔离的效果前文已有论述。而非现金基础资产终归要转化为现金流，进而给投资者带来投资回报。所以，现金作为一种独特的资产形态，在资产证券化的整个过程中就必然需要予以重点关注。

正如前文所言，证券化的基础资产可以产生独立的现金流，那么，基础资产产生的现金流如何回款至 SPV，即回款路径、归集机制如何保障现金流的“独立性”或隔离效果便是本章要讨论的重点。资产证券化的监管要求强调基础资产现金流的归集应当封闭、独立、清晰，同时对于归集账户和归集频率进行了规定。例如，《资产证券化业务管理规定》第 13 条第 6 项明确规定“建立相对封闭、独立的基础资产现金流归集机制，切实防范专项计划资产与其他资产混同以及被侵占、挪用等风险”是管理人应当履行的职责之一。又如，《上交所挂牌确认指引 2 号》第 2. 2. 7 条要求债权类、未来经营收入类资产支持证券的基础资产现金流应当由现金流提供方直接回款至专项计划账户，难以直接回款至专项计划账户的，应当直接回款至专项监管账户，专项监管账户资金应当与原始权益人和资产服务机构的自有资金进行有效隔离，禁止资金混同或挪用。关于资金归集频率，该条要求原则上归集至专项计划账户的周期应当不超过 1 个月；原始权益人及资产服务机构信用状况良好，且专项计划设置担保、差额支付等有效增信措施的，现金流归集周期可以适当延长，但原则上最长不得超过 3 个月。可见，证券化监管要求强调基础资产的现金流应当与原始权益人的自有资金进行有效地隔离，防止资金混同和挪用。

本章将从以下几个方面出发，对资产证券化中现金资产的隔离问题进行探讨：

一、现金类资产能否入池?

在资产证券化实务中，常见的现金类资产包括封包期内的回收款以及保证金。对于封包期内的回收款可以入池没有争议，较难处理的是保证金的入池问题。

由于保证金的类型多样，法律性质和效力不一，本章所谈到的保证金，均指具有担保性质的保证金，如实务中常见的房地产开发商就借款人的个人住房贷款提供的保证金、融资租赁业务中承租人就特定租赁物向出租人提供的保证金等。而影响保证金入池的关键因素有两个：（1）保证金的法律性质；（2）保证金的特定化。

（一）保证金的法律性质

一般而言，根据保证金质押要件是否满足，保证金可能构成保证金质权（或金钱质权）或保证金债权。

1. 有关保证金的主要法律规定

在《民法典》及相关司法解释施行前，我国对保证金质押的主要规定为《担保法司法解释》第 85 条，即“债务人或者第三人将其金钱以特户、封金、保证金等形式特定化后，移交债权人占有作为债权的担保，债务人不履行债务时，债权人可以以该金钱优先受偿”。

《民法典》及后续出台的相关司法解释，对保证金质押的相关规定进行了调整。例如，《担保制度司法解释》第 70 条规定：“债务人或者第三人为担保债务的履行，设立专门的保证金账户并由债权人实际控制，或者将其资金存入债权人设立的保证金账户，债权人主张就账户内的款项优先受偿的，人民法院应予支持。当事人以保证金账户内的款项浮动为由，主张实际控制该账户的债权人对账户内的款项不享有优先受偿权的，人民法院不予支持。在银行账户下设立的保证金分户，参照前款规定处理。当事人约定的保证金并非为担保债务的履行设立，或者不符合前两款规定的情形，债权人主张就保证金优先受偿的，人民法院不予支持，但是不影响当事人依照法律的规定或者按照当事人的约定主张权利。”

从上述条文来看，《担保制度司法解释》虽未明确提及“金钱特定化”的要求，但根据交易习惯，直接明确了“设立专门的保证金账户”，根据过往司法判例，这正是保证金特定化的常见形式；删除了“移交债权人占有”的规定，明确了“债权人实际控制”或者“债权人设立的保证金账户”的具体形式。

2. 保证金质押的要件分析

（1）订立书面质押合同并就质押达成合意。

根据《民法典》第427条及《担保制度司法解释》的规定，设立质权应当订立质押合同并就担保债务的履行达成合意。在司法实践中，法院主要判断当事双方是否存在质押的合意，以及合同约定是否达到担保债务的效果，至于签署的协议是否叫“质押合同”或体现质押的字样，不必然影响司法认定。

例如在（2020）最高法民终1101号①案中，最高人民法院认为，根据《监管协议》的约定，监管账户内的资金将全部用于中德某公司设立于德国的境外子公司对某控股公司负有的债务清偿，且账户监管期限止于境外子公司对某控股公司负有的债务完全清偿之日。从该账户的设立目的、期限等约定可认定，账户系中德某公司专为清偿境外子公司对某控股公司的债务而设立。另，《贷款协议》第2.3条约定，为担保协议项下债务的履行，借款人应将包括《监管协议》在内的一系列担保文件提供给某控股公司，该义务亦为后者出借款项的前提条件。据此，《贷款协议》当事人已经明确将出具《监管协议》等文件作为主债务履行的担保措施……故综合《监管协议》《贷款协议》的上述约定，在中德某公司并非案涉主债务人的情况下，其就自身账户与某控股公司签订《监管协议》并明确账户资金用于清偿案涉主债务，可认定双方已就案涉主债务的清偿达成担保合意。

（2）设立保证金账户。

虽然《担保制度司法解释》未提及“金钱特定化”的要求，但从字面上理解，“保证金账户”也应当是专用于存放保证金的账户，同时从担保物权设立的基本理论来看，担保财产特定化是应有之义，因此保证金账户应当满足账户特定化以及账户内资金的特定化。

第一，账户特定化。账户特定化要求保证金账户在形式上可以区别于出

① 最高人民法院民事判决书，（2020）最高法民终1101号。

质人的一般结算账户，包括在账户名称上加上“保证金”的字样，或者系统内标记特殊的处理标识等。最高人民法院在（2013）民申字第 2060 号判决书中认为，“（银行）应当依法将质押金钱放置于专门的账户，并且对任何第三人均能显示出设立质押的外观”，“虽然《流动资金借款合同》约定 22×××47 账户为专户，但约定的是作为贷款发放和支付的专户，仍然属于一般账户的性质”，从而不支持保证金质押的主张。

在最高人民法院（2017）最高法民申 1829 号裁定中，该案的保证金质押合同约定了保证金专用账户及账号，法院即认定该账户内金钱已经完成金钱特定化，且明确：“保证金质押的账户名称是专门的保证金账户还是出质人自己的账户不影响质权的成立。”由此可见，保证金质押虽不要求账户名称体现为保证金专户，但至少要求该账户为专用的且能够区别于一般结算账户。

第二，资金特定化。资金特定化要求保证金账户内的资金专用于担保特定债务的履行，不能用于出质人的日常结算，也不能与出资人的其他资金相混同。在（2014）闽民终字第 686 号民事判决书①中，福建省高级人民法院认为：“账户内资金存在多次转账、进出频繁的现象，并未将款项特定化……上述账户虽名为保证金账户，但不符合保证金账户和保证金的相关特征。”需要注意的是，《担保制度司法解释》明确规定，资金特定化不代表账户内的资金不能浮动，保证金账户内的金钱随着被担保债权的清偿情况而发生被扣划减少、按照约定增补等浮动情况是该类业务的正常表现形态，只要该账户为特定账户，该账户内的金钱被债权人控制并与被担保债权相对应，法院也认可债权人对账户内的资金享有优先受偿权。

（3）债权人对保证金账户进行实际控制。

《民法典担保制度司法解释系列解读之五》② 中提到：“实践中，存在当事人通过交付保证金或者将保证金存入特定账户来提供担保的情形。归结起

---

① 福建省高级人民法院民事判决书，（2014）闽民终字第 686 号。

② 最高人民法院：《民法典担保制度司法解释系列解读之五》，载微信公众号“最高人民法院”2021 年 2 月 10 日，https：//mp. weixin. qq. com/s/HZS93Fr2pN3Yf9s4X93OoA。

来，大体有三种情形：一是债务人或者第三人设立专门的保证金账户并由债权人实际控制；二是债务人或者第三人将其资金存入债权人设立的保证金账户；三是在银行账户下设立的保证金分户。我们认为，只要是设立了专门的保证金账户，并且债权人实际控制该账户，债权人就对账户内的资金享有优先受偿权。”可见，对于保证金账户开立在哪方名下并没有强制性要求，但是强调了债权人应当能够实际控制该账户。

通过检索司法案例，法院可能通过以下情形判断债权人对账户的“实际控制”：一是债权人留存账户的预留印鉴并控制支付密码；二是出质人未经债权人同意不得对保证金进行支用、划转或其他任何处分；三是账户的使用、管理联系人为债权人；四是当债务人未按约定履行义务时，债权人有权直接从账户中划扣相应的款项。

在（2020）最高法民终1101号案中，最高人民法院认为，鉴于占有是指对物进行控制和管理的事实状态，质押权人能否直接扣划账户内资金并非判断转移占有的唯一标准。本案中，17××××53账户由中德某公司开立，其对该账户本应享有自由支取的权利。但案涉《监管协议》约定，监管账户不得开立除网上银行以外的其他所有电子支付功能，也不得购买任何凭证（含转账凭证）。监管账户唯一支付密码器由某控股公司保管。监管账户设有电子银行操作人员、复核人员以及联系人，以上人员均由某控股公司同意的人士担任。持有密码的电子银行操作人员、复核人员使用网上银行U盾通过网上银行进行资金划转，须凭某控股公司出具的书面划款同意函方能操作。某银行亦承诺按照协议约定的方式协助某控股公司、中德某公司完成资金的划转。据此，可以认定某控股公司作为债权人取得了案涉监管账户的控制权，实际控制和管理该账户，此种控制权的取得符合出质金钱移交质押权人占有的要求。

3. 小结

综合上述保证金质押的要件，若双方具有设立保证金担保的意思表示，开立了独立的保证金账户并能实现账户与资金的特定化，同时保证金由债权人实际控制，那么保证金质权成立；反之，若上述要件未能得到全部满足，则仅构成保证金提供方与接受方之间关于保证金的合同约定，根据《担保制度司法解释》第70条规定，债权人主张就保证金优先受偿的，人民法院不予支持，但是不影响当事人依照法律的规定或者按照当事人的约定主张权利，一般情况下，即意味着债权人享有用保证金偿债的权利。

从保证金的法律性质来看，不管是构成金钱质权，还是构成保证金债权，都不构成保证金归入证券化基础资产的法律障碍。

（二）保证金的特定化

不管保证金构成金钱质权还是构成保证金债权，保证金的确定性或可特定化构成保证金作为基础资产的一部分入池的一个前提条件，因为确定性或可特定化是对证券化基础资产的基本要求。此处的可特定化主要是指保证金与债权可以一一对应：构成保证金质押的，如前所述，保证金需通过专户的形式以及单独的使用满足特定化的要求；仅构成保证金债权的，也需要确定每笔债权对应的保证金金额，从而确定有多少金额的保证金债权由原始权益人转移给SPV。

在资产证券化实务中，存在一种比较常见的保证金安排，即业务保证金。业务保证金是合作机构（以下简称保证金提供方）按照合作额度的比例向债权人提供的一类保证金，担保的范围是该保证金提供方的全部客户在债权人处的债务。如果某一个债务人未能按期履行义务，债权人可以直接从保证金中扣收相应的金额用以抵偿债务，并有权要求保证金提供方增加缴存保证金。在资产证券化项目中，保证金可以作为附属担保权益一并转让予SPV，但难点在于，如果保证金提供方提供的是业务保证金，则一个保证金账户的资金对应了多笔债权，但拟证券化的仅是其中个别债权，此时涉及如何将保证金进行切分以与入池债权相对应的问题。关于保证金权益的转移，存在两种方案或思路：

（1）原始权益人和SPV管理人不对保证金进行切分。同一个保证金池为多笔债权提供共同的担保，当任何一笔债权违约时，债权人都可以用整个保证金池的资金来偿付债权。任何一笔债权的转移仅意味着权利的主体发生变更，而不改变保证金相关安排，即当原始权益人将某一笔或几笔债权转让给SPV后，SPV与原始权益人分别就各自持有的债权对该保证金池享有共同的权益（而非按份权益）。在保证金构成保证金质权的情况下，虽然保证金质权作为动产质权的一种，其设立以质权人取得对质物的占有（在保证金的具体情况下，体现为质权人对保证金的控制）为生效条件，但根据《民法典》第547条规定，债权人转让债权的，受让人取得与债权有关的从权利，受让人取得从权利不因该从权利未办理转移登记手续或者未转移占有而受到影响。在资产证券化业务中，SPV管理人往往委托原始权益人担任资产服务机构，资产服务机构可继续接受SPV管理人委托对入池债权所对应的包括保证金在内的附属担保权益进行管理，因此SPV管理人并不当然丧失该部分保证金质权。在保证金仅作为一种合同约定的安排，而不构成质押的情况下，SPV管理人也可以继续委托原始权益人按照原基础合同的约定对保证金进行管理和使用，而不要求切分保证金。

（2）原始权益人与SPV管理人根据每笔债权对应的保证金缴存比例对保证金进行切分。切分后债权人能主张责任的范围与切分前有所不同。例如，已证券化的某一笔债权违约了，这笔债权仅能以被切分给SPV的保证金金额进行受偿，而在未切分时，该笔债权可以就全部保证金进行受偿。该切分会导致每笔债权所对应的保证金权益的变化，对保证金提供方的权利义务会产生影响，严格来说应当取得保证金提供方的同意。同时，该切分往往伴随着切分出去的保证金的交付，如果保证金存放于专户，则会引起原基础合同约定的保证金占有、管理方式的变更，可能需要取得保证金提供方的同意。因此，保证金的切分需要考虑债权人的可操作性，存在较大的挑战。

二、现金类资产如何交付给SPV?

（一）封包期回收款的交付

在资产证券化项目中，封包期回收款的交付模式主要有以下两种：（1）在SPV设立日直接交付给SPV；（2）在SPV设立日交付给作为SPV代理人的资产服务机构，待回收款转付日再由资产服务机构交付给 SPV。

对于采用信托结构的资产证券化交易而言，《信托法》第 15 条规定了信托财产的独立性并为其与委托人和受托人的破产隔离提供了依据，但根据《信托法》第 14 条第 1 款规定，“受托人因承诺信托而取得的财产是信托财产”，因此在设立信托的财产转移至特殊目的信托之前（就封包期回收款而言，指交付给受托人），该等财产仍不能与委托人实现破产隔离。

对于交易所企业资产证券化业务而言，根据《资产证券化业务管理规定》第 5 条①的规定，因专项计划资产的管理、运用、处分或者其他情形而取得的财产，归入专项计划资产。专项计划资产独立于原始权益人、管理人、托管人及其他业务参与人的固有财产。原始权益人、管理人、托管人及其他业务参与人因依法解散、被依法撤销或者宣告破产等原因进行清算的，专项计划资产不属于其清算财产。因此，封包期内的回收款只有在成为 SPV 资产后才能实现破产隔离。

针对封包期内回收款的两种交付模式：(1) 若在 SPV 设立日直接交付给 SPV，则此部分回收款在 SPV 设立日便成了 SPV 资产，可以实现破产隔离；(2) 若封包期回收款在 SPV 设立日交付给作为 SPV 代理人的资产服务机构，且资产服务机构未开立单独的账户进行归集，考虑到金钱系种类物的属性，该部分回收款可能会与资产服务机构的自有资产相混同而无法识别，因此在交付给 SPV 之前无法实现破产隔离；(3) 若封包期回收款在 SPV 设立日交付给作为 SPV 代理人的资产服务机构，但资产服务机构开立了单独的账户进行归集的，是否能实现破产隔离请见本章第三部分的内容。

---

① 《资产证券化业务管理规定》第五条　因专项计划资产的管理、运用、处分或者其他情形而取得的财产，归入专项计划资产。因处理专项计划事务所支出的费用、对第三人所负债务，以专项计划资产承担。

专项计划资产独立于原始权益人、管理人、托管人及其他业务参与人的固有财产。

原始权益人、管理人、托管人及其他业务参与人因依法解散、被依法撤销或者宣告破产等原因进行清算的，专项计划资产不属于其清算财产。

（二）保证金质权的转移

在《民法典》出台前，关于保证金质权如何转移一直存有疑问，症结在于保证金占有的转移是否作为质权转移的必要条件。《民法典》的出台解决了这一难题：《民法典》第547条规定，“债权人转让债权的，受让人一并取得与债权有关的从权利，且不因该从权利未办理转移登记手续或者未转移占有而受到影响”。同时《担保制度司法解释》第70条的规定也删除了《担保法司法解释》规定的保证金“占有”要件，引入了“实际控制”作为公示方式。因此，保证金质权可以随着基础资产一并转移给SPV，无须办理其他的转移手续且无须转移占有，但需SPV实际控制入池保证金。

在资产证券化项目中，考虑到出质人的保证金账户大多开立在原始权益人处，便于原始权益人管理保证金、追踪出质人信息等因素，出于更高效、便利的目的，通常在交易文件中约定保证金的实质权利人是SPV，由原始权益人作为资产服务机构（SPV的代理人）继续代SPV占有和控制保证金，原始权益人需要按照交易文件的约定管理保证金，以保障SPV对保证金的“实际控制”权利。在发生需要划扣保证金以抵偿相应债务的情况时，由资产服务机构进行划扣，且所划扣的保证金款项作为回收款的一部分划付至SPV账户。

若发生资产服务机构无法正常管理保证金的情况，通常要求资产服务机构将保证金实际交付给SPV，例如部分资产证券化项目约定发生权利完善事件或资产服务机构丧失清偿能力事件后资产服务机构需要将保证金交付给SPV，但实际上保证金的交付可能存在一些障碍：（1）如发起机构为银行，保证金账户一般为债务人开立在发起机构处的专户，户名仍为债务人，只是由发起机构对账户进行控制。如保证金需交付至SPV，涉及保证金账户的重新开立，并可能需要委托开户行对该账户进行监管，可能产生额外的费用并需要债务人的配合。并且，如基础资产同时涉及多个保证金提供方，则开立多个保证金账户的操作过于烦琐，缺乏可操作性。（2）如将保证金转入SPV管理人开立的账户，由于SPV管理人一般而言只能给一个信托或专项计划开立一个专门账户，为 SPV 开立一个或多个独立的保证金账户，存在合规上的不确定性；如在 SPV 专户项下开立一个或多个保证金分账户，《担保制度司法解释》第 70 条第 2 款规定“在银行账户下设立的保证金分户，参照前款规定处理”为该种操作方式提供了效力依据，但保证金提供方是否同意，存有不确定性。

（三）保证金债权的转移

若保证金提供方向原始权益人交付的保证金未存入专户、未进行单独管理，很可能仅构成保证金债权，即原始权益人有权根据相关合同的约定扣划和使用保证金，以保障债权的安全，只不过原始权益人相较于其他债权人对保证金不享有法定的优先受偿权。[①] 原始权益人也可以将此部分保证金债权一并作为基础资产转移给 SPV。此时保证金的转移在法律安排上比保证金质权反而更为简单。

保证金债权的情形常见于融资租赁债权作为基础资产的项目中，保证金债权将作为租赁债权的附属担保权益一并转让给 SPV。由于保证金的管理方式受到的合同限制较小，原始权益人可以根据交易需求选择在 SPV 设立时即向 SPV 管理人交付基础资产涉及的保证金，或在发生权利完善事件等触发事件时再转移交付保证金。SPV 专户中一般会设置保证金分账户用于记录和管理保证金的收取、使用情况。

三、在资产支持证券存续期内，服务机构账户是否具有独立性和隔离效果?

在资产证券化实践中，从有利于基础资产管理、回收及节约交易成本等

① 从实际效果来看，如保证金交付给债权人后未进行特定化或专户管理，该等保证金往往存放于债权人账户中并与债权人的其他资金混同，保证金提供方将丧失对该等保证金的所有权，所以在涉及保证金提供方的其他诉讼纠纷中，该等资金被其他债权人发现并请求法院采取保全或执行措施的可能性较小。但在保证金提供方破产的情况下，该等资金可能被纳入保证金提供方的破产财产进行统一清算，导致保证金收取方对该等资金不享有优先受偿权。

角度考虑，通常约定由原始权益人担任资产服务机构，在SPV存续期间继续负责基础资产现金流的归集工作，并在约定的时间内统一转付至SPV账户，除非发生交易文件约定的触发事件而通知债务人直接还款至SPV账户。资产服务机构通常是以自己的名义开立银行结算账户进行基础资产回收款的收付。

上述资产服务机构代为收取现金流的安排，产生了代收款项与资产服务机构的破产隔离问题，即资产服务机构经营不善、银行账户被司法冻结或破产时，资产服务机构的债权人可否对账户内基础资产的回收款主张受偿？

（一）按照“占有即所有”的原则，账户名称通常被认定为判断账户内资金所有权的标准

由于货币是一种具有高度流通性、可替代性等特殊属性的种类物，按照民法学理“占有即所有”的原则，形成了当货币存放于银行账户，该账户的开立者即视为该货币的所有者的惯例。最高人民法院2020年修正的《执行异议规定》延续了2014年版本的规定，在第25条规定，“对案外人的异议，人民法院应当按照下列标准判断其是否系权利人：……（三）银行存款和存管在金融机构的有价证券，按照金融机构和登记结算机构登记的账户名称判断……”也就是在司法实践中，认定账户中资金所有权时，法院对于除专用账户之外的一般账户通常也会首先按照此逻辑进行认定，对于一般账户中的资金以账户的名称作为权属判断的重要依据，因为账户名称有最直观的公示效果。

例如，湖北省来凤县人民法院作出的（2018）鄂2827执异27号执行裁定书便直接以账户名称认定了资金的权利人。该案基本案情如下：案外人某证券公司根据“某电力上网收费权资产支持专项计划（二期）”（以下简称专项计划）的《计划说明书》《标准条款》《基础资产买卖协议》等专项计划文件设立专项计划，并代表专项计划使用募集资金购买了包括某绿色能源开发有限公司（作为被执行人，以下简称某绿色能源公司）的五家电厂由于从事生物质发电业务而享有的特定期间内对某电力有限公司（以下简称某电力公司）的电力上网收费权。根据《监管协议》约定，某银行北京分行对某

绿色能源公司监管账户 11×××02 进行监督，该账户存放的是来自某电力公司的应进电量收入。法院基于一份民事调解书冻结了被执行人某绿色能源公司在案涉账户内的存款 206, 257 元（实际冻结金额为 7345. 89 元）。法院依据《执行异议规定》第 25 条认为，账号为 11×××02 的账户户名为某绿色能源公司，该账户的权利人是某绿色能源公司而非案外人某证券公司……管理人某证券公司对于监管账户资金的执行异议主张不能成立。

又如，在最高人民法院作出的（2015）民申字第 1874 号民事裁定书中，天津某贸易公司委托大同某能源公司收取第三方履行民事调解书而应向天津某贸易公司支付的特定款项，调解书确定的收款账户为大同某能源公司的账户。另案中，大连某担保公司基于对大同某能源公司的债权，向大连市中级人民法院申请诉讼保全，冻结了涉案款项。最高人民法院在再审中认为，银行账户内的款项体现为一定的货币资金，而货币资金是具有高度流通性和可替代性的特殊种类物，采用“所有和占有一致”的一般原则，只有在满足特定条件的情况下，才能实现所有权和占有权分离状态。最高人民法院最终以“大同某能源公司是受天津某贸易公司的委托代为收取民事调解书项下的款项，但大同某能源公司对于款项进入其自身开立的账户时，并没有以任何技术形式对涉案款项进行公示以表明其特定化”否定了委托人天津某贸易公司对于账户资金所有权的主张。

另外，北京市第一中级人民法院在 2020 年 6 月 22 日作出的（2020）京 01 执异 21 号①执行裁定书中仍然坚持了以账户的名称为资金权属的判断依据的裁判思路，驳回了专项计划管理人的执行异议。该案与下文中重点分析的（2019）鄂 01 执异 786 号执行裁定书涉及的实际是同一资产支持专项计划的监管账户，但是两个法院作出了截然相反的裁定。

（二）在满足一定条件的情况下，账户资金所有权可以打破“占有即所有”的原则

最高人民法院在（2019）最高法执复 86 号②案例中认为：“货币属于种

① 该执行裁定的结果被下文中提及的（2021）京民终 704 号民事判决书变更。

② 最高人民法院执行裁定书，（2019）最高法执复 86 号。

类物，基于该特殊属性，对于货币一般遵循占有即所有的原则，即以占有状态确定货币的权利人。但占有即所有原则并非一概适用，在特定条件下，如存在部分货币可与占有者所有的货币不相混同等情形，则可不将其认定为占有者所有。”

广州市中级人民法院作出的（2019）粤01执异272号执行裁定书、武汉市中级人民法院作出的（2019）鄂01执异786号执行裁定书、北京市第四中级人民法院作出的（2020）京04执异97号执行裁定书，以及在《民法典》生效后作出的（2021）京0113执异14号执行裁定书、（2021）京0113执异47号执行裁定书、（2021）京民终704号民事判决书，均相继支持了资产证券化项目监管账户排除法院强制执行的隔离效果，使得资产证券化监管账户的资金不再被轻易划归原始权益人的自有财产范畴，这对增强投资者对资产证券化产品的信心以及投资者权益的保护都有着重大的意义。

在（2019）粤01执异272号执行裁定书中，案外人某证券公司对在申请保全人某融资租赁公司与被保全人某航空公司诉前财产保全一案（以下简称航空案）中冻结的某航空公司名下20000×××账户中103, 158, 202元的款项提出执行异议。某证券公司主张：裁定冻结的账户内资金系“BSP票款债权资产支持专项计划（以下简称专项计划）”所有，非被保全人某航空公司所有，不能作为某航空公司对外债务的责任财产，某证券公司与某航空公司签署的《基础资产买卖协议》合法有效，双方系债权转让关系，所转让的BSP票款债权转变为专项计划的基础资产；某航空公司系根据《服务协议》代为收取基础资产回款，基础资产现金流属于委托方专项计划，某航空公司对其名义下的监管账户资金无所有权。请求撤销（2019）粤01执保36号之八协助执行通知书，解除对某航空公司20000×××账户金额103, 158, 202元的冻结。

在（2019）鄂01执异786号执行裁定书中，案外人某证券公司对某信托公司与某租赁公司借款合同纠纷诉讼保全一案（以下简称租赁案）提出执行异议。某证券公司主张：账号为79×××72的银行账户（以下简称涉案账户）虽为某租赁公司开立，但该账户实为某资产支持专项计划的资金归集以及监管账户，账户内的资金已在冻结前作为整体资产转让给某证券公司，某证券公司系涉案账户内资金的实际所有权人和占有人；某租赁公司作为资产服务机构，不具备支取、转移账户内资金的权利，仅具有协助资金归集及划转的义务。请求撤销（2018）鄂01民初4700号之二民事裁定书、（2019）鄂01执保15号之四协助执行通知书，解除对涉案账户的冻结。（2021）京民终704号案例与该案涉及同一资产支持专项计划，具有高度相似性，此处不再赘述。

在（2020）京04执异97号执行裁定书中，案外人某证券资产管理公司对某信托公司与某房地产公司金融借款合同纠纷一案（以下简称地产案）提出执行异议。某证券资产管理公司主张：涉案账户虽为某房地产公司开立，但该涉案账户实为某资产支持专项计划的资金归集以及监管账户，账户的所有权及账户内的资金已在冻结前作为整体资产转让给案外人，案外人系涉案账户的实际所有权人和占有人。根据《买卖协议》《服务协议》《监管协议》的约定，某房地产公司开立涉案账户，专项作为已转让给案外人的租金收益的资金归集账户，由北京银行某支行作为监管银行负责账户内资金的监管及划转。某房地产公司开立涉案账户的身份系专项计划的资产服务机构，其不具备支取、转移账户内资金的权利，仅具有协助资金归集及划转的义务，基础资产所产生的现金流回款的所有权应由案外人享有。根据《民事诉讼法》《执行异议规定》等规定，案外人请求法院依法解除涉案账户的冻结。

在（2021）京0113执异14号及（2021）京0113执异47号执行裁定书中，案外人某证券公司对法院执行某环境局与某环保公司某行政裁定书一案（以下合称环保案）提出执行异议，某证券公司主张：涉案账户为收取污水处理费的专项计划监管账户。异议人认为，某环保公司已将基础资产（污水处理服务收费收益权）转让给专项计划，监管账户中的资金系基于基础资产所得的水费，均属于专项计划所有，而并非某环保公司的财产。法院错误冻结账户内资金的行为，损害了异议人代表的专项计划的合法权益。故请求立即解除对涉案账户内资金的冻结措施。

在上述案例中，法院主要从以下四个方面进行了分析：

（1）监管账户开立的目的/用途及账户资金的来源。在航空案中，广州市中级人民法院认为涉案被冻结账户是为专项计划所设立的监管账户，专门用于归集基础资产产生的BSP净收入的人民币资金账户；被冻结账户中的款项来源于专项计划所购买的特定期间BSP票款债权所产生的BSP客票销售净收入。在租赁案中，武汉市中级人民法院认为监管账户是某租赁公司基于《监管协议》用于归集基础资产产生的回收款的人民币资金账户，其资金来源为某租赁公司根据《买卖协议》已经转让给计划管理人但作为资产服务机构受托管理的基础资产所产生的回收款。在地产案中，北京市第四中级人民法院认为根据案外人提交的《买卖协议》《监管协议》《服务协议》《标准条款》《交割确认函》等证据材料，足以认定涉案账户虽为某房地产公司开立，但涉案账户实为作为资产服务机构的某房地产公司在监管银行处开立的监管账户，专项用于归集购房尾款。在环保案中，北京市顺义区人民法院认为根据某证券公司提交的《买卖协议》《监管协议》《交割确认函》等证据，足以证明涉案账户虽然是某环保公司开立，但实为作为资产服务机构的某环保公司在监管银行开立的监管账户，专门用于归集污水处理费。

（2）基础资产的权益已转移至专项计划。在上述案例中，法院的裁判思路相似，均根据买卖协议的约定、购买基础资产对价支付的凭证/支付认购资金的付款凭证、交割确认函等材料以及相关的法律法规，认为基础资产的权益已转移至专项计划。

（3）未简单根据账户名称确认账户资金的所有权，而是通过其他证据确认了计划管理人对监管账户内资金的所有权，且该权利能够排除强制执行。在航空案中，法院根据《资产证券化业务管理规定》第5条、第8条的规定及专项计划、《服务协议》、《监管协议》的约定，认定资产专项计划是根据相关法律法规设立的特殊目的载体，其资产经特定化具有独立性……涉案监管账户虽以某航空公司的名义在监管银行开立，但该账户设立为专项计划资产管理所需，其款项来源于专项计划已受让的基础资产，该账户内的资金应归属于专项计划，独立于原始权益人某航空公司。某证券公司作为专项计划的管理人，其代表专项计划资产支持证券持有人，对涉案被冻结款项享有足以排除强制执行的权益。在租赁案中，法院也认为，虽然《执行异议规定》第25条第1款第3项规定人民法院对于案外人就银行存款提出的执行异议，应当按照金融机构登记的账户名称判断其是否为权利人，但“资金是种类物，具有流通性，在特定条件下，则不能简单适用‘登记主义’来判断案外人对涉案账户资金是否享有排除执行的权利”。法院通过论证相关监管账户系基于专项计划的《买卖协议》和《监管协议》而开立，且账户内资金系某租赁公司作为该项目的资产服务机构归集和汇入的基础资产产生的回收款，从而认定该账户内资金已被特定化，某证券公司主张其对涉案账户内资金享有的所有权具备合法性和真实性的形式要件，能够排除执行。在地产案、环保案中，法院基本也采用了类似的论证思路。

（4）是否具有其他的公示外观。在租赁案中，法院还考虑了“就该项目的转让以及转让资产的内容，已向中国人民银行的征信系统进行了登记，具有对外公示的效力”，但法院是否认为该应收账款的转让登记可以视为监管账户本身的公示，不甚明确。类似地，在（2020）京0113执异339号[①]案例、地产案及环保案中，法院均将异议人以应收账款转让为交易业务类型在中登网办理的动产权属统一登记，作为异议人系涉案账户内资金权利人，对涉案账户内资金享有的权益足以排除执行的理由之一。

（三）证券化监管规定对资金归集和监管的要求

在信贷资产证券化交易中，由于发起机构/资产服务机构均为金融机构，信用状况较好，监管规定或实务操作中并未要求对资产服务机构收取或归集基础资产回收款的账户实施监管，而主要通过回收款转付频率的改变缓释混同风险。《金融机构信贷资产证券化试点监督管理办法》第38条规定：“……证券化资产应当单独设账，与贷款服务机构自身的信贷资产分开管理。不同信贷资产证券化交易中的证券化资产也应当分别记账，分别管理。”这一规定明确了资产服务机构应避免资产混同的基本原则。

① 北京市顺义区人民法院执行裁定书，（2020）京0113执异339号。

在企业资产证券化交易中，出于对资产服务机构混同风险和挪用资金风险的顾虑，常常会设置账户监管机制。2017~2018年，两大交易所针对应收账款和融资租赁资产发布的资产支持证券挂牌条件确认指南对基础资产回收款的归集、转付、账户监管事宜进行了详细规定。例如，《深圳证券交易所融资租赁债权资产支持证券挂牌条件确认指南》第13条第2款规定："基础资产现金流应当由债务人直接回款至专项计划账户，难以直接回款至专项计划账户的，应当直接回款至专项监管账户。专项监管账户资金应当与原始权益人的自有资金进行有效隔离，禁止资金混同或挪用。特殊情形下，基础资产现金流难以直接回款至专项计划账户或专项监管账户的，管理人应当充分披露基础资产现金流未能直接回款至专项计划账户或专项监管账户的原因和必要性，揭示资金混同或挪用等风险，并设置相应的风险缓释措施。"

在总结实践经验的基础上，2022年12月30日发布的《上交所挂牌确认指引2号》在第2.2.7条对专项监管账户的管理提出了进一步的要求，即"原始权益人、管理人和专项监管账户开户行等应当共同签订资金监管协议明确各自监管职责，管理人应当能够实时监测专项监管账户资金流入流出情况。专项监管账户资金原则上仅可划出至专项计划账户；根据专项计划约定确需用于原始权益人日常运营支出的，资产划出应当经管理人同意"。该等要求实际上明确了管理人应对专项监管账户进行控制，且专项监管账户的资金应专款专用，避免混同，以有利于确认管理人对专项监管账户内资金的所有权。

（四）小结

结合上述相关案例和监管规则，笔者总结出以下服务机构账户应当尽可能满足的四个特征，以使得在发生争议时SPV主张其为资金所有权人的诉求能够得到支持。

1. 账户内资金特定化，该账户仅用于向SPV转付基础资产项下的回收款，用途具有特定性。例如，在资产证券化项目中，《监管协议》通常会约定"除专项计划文件另有约定外，资产服务机构如下相关货币资金收支活动，包括但不限于……与基础资产回收款相关的款项，均须通过监管账户进行”，“除专项计划文件另有约定外，在监管期间，仅以监管账户作为其接收并归集与基础资产项下回收款相关款项的账户，不得以监管账户及/或监管资金向任何第三方提供担保”。也就是说，服务机构账户内的资金具有封闭运行的特点，从该账户的开立目的、资金来源、流转过程来看，账户具备“专款专户专用”的特征，并与资产服务机构的其他资金相区别。

2. 资产已真实出售，即基础资产确实已经转让给 SPV。注意在资产买卖协议中明确约定基础资产所有权及相关权益的转移问题，完成基础资产购买价款的支付，从而为 SPV 通过监管协议锁定监管账户资金提供基础。

3. SPV 对于账户及账户内资金具有完全的控制权。在资产证券化的交易文件中应当强调资产服务机构对回收款履行的仅是代收代付职责，不能代为行使所有者的权利。例如，在《监管协议》或其他账户开立文件中对资产服务机构的权限进行限制，包括未经 SPV 同意不得对资金进行支用、划转或其他任何处分，不得单方面开通除查询以外的其他网上银行功能，不得增加、改变或撤销监管账户等。

4. 账户内资金的归属具有公示的外观。如上所述，司法实践中虽然并未明示转让登记可以视为监管账户本身的公示，但可以作为资产已由资产服务机构转移至 SPV 的公示外观，在一定程度上可以证明资产所产生的资金应当属于 SPV。

第八章　信托登记与破产隔离

关于信托登记制度，本书第五章已经进行了较为详细的论述，并得出四个基本判断：

1. 信托登记制度在设立信托阶段和信托存续阶段均应予以适用。因此，如果在信贷资产证券化和企业资产证券化中，投资者与SPV管理人之间都认定为信托法律关系，则在信贷资产证券化和企业资产证券化中，都应当关注信托登记制度的应用。

2. 我国《信托法》规定的信托登记制度并非严格意义上的登记生效主义。《信托法》第10条并未规定信托当事人“依法办理信托登记”后的法律后果，也未规定办理信托登记是信托的生效条件。因此，当事人约定的信托生效条件已经满足，若不存在其他效力瑕疵事由，即应对信托的效力予以认可。

3. 信托不发生效力的法律后果适用于“应当补办而不补办”的情形。《信托法》为信托当事人设定了一项补办信托登记的义务；如果（逾期）仍不补办，则信托自始不发生效力。在补办登记的过渡期内，基于维护交易秩序的目的，若不存在其他效力瑕疵事由，同样应对信托的效力予以认可。

4. “有关法律、行政法规规定应当办理登记手续”的财产所需办理的登记手续区分为效力性规定登记和管理性规定登记。信托登记中“应当办理登记手续”的规定包括效力性规定，但“应当办理登记手续”的规定是否包括管理性规定则存在疑问。

从本书第三章到第七章的论述来看，大部分资产证券化业务的基础资产均不是法律、行政法规规定应当办理登记手续的财产。如果法律、行政法规规定拟设立信托的财产需要进行登记仅是管理性规定，那么，信托财产进行登记的法律效力尚未明确，而信托财产未做登记的法律后果也有待明确。进一步而言，如果法律、行政法规规定设立信托的财产不需要办理登记手续，那么，信托登记又有何效力呢？本章进一步从信托登记制度对资产证券化的整体影响的角度作一些延伸分析。

一、信托登记的定义

关于信托登记的内涵，当前学术界主要有四种观点。第一种观点“物权登记说”主张将信托登记置于物权登记理论的框架内讨论；第二种观点“产品登记说”指将信托产品的各种要素向登记机构报备；第三种观点“二重登记说”认为信托登记是将物权登记制度运用于信托法领域，并根据信托特点而有所发展的登记制度，包含公示物权的登记和公示财产上存在信托关系的登记；第四种观点“独立登记说”认为信托登记是指通过专门的登记向社会公示有关财产之上存在法律关系的登记。①

鉴于信托法律关系与物权法律关系的区别，信托登记与物权登记也有所区别。物权关系体现的是人作为主体，对作为客体的物的直接和排他的权利；信托关系中存在委托人、受托人、受益人三个主体，信托财产独立于委托人、受托人、受益人三方的固有财产，但是受托人享有为受益人的利益管理、运用信托财产的权利，受益人享有请求受托人以信托财产为限向其分配信托利益的权利，信托关系中对于信托财产的支配权与收益权是分离的，受托人作为信托财产的名义所有权人，可以代表信托进行相应的法律行为，但其支配信托财产的权利受到信托目的和受益人利益的限制。由于现代意义上的信托制度源于英美的衡平法传统，英美法系下的双重所有权②制度与大陆法系传统法律理论不相匹配。因此，信托登记无法完全纳入物权登记的制度框架内，而应该是一项区别于物权登记的、反映财产之上信托关系的独立登记。

① 参见徐刚：《信托登记制度研究》，法律出版社 2018 年版，第 14-17 页。

② “在英美法系下，信托财产上存在双重所有权，即受托人享有的普通法上的所有权和受益人享有的衡平法上的所有权，这种形式与实质并存的双重所有权结构是信托制度能够实现其价值的根本。一旦信托设立即意味着双重所有权的分离，受托人需依信托契约而为受益人的受益权管理信托财产，在自身利益与信托利益相悖时，首先保障受益人的利益。另外，发生信托纠纷时，法官会在单个案件中根据追求衡平的自由心证予以裁判，从而在纠纷各方之间寻求权益的平衡。”参见徐刚：《信托登记制度研究》，法律出版社 2018 年版，第 17-18 页。

二、信托登记制度的域外法经验

（一）英美法系项下缺乏独立的信托登记制度

由于信托发源于英国16世纪的土地用益制度，英国信托法的相关规定多见于土地登记制度以及法院判例，如依照英国《土地登记规则》，已登记土地的受托人必须向登记机关申请对该信托土地进行限制性登记，同时，登记机关也可以依职权登记。限制性登记保障土地的买受人在进行土地交易时可以按照限制性条件而登记为土地产权的受益人。如果当事人对于限制性登记的效力未进行登记，则该信托权益不能对抗有偿交易的第三人。根据英国《1925年财产法》第53条规定，有关土地或土地权益的信托，必须由某个有能力宣布该信托的人签署的书面文件或者其遗嘱，加以表明和证明，不用登记制度进行公示。对于动产信托的设立，并未要求必须是书面形式或书面证据。①

而在美国，受托人具有标注信托财产的义务，以使受托人能准确地处分信托财产、确定受益人的受益权和信托利益的内容与范围，同时，通过对信托文件进行登记以公示信托关系。信托财产是否应当履行登记手续，仅需要受托人以“可实行性的限度内”为基准，在自己能力范围内决定是否需要办理登记手续。英美法系对私益信托的登记没有强制规定，仅限定公益信托应进行信托登记。② 美国的该等信托财产标注制度，主要是为了保护第三人利益的同时明确受托人的权限，与上文所称的严格信托登记制度有所不同。

由此可见，英美法系项下不存在独立的信托登记制度。

（二）大陆法系的信托登记制度

大陆法系对信托制度进行本土化较为成功，如日本、我国台湾地区等，

---

① 参见王建文、郭逸霏：《我国信托登记制度完善的法律路径》，载《行政与法》2017年第11期。

② 参见王建文、郭逸霏：《我国信托登记制度完善的法律路径》，载《行政与法》2017年第11期。

在物权登记框架内增设了专用于信托的登记机制，同时登记效力模式采用信托登记对抗主义，即未进行信托登记不影响信托的设立与生效，但无法对抗善意第三人。

2006 年《日本信托法》第 14 条规定，“如果某项财产的权利取得、丧失或者变更须经登记方可对抗第三人，则同样不得仅以该财产属于信托财产对抗第三人，除非该财产已经信托登记”，这种立法例与日本民法对物权取得、丧失及变更采登记对抗主义的规定是一致的①。在日本，如以不动产、特殊动产等登记才能产生对抗效力的财产设立信托，除了办理物权登记外，还需办理信托的公示及登记，二者适用同一文件和同一程序。② 因此，“如系以此等应登记或注册始生效或发生对抗效力的财产权设立信托时，其不仅应践行登记或注册的手续，使该处分行为生效或发生对抗效力，同时尚必须践行信托登记的程序”③。

“在登记效力上，我国台湾地区同样采取登记对抗主义，并在‘土地登记规则’中增加‘信托登记’专章，除了应当在相应权利登记簿记载之外，还增添了详细内容见信托专簿的规定，形成了土地登记簿与信托专簿的双簿制度。”就不动产权的登记而言，“不动产信托财产登记与因信托而产生的财产权登记是同时进行的，其没有统一信托登记机构，信托登记的主体通常为财产权登记或注册的登记机构”④。但值得注意的是，我国台湾地区“民法”对不动产物权采登记生效主义，而对不动产的信托登记采对抗主义，这与日、韩等国有所不同。⑤

---

① 参见季奎明：《中国式信托登记的困境与出路——以私法功能为中心》，载《政治与法律》2019 年第 5 期。

② 参见季奎明：《中国式信托登记的困境与出路——以私法功能为中心》，载《政治与法律》2019 年第 5 期。

③ 王志诚：《信托法》，台北，五南图书出版股份有限公司 2009 年版，第 121 页。转引自徐刚：《信托登记制度研究》，法律出版社 2018 年版，第 27 页。

④ 王建文、郭逸霏：《我国信托登记制度完善的法律路径》，载《行政与法》2017 年第 11 期。

⑤ 参见季奎明：《中国式信托登记的困境与出路——以私法功能为中心》，载《政治与法律》2019 年第 5 期。

三、信托登记制度的功能

如上文所说，信托制度发源于英美衡平法传统，因大陆法系不存在双重所有权的概念，信托制度在移植至大陆法体系的过程中，与大陆法的一些传统法理，如一物一权原则，存在冲突。基于此，信托登记制度是信托在大陆法系项下充分发挥其制度作用的关键一环。

信托登记制度的功能主要包括以下几个方面：

1. 维护信托财产的独立性

信托设立中关键的一环即信托财产的交付，财产权从委托人移转至受托人，受托人依据信托相关法律法规及信托文件管理、运用、处分信托财产，信托财产的独立性主要依据法律法规的规定及信托文件的约定保障。而信托文件通常不为外部所知，其中关于信托目的，受托人运用、管理信托财产的权限，信托财产的具体范围，受益人的权益范围等，在受托人与第三人进行交易时，第三人常常无从得知，受托人违反信托目的处分信托财产的，由委托人或受益人根据《信托法》的规定行使撤销权，并要求受托人恢复原状或赔偿损失，但如信托财产的受让人为善意第三人，则无法要求其返还信托财产。而如果通过信托登记实现信托财产的权属及信托关系的公示，第三人在交易前即可通过查询得知信托财产之上的信托关系，提高了第三人的注意义务，使得第三人在交易前更谨慎。同时，通过信托登记进行公示，对受托人形成了一种外部监督，进而更有利于保障信托财产的独立性。

2. 提高交易效率，维护交易安全

如上述第一点所述，信托登记使得第三人能更便捷地了解交易标的上的权属及法律关系，降低了其进行交易前尽职调查的时间和成本，有利于提高交易效率。此外，信托登记使得信托财产上的法律关系明晰化，也可减少受托人违反信托目的与第三人交易后而被撤销的风险。

3. 便于金融监管

信托是金融板块中一个重要的组成部分。在大资管的背景下，信托登记能使得金融监管机构掌握相关数据，有效制定调控政策。除了信托业监管外，信托登记数据还可横向用于不动产监管、税收监管、反洗钱等其他主管部门，促进宏观政策由点到面的综合调控。[①] 以税收管理为例，根据信托税收主体的导管理论，信托被普遍视为委托人向受益人进行财产输送的“管道”，信托不被视为独立的纳税主体，纳税义务应主要由受益人承担。从实质上看，信托受益人通过信托利益分配的方式享受信托财产，即属于信托财产的“实质所有权”人。从税收公平的角度来看，也应该对信托受益人进行征税。[②] 税收主管机关可通过掌握财产权利转移登记及信托登记的情况，明确纳税义务主体对其进行监管，起到合理分配税负、落实国家税收权力的实质目标。这点在我国建立全国性信托登记机构意图加强对信托业监管的大背景下更为突出。[③]

四、信托登记制度的建立与扩大

（一）我国信托登记制度现状

1.《信托法》第10条

《信托法》第10条规定：“设立信托，对于信托财产，有关法律、行政法规规定应当办理登记手续的，应当依法办理信托登记。未依照前款规定办理信托登记的，应当补办登记手续；不补办的，该信托不产生效力。”该条就信托财产的登记进行了原则性规定，但是由于缺乏配套的操作细则，登记申请主体、登记部门不清，无法与财产登记制度对接等问题，实践中尚缺可操作性。

2. 上海信托登记中心

2006年6月，中国银监会批准设立全国首家信托登记机构——上海信托登记中心。上海信托登记中心对信托的登记分为两部分：信托信息的登记和信托财产的登记，其中信托信息的登记包括受托人名称、信托资金的用途、

---

① See Marco Rossi, *Italy's New Disclosure Rules for Trusts*, 73 Tax Notes International, Vol. 81, 2016, p. 74. 转引自徐刚：《信托登记制度研究》，法律出版社2018年版，第80页。

② 参见韩良：《我国民事信托税收法律制度的构建》，载《政法论坛》2023年第3期。

③ 参见徐刚：《信托登记制度研究》，法律出版社2018年版，第80页。

信托计划的规模、受益人的个数、信托的起止时间等，对信托信息登记的条件是受托人提交了中心规定的全部文件且文件内容符合法律、法规的要求；信托财产的登记包括有权属财产的登记和无权属财产的登记[①]。但由于上海信托登记中心的区域局限性，且缺乏明确的关于其登记效力的法律依据，上海信托登记中心未能实现信托登记制度的真正价值与功能。[②]

3. 中国信登

2016 年 12 月 26 日，作为经国务院同意、由中国银监会批准设立并由其实施监督管理，现由国家金融监督管理总局直接监督管理、提供信托业基础服务的会管非银行金融机构的中国信登对外宣告成立[③]。根据 2017 年 9 月 1 日实施的《信托登记管理办法》第 9 条规定，信托登记信息包括信托产品名称、信托类别、信托目的、信托期限、信托当事人、信托财产、信托利益分配等信托产品及其受益权信息和变动情况。由中国信登进行的前述信息登记更类似于一种信托产品信息的汇总登记，而非第一部分意义上的信托登记，也非《信托法》第 10 条规定的信托登记。

（二）理论建议

目前理论界关于中国信托登记制度建设的主要建议如下：

1. 信托登记效力模式应采用登记对抗主义

理论界大多主张将我国目前采用的信托登记生效主义改为信托登记对抗主义。一方面，信托登记对抗主义能充分尊重信托主体的自由意志，减少国家公权力不必要的干预，更好地平衡各方利益及实现信托的价值目标，兼顾交易安全与交易效率、静态利益与动态利益。另一方面，信托登记对抗主义是继受信托制度的大陆法系国家普遍采取的原则，是当今国际立法趋势。[④]

---

① 参见汤淑梅：《信托制度的构建》，载《法学杂志》2008 年第 6 期。

② 参见徐刚：《信托登记制度研究》，法律出版社 2018 年版，第 165-169 页。

③ 参见中国信托登记有限责任公司公司简介，载中国信托登记有限责任公司网 2022 年 5 月 3 日，http：//www. chinatrc. com. cn/aboutus/summary/index. html。

④ 参见徐刚：《解释论视角下信托登记的法律效力》，载《东方法学》2017 年第 6 期。

2. 应登记的信托财产范围应进行限定

目前《信托法》第 10 条规定应办理信托登记的范围系"有关法律、行政法规规定应当办理登记手续的"信托财产，但是我国法律体系中，各类财产、财产权办理登记的效力模式不同，如不动产为登记生效主义，特殊动产如机动车、船舶等为登记对抗主义，股权等为登记对抗主义。本条规定的应办理登记手续的信托财产系指所有应办理登记手续的财产还是仅指权属变更以登记为生效要件的财产，存在不确定性。如前文第五章第二部分中有关"股权信托"中信托登记对信托效力影响的分析，就股权而言，股权转让不以办理工商变更登记为生效要件，工商变更登记属于管理性登记，股权信托不因未办理信托登记而无效，应当在信托登记的财产范围中予以明确。

信托登记的财产范围应围绕信托登记制度的价值定位确定，根据各类财产、财产权进行登记的不同目的及价值取向，同时平衡操作可行性及交易效率，限定信托登记的财产范围。例如，股权的工商登记要求，承载了行政管理的功能，在能有效实现信托财产独立性效果的前提下，考虑到操作的效率及可行性，可以同时进行信托登记。

3. 具体登记方式

信托关系是一种复合法律关系，包括债权关系与物权关系，且如上文所述，信托登记与物权登记存在种种不同，信托登记与信托财产权属变更的登记存在联系而又有所不同。参考我国台湾地区的相关规定，就不动产等权属变更需办理登记的财产进行信托时，信托财产权属转移的物权登记与表征信托关系和信托财产独立性的信托登记在同一程序中进行，但在登记部门保管的登记簿中分别记录为两项独立而又关联的记录。因此，理论界多主张参照日本及我国台湾地区的经验，将物权登记与信托登记有机结合起来。

五、信托登记对证券化制度的影响

（一）信托登记制度是保障信托破产隔离效果的重要环节

信托作为 SPV 在资产证券化交易中极其普遍，如前文所述，信托登记制度能在外观上将信托财产和信托当事人的固有财产区分开来，信托关系外的第三人可以信赖完善的信托登记制度体系下的信托登记，在证券化项目中的交易参与方破产时，具有公示及公信力的信托登记证明能够成为信托财产与该等破产人一般责任财产区分开来的有力证据。

（二）完善的信托登记制度有利于扩充证券化的资产类型

由于信托登记制度的缺位，当前以不动产作为信托财产设立信托在实务中难以实现。一方面，如前文所述，由于大陆法系无双重所有权的概念，受托人在不动产上的“所有权”与当前我国物权登记中能实现公示的所有权不同，并且不动产登记部门基本无法办理以某信托为权利主体的权属登记，物权登记无法满足不动产信托的公示要求；另一方面，在当前税收政策下办理不动产转移给受托人的物权登记，受托人将面临巨额所得税负担。因此，建立独立的信托登记制度，有利于扩充作为信托财产的资产类型，由此扩展到其他类信托的实体作为 SPV 的证券化交易中，将对证券化业务的长远发展及与国际接轨产生积极影响。

第九章　原始权益人的突然破产与接管

虽然资产证券化交易中设置了很多的风险缓释措施（不包括增信措施），但是这些风险缓释措施进一步面临风险和威胁，即原始权益人“突然”破产风险。该风险具体是指，在原始权益人“突然”破产的极端情况①下，这些风险缓释措施是否可以起到预期效果的风险。

一、金融机构接管的制度价值

金融机构的接管，是指金融监管机构依法对经营陷入困境的金融机构指派接管组接收，对其行使经营管理权，保障其原有业务正常合规运行、控制经营风险的监管措施，旨在恢复金融机构正常经营能力，使其重新达到审慎监管要求，或保存金融机构的现存价值从而便于出售、合并或者清算。作为一种对金融机构的行政强制措施，接管可以迅速处置问题金融机构，从而防止金融风险的传播，稳定金融体系，因此在各国金融机构危机处置的立法及实践操作中均得到了普遍的认可和运用。

（一）金融机构接管的制度体系

金融企业具有不同于一般商事企业的特殊性，我国已经建立了问题金融机构接管的法律框架体系：《商业银行法》对商业银行接管制度作了规定，涵盖接管条件、目标、实施程序、组织、期限、终止等；《银行业监督管理法》再次重申接管制度，并进一步扩大了接管的对象，中国人民银行和/或国家金融监督管理总局（国务院金融监督管理机构）不仅可以对商业银行、信用合作社等银行业金融机构实施接管，还可对金融资产管理公司、信托投资公司、财务公司、金融租赁公司等金融机构进行接管；《信托公司管理办法》《证券法》《保险法》分别规定了对信托公司、证券公司和保险公司的接管制度；《金融租赁公司管理办法》和《企业集团财务公司管理办法》等亦

① 例如，在邹平电力破产重整案中，2017 年 4 月，邹平县电力集团有限公司（以下简称邹平电力）、邹平铝业有限公司（以下简称邹平铝业）分别与专项计划管理人签订抵押合同，以担保邹平电力对专项计划差额补足义务的履行。2017 年 8 月 1 日，邹平县人民法院裁定受理邹平电力、邹平铝业的破产重整申请。

规定了其他金融机构接管的内容。

在我国现行法律框架下，关于问题金融机构接管的相关具体规定见表 9-1。

表 9-1　关于问题金融机构接管的相关规定

法规名称	法规内容
《企业破产法》（主席令第 54 号）	第一百三十四条第一款　商业银行、证券公司、保险公司等金融机构有本法第二条规定情形的，国务院金融监督管理机构可以向人民法院提出对该金融机构进行重整或者破产清算的申请。国务院金融监督管理机构依法对出现重大经营风险的金融机构采取接管、托管等措施的，可以向人民法院申请中止以该金融机构为被告或者被执行人的民事诉讼程序或者执行程序。
《商业银行法》（主席令第 34 号）	第六十四条　商业银行已经或者可能发生信用危机，严重影响存款人的利益时，国务院银行业监督管理机构可以对该银行实行接管。 接管的目的是对被接管的商业银行采取必要措施，以保护存款人的利益，恢复商业银行的正常经营能力。被接管的商业银行的债权债务关系不因接管而变化。
《银行业监督管理法》（主席令第 58 号）	第二条第二款　本法所称银行业金融机构，是指在中华人民共和国境内设立的商业银行、城市信用合作社、农村信用合作社等吸收公众存款的金融机构以及政策性银行。 第二条第三款　对在中华人民共和国境内设立的金融资产管理公司、信托投资公司、财务公司、金融租赁公司以及经国务院银行业监督管理机构批准设立的其他金融机构的监督管理，适用本法对银行业金融机构监督管理的规定。 第三十八条　银行业金融机构已经或者可能发生信用危机，严重影响存款人和其他客户合法权益的，国务院银行业监督管理机构可以依法对该银行业金融机构实行接管或者促成机构重组，接管和机构重组依照有关法律和国务院的规定执行。
《外资银行管理条例》（国务院令第 720 号）	第五十九条　外资银行营业性机构已经或者可能发生信用危机，严重影响存款人和其他客户合法权益的，国务院银行业监督管理机构可以依法对该外资银行营业性机构实行接管或者促成机构重组。

续表

法规名称	法规内容
《信托公司管理办法》(银监会令 2007 年第 2 号)	第五十五条 信托公司已经或者可能发生信用危机，严重影响受益人合法权益的，中国银行业监督管理委员会可以依法对该信托公司实行接管或者督促机构重组。
《证券法》(主席令第 37 号)	第一百四十三条 证券公司违法经营或者出现重大风险，严重危害证券市场秩序、损害投资者利益的，国务院证券监督管理机构可以对该证券公司采取责令停业整顿、指定其他机构托管、接管或者撤销等监管措施。
《保险法》(主席令第 26 号)	第一百四十四条 保险公司有下列情形之一的，国务院保险监督管理机构可以对其实行接管： (一) 公司的偿付能力严重不足的； (二) 违反本法规定，损害社会公共利益，可能严重危及或者已经严重危及公司的偿付能力的。 被接管的保险公司的债权债务关系不因接管而变化。

(二) 案例：包商银行因严重信用风险被接管

包商银行股份有限公司（以下简称包商银行）成立于 1998 年 12 月，其前身是包头市商业银行，2007 年 9 月更名为包商银行。多年来，“明天系”逐步实现对包商银行的控股，并且长期占用资金，无法归还，导致包商银行的不良资产不断增加。2017 年开始，包商银行的风险逐步暴露，评级公司下调包商银行主体评级展望，包商银行同业融资能力大幅下降，资金头寸严重不足，流动性风险一触即发。

2019 年 5 月 24 日，中国人民银行、中国银保监会联合发布公告，鉴于包商银行出现严重信用风险，决定自该日起对包商银行实行接管，接管期限一年[①]；接管期间，包商银行股东大会、董事会、监事会停止履行职责[②]，

---

① 参见《中国人民银行 中国银行保险监督管理委员会关于接管包商银行股份有限公司的公告》，载中国人民银行网 2019 年 5 月 24 日，http：//www.pbc.gov.cn/goutongjiaoliu/113456/113469/3834025/index.html。

② 参见《内蒙古银保监局关于包商银行股份有限公司股东大会、董事会、监事会停止履职的公告》，载国家金融监督管理总局网 2019 年 7 月 18 日，http：//www.cbirc.gov.cn/branch/neimenggu/view/pages/common/ItemDetail.html？docId=227466&itemId=1886&generaltype=0。

接管组全面行使包商银行的经营管理权，并委托中国建设银行股份有限公司托管包商银行业务。2020 年 5 月 23 日，包商银行接管组发布公告称接管期限延长六个月，至 2020 年 11 月 23 日止。[①] 接管后，包商银行正常经营，包括个人理财业务在内的各项业务均不受影响，原有合同继续执行，无须重签。[②]

2020 年 4 月 30 日，蒙商银行股份有限公司（以下简称蒙商银行）正式成立并开业；同日，接管组发布《关于包商银行股份有限公司转让相关业务、资产及负债的公告》，包商银行将相关业务、资产及负债分别转让至蒙商银行和徽商银行股份有限公司（以下简称徽商银行）[③]，并且原个人存款、对公存款和同业负债客户及相关权利人的各项权利及业务办理均不受影响[④]。存款保险基金根据《存款保险条例》第 18 条的规定，向蒙商银行、徽商银行提供部分资金支持并分担原包商银行的资产减值损失，促成蒙商银行、徽商银行顺利收购承接相关业务并平稳运行。[⑤]

2020 年 11 月 12 日，中国银保监会作出《关于包商银行股份有限公司破产的批复》（银保监复〔2020〕776 号），原则同意包商银行进入破产程序。[⑥] 2021 年 2 月 7 日，北京市第一中级人民法院作出（2020）京 01

---

① 参见《关于延长包商银行股份有限公司接管期限的公告》，载国家金融监督管理总局网 2020 年 5 月 23 日，http://www.cbirc.gov.cn/cn/view/pages/ItemDetail.html?docId=906042&itemId=925&generaltype=0。

② 参见《中国人民银行 中国银行保险监督管理委员会新闻发言人就接管包商银行问题答记者问》，载国家金融监督管理总局网 2019 年 5 月 25 日，http://www.cbirc.gov.cn/cn/view/pages/ItemDetail.html?docId=219490&itemId=915&generaltype=0；《中国人民银行、中国银行保险监督管理委员会负责人就接管包商银行问题答记者问》，载国家金融监督管理总局网 2019 年 5 月 24 日，http://www.cbirc.gov.cn/cn/view/pages/ItemDetail.html?docId=219416&itemId=915&generaltype=0。

③ 参见《关于包商银行股份有限公司转让相关业务、资产及负债的公告》，载国家金融监督管理总局网 2020 年 4 月 30 日，http://www.cbirc.gov.cn/cn/view/pages/ItemDetail.html?docId=901933&itemId=925&generaltype=0。

④ 参见《包商银行接管组关于蒙商银行成立答〈金融时报〉记者问》，载国家金融监督管理总局网 2020 年 4 月 30 日，http://www.cbirc.gov.cn/cn/view/pages/ItemDetail.html?docId=901940&itemId=915&generaltype=0。

⑤ 参见中国人民银行货币政策分析小组：《中国货币政策执行报告》（2020 年第二季度）专栏 3 “包商银行风险处置回顾”，第 22 页。

⑥ 参见《关于包商银行股份有限公司破产的批复》，载国家金融监督管理总局网 2020 年 11 月 23 日，http://www.cbirc.gov.cn/cn/view/pages/ItemDetail.html?docId=944398&itemId=4110&generaltype=1。

破 270 号之一民事裁定书，宣告包商银行破产。[①] 至此，包商银行风险处置工作基本完成。

（三）金融机构被接管对进行中的交易的影响

根据前述金融机构接管的相关规定并结合包商银行被接管后的风险处置实例，金融机构被接管不会必然导致金融机构所达成的交易无效或者交易合同无法继续履行。

首先，从接管的性质来看，金融监管部门对金融机构的接管属于具体行政行为，不能干预和影响行政相对人作为当事人的民事法律关系，并且不属于《民法典》第一编第六章第三节所规定的民事法律行为无效或者可撤销的事由，故该等金融机构所达成的正常交易不因其被接管而无效或者可撤销。

其次，从接管的目的来看，接管问题金融机构的目的和原则是保证该机构的持续、正常运营，接管组会采取一系列措施最大程度地恢复其经营能力、尽早达到审慎监管要求。因此，问题金融机构可能仍然具有一定程度的履约能力，在正常经营交易中并不必然出现被接管的金融机构无法继续履行的情况。

最后，从接管的后果来看，一方面，在对外业务关系上，金融机构被接管后，其客户交易一般不受影响，资金转入、转出等经营活动也正常进行，因此相关业务经营仍然能够带来一定的现金流；另一方面，在法律关系上，除非接管失败且经过破产清算程序后被接管的金融机构最终被裁定破产，否则被接管机构的法人资格将继续存在，其债权债务关系不因接管而变化，金融机构依然可以向债务人主张其合法的债权并得以受偿。

具体到信贷资产证券化领域，如作为委托人、发起机构的金融机构被接管，不一定导致证券化交易不能继续履行，其已发行的信贷 ABS 产品也

---

① 参见全国企业破产重整案件信息网 2021 年 2 月 22 日，https：//pccz. court. gov. cn/pcajxxw/pcgg/ggxq？ id=C28E49134F90EF346B25AAC3042A2695。

不必然因此而终止，但一般需要由资产支持证券持有人大会根据金融机构的实际情况决定是否豁免一些触发事件以及是否采取风险补救措施。

二、非金融机构不存在被接管的强制性规定

在我国，非金融机构并不存在类似于金融机构所适用的、具有行政强制性的接管制度。但是，“接管”一词并非金融行业的专业术语，在企业（非金融机构）的破产程序中也存在“接管”。具体而言，非金融机构的“接管”是指在破产清算、重整或和解程序中，破产管理人管理债务人财产和营业事务的一种行为，管理人的接管行为代表着企业的控制权由债务人转移到了管理人手中。根据《企业破产法》规定，涉及接管的破产程序包括三类——破产清算、破产重整与破产和解。鉴于《企业破产法》第95条①之规定，破产和解程序仅能由债务人自身提出，并且债务人申请和解只能在宣告破产前（包括破产程序开始前以及破产程序进行中），破产和解程序也可能转为破产清算②，加上原始权益人的债权人数量可能较多，因此作为债务人的原始权益人直接申请破产和解的可能性较低，下文仅讨论破产清算和破产重整两种程序。

破产清算是指针对具有不能偿还到期债务且资产不足以清偿债务的企业法人，经债权人或负有清算责任的人向人民法院申请，法院进行破产宣告后对其财产进行变价与分配的法律制度。彻底、公平清理债务人在破产启动前所欠债权人的所有债务，了结债务人与债权人之间的所有债权债务关系，是破产清算的唯一目标与价值，其后果是债务人丧失独立承担民事

① 《企业破产法》第九十五条　债务人可以依照本法规定，直接向人民法院申请和解；也可以在人民法院受理破产申请后、宣告债务人破产前，向人民法院申请和解。

债务人申请和解，应当提出和解协议草案。

② 《企业破产法》第九十九条　和解协议草案经债权人会议表决未获得通过，或者已经债权人会议通过的和解协议未获得人民法院认可的，人民法院应当裁定终止和解程序，并宣告债务人破产。

第一百零三条第一款　因债务人的欺诈或者其他违法行为而成立的和解协议，人民法院应当裁定无效，并宣告债务人破产。

第一百零四条第一款　债务人不能执行或者不执行和解协议的，人民法院经和解债权人请求，应当裁定终止和解协议的执行，并宣告债务人破产。

责任的基础，其进行生产经营服务活动的民事主体资格丧失、消灭。[①]

破产重整是指专门针对可能或已经具备破产原因但又有维持价值和再生希望的企业，经由各方利害关系人的申请，在法院的主持和利害关系人的参与下，进行业务上的重组和债务调整，以帮助债务人摆脱财务困境、恢复营业能力的法律制度。也就是说，达到破产界限的企业并不一定马上被宣告破产，可以依照规定的程序进行重整；重整以允许债务人继续经营、营业为条件，让债务人制订清偿计划，并在一定期限内执行该计划以履行清偿义务。在性质上，重整制度具有债务清理和企业拯救的双重目的。

一旦原始权益人/资产服务机构被宣告破产，SPV 管理人均应当按照法律法规的规定和交易文件的约定向投资者履行相应的信息披露义务。一般根据交易文件的约定，原始权益人/资产服务机构进入破产重整或清算程序后，仍需由资产支持证券持有人大会根据实际情况开会决议是否豁免相应的触发事件、是否采取相应安全保护措施。但是，进入破产重整程序还是进入破产清算程序给证券化交易带来的影响有所不同，资产支持证券持有人大会进行决议时也需将重整或是清算程序的情况纳入考量范围：

（1）如原始权益人开始破产重整程序，与前述第一部分（三）所述的金融机构被接管情形对交易的影响类似，原始权益人进入破产重整程序不会必然导致其已达成的交易无效或者交易合同无法继续履行，并且重整程序的价值之一在于挽救具备重生希望的债务人，原始权益人仍将继续经营其业务，因此在作出相关决议时，还需综合考虑原始权益人进入破产重整程序对基础资产现金流的影响是否有限、可控，原始权益人是否有消除破产原因的可能性。

（2）如原始权益人进入破产清算程序[②]，则说明原始权益人已基本无法

---

① 参见贺小电：《破产法原理与适用》，人民法院出版社 2012 年版，第 13 页。

② 《企业破产法》第七十条第二款规定了破产清算程序与破产重整程序之间的转换，为免疑义，此处的“破产清算程序”仅讨论未转入破产重整程序的破产清算情形。

《企业破产法》第七十条　债务人或者债权人可以依照本法规定，直接向人民法院申请对债务人进行重整。

债权人申请对债务人进行破产清算的，在人民法院受理破产申请后、宣告债务人破产前，债务人或者出资额占债务人注册资本十分之一以上的出资人，可以向人民法院申请重整。

继续经营，此时则需重点考虑采取何种有效的保护措施，如何积极参与破产分配。

对于未来现金流并不依赖于原始权益人持续经营的资产证券化项目来说，原始权益人发生破产重整或者破产清算情形并不会对SPV所取得的基础资产权利或权益造成实质影响；而对于基础资产现金流的产生依赖于原始权益人持续经营的项目来说，原始权益人的破产清算或重整可能导致项目的提前终止。

三、原始权益人的破产或接管可能触发的交易安排

因资产证券化项目中通常由原始权益人继续担任资产服务机构，或项目存在持续购买基础资产的交易安排，以及其他一些原因，即便在基础资产可以实现与原始权益人破产隔离的项目中，原始权益人/资产服务机构的破产也会给项目造成较大的影响。如原始权益人/资产服务机构破产或被接管，可能会触发丧失清偿能力事件、资产服务机构解任事件，进一步触发权利完善事件，还可能导致循环购买期终止（如涉及循环购买安排）甚至SPV提前终止，以下将分别进行阐述。

（一）丧失清偿能力事件

由于原始权益人、资产服务机构丧失清偿能力往往会对资产证券化项目的正常存续造成重大不利影响，具体交易中一般会将该等机构丧失清偿能力事件的发生作为交易安排调整的触发事件。具体而言，交易文件约定的原始权益人、资产服务机构等主体丧失清偿能力事件一般包括：（1）经相关监管机构同意，上述机构向人民法院提交破产申请，或相关监管机构向人民法院提出上述机构进行重整或破产清算的申请；（2）其债权人向人民法院申请宣布上述机构破产且该等申请未在一定期限内被驳回或撤诉；（3）上述机构因分立、合并或出现公司章程规定的解散事由，向相关监管机构申请解散；（4）相关监管机构根据有关法律规定责令上述机构解散；（5）相关监管机构公告将上述机构接管；（6）上述机构不能或宣布不能按

期支付债务，或根据应适用的法律被视为不能按期支付债务；（7）上述机构停止或威胁停止继续经营其主营业务。

（二）资产服务机构解任事件

发生与资产服务机构有关的丧失清偿能力事件，一般会触发资产服务机构解任事件，需召集资产支持证券持有人大会并由大会决议解任资产服务机构和委任替代资产服务机构。即使基础资产本身独立于原始权益人，资产服务机构的替换也不是一件简单的事情：一方面，需寻找符合条件的并且愿意承担资产服务职责的继任机构，替代资产服务机构的报酬机制可能需作出调整并对资产支持证券持有人的利益产生影响；另一方面，对于高度依赖原始权益人系统管理的基础资产而言，如果更换资产服务机构，基础资产相关资料的交接和后续的管理也会面临较大的挑战。因此，在一些项目中会预留后备资产服务机构的机制，当资产服务机构信用评级下降触发相应指标时，则启动后备资产服务机构的委任，以便在将来真正发生资产服务机构解任事件后能够顺利交接，减少对项目的冲击。

（三）权利完善事件

原始权益人/资产服务机构发生丧失清偿能力事件一般会作为权利完善事件的触发条件。目前，市场上大部分项目在基础资产交割时并未向债务人发送债权转让通知，这一方面是为了降低交易成本并借助原始权益人/资产服务机构的经验和资源更好地管理和回收基础资产，另一方面是为了尽可能降低因基础资产转让而对债务人还款意愿可能造成的影响。

当原始权益人/资产服务机构发生丧失清偿能力事件时，原始权益人/资产服务机构的信用风险显著上升，为了确保基础资产与其彻底的破产隔离，避免混同风险、司法风险等不确定风险，需要向债务人、担保人发送权利完善通知，并告知相关义务人直接向 SPV 账户还款；如原始权益人怠于发送通知，则 SPV 管理人根据原始权益人在 SPV 设立时的授权，直接向债务人、担保人发送该等债权转让通知。

在融资租赁债权类项目中，除了发送权利完善通知外，在发生权利完善事件时，可能会要求原始权益人将基础资产对应的租赁物件所有权向SPV转让，以防止其被处置从而导致基础资产回收受到阻碍的风险。但该措施应寄希望于在更早的时间采取（如当原始权益人信用评级降至某级别以下时），因为原始权益人一旦被宣告破产，则租赁物所有权将被视为破产财产而被冻结，原始权益人将不能再将租赁物所有权转移给SPV。

（四）加速清偿事件

在以信贷资产、融资租赁债权等生息资产为基础资产的证券化项目中，通常会设置加速清偿事件，作为对资产池超额收益（资产池利息收入超过资产支持证券利息和SPV相关费用支付所需金额的部分）的调控机制。原始权益人发生丧失清偿能力事件，或发生任何资产服务机构解任事件且在一定期限内仍无法找到合格的继任资产服务机构，一般构成自动生效的加速清偿事件。如何理解加速清偿事件的影响？简言之，在发生加速清偿事件前，超额收益可能会用于储备流动性储备资金、弥补资产池所发生的损失、支付次级资产支持证券期间收益等用途；而一旦发生加速清偿事件，超额收益将全部用于偿付优先资产支持证券的本金和利息，从而加快优先资产支持证券的偿付，避免因资产池情况继续恶化而给优先资产支持证券投资者造成更大的不利影响。

（五）循环购买期的终止

在采用循环购买结构的资产证券化项目中，在循环购买期内，SPV管理人可以使用资产池所产生的现金流向原始权益人继续购买新的基础资产。该种机制主要是为了提高原始权益人的融资效率，也解决了基础资产期限过短而与资产支持证券期限不匹配的问题。如发生原始权益人相关的丧失清偿能力事件，意味着原始权益人持续提供新增资产的能力产生了问题，因此一般会触发循环购买终止事件，结束循环购买期。在此情况下，资产支持证券将早于预计的时间开始摊还，项目很可能提前结束，但由于已经购买的基础资产仍可以产生现金流，除资产服务机构更换等因素可能引发项目不确定性之外，投资者基本不存在实质风险。

（六）专项计划的终止

在一些基础资产现金流高度依赖于原始权益人持续经营的项目（典型的如收费权/收益权类基础资产）中，原始权益人破产或者被接管，将导致资产证券化目的无法实现，交易文件可能约定 SPV 管理人有权宣告 SPV 提前终止，并要求原始权益人回购基础资产或以其他方式对 SPV 财产进行补偿，从而就涉及以下所述措施。

四、SPV 管理人参与原始权益人/资产服务机构破产程序

（一）针对资产服务机构代收的回收款主张取回权或申报破产债权

资产服务机构代为收取基础资产产生的回收款的，根据资产服务合同或其他类似协议的约定，SPV 管理人对资产服务机构享有给付请求权。如前文第七章第三部分所述，如资产服务机构开立专门账户存放基础资产回收款且未与资产服务机构其他财产混同，SPV 管理人可以主张《企业破产法》第 38 条所规定的取回权。① SPV 管理人的取回权未得到支持的，SPV 管理人属于破产法上因合同而产生的债权人，有权针对资产服务机构已收取的回收款申报破产债权。

（二）针对原始权益人合同义务申报破产债权

基础资产为资产收益权的，SPV 管理人对现金流的获取往往依赖于原始权益人的持续经营以及对交易合同的持续履行，原始权益人的破产将导致交易目的难以实现，一些项目中会约定 SPV 管理人有权利要求原始权益人回购基础资产，或宣布项目提前到期且原始权益人应支付基础资产预测

① 《企业破产法》第三十八条　人民法院受理破产申请后，债务人占有的不属于债务人的财产，该财产的权利人可以通过管理人取回。但是，本法另有规定的除外。

的未来全部现金流；即便没有前述约定，原始权益人一般也会承诺对基础资产现金流进行差额补足。由此，SPV 管理人对原始权益人享有要求支付相应款项的债权，SPV 管理人应就此按照破产程序申报破产债权。需注意的是，在此种交易中，如在交易开始时未将作为基础资产产生基础的底层权利（如高速公路收费权、污水处理费收费权等）质押给 SPV 管理人作为原始权益人履行合同义务的担保，则 SPV 管理人只能作为普通债权人申报破产债权，无法就底层权利的清算所得优先受偿。

（三）破产程序中债权人享有的权利

在破产重整或清算程序中，债权人主要享有如下重要权利：(1) 债权申报。债权人在接到人民法院有关债权申报的公告后，在法定的申报期限内进行债权申报，经管理人登记和人民法院确认后，取得债权人的地位。(2) 参加债权人会议享有表决权。依法申报的债权人成为债权人会议的成员，可担任债权人会议主席。依法对破产程序中的有关事项①，如核查债权，通过和解协议、重整计划、债务人财产的管理方案等，享有表决权。(3) 提出对债务人重整申请。债权人在债务人不能清偿到期债务时，可以直接向人民法院提出对债务人进行重整的申请，并在债权人会议上通过重整计划。(4) 参加破产财产分配。债务人被宣告破产后，破产财产的变价方案要经债权人会议通过，破产财产的分配方案也要经债权人会议通过。

① 《企业破产法》第六十一条　债权人会议行使下列职权：
（一）核查债权；
（二）申请人民法院更换管理人，审查管理人的费用和报酬；
（三）监督管理人；
（四）选任和更换债权人委员会成员；
（五）决定继续或者停止债务人的营业；
（六）通过重整计划；
（七）通过和解协议；
（八）通过债务人财产的管理方案；
（九）通过破产财产的变价方案；
（十）通过破产财产的分配方案；
（十一）人民法院认为应当由债权人会议行使的其他职权。
债权人会议应当对所议事项的决议作成会议记录。

破产分配方案确定后，债权人依照分配方案和分配顺序受偿。[①]

（四）SPV 管理人应注意的事项

在破产程序中，债权人会议是代表债权人共同利益，实现债权公平、最大化清偿的基本方式。SPV 管理人应当关注原始权益人/资产服务机构的经营状况、盈利能力，一旦其涉及破产程序，应积极行使作为债权人的相关权利，维护投资者利益，具体而言：

（1）鉴于破产程序的复杂性，为最大限度保护投资者利益，SPV 管理人应尽早召开资产支持证券持有人大会，将准备采取的措施或方案提交大会审议，包括聘请专业机构协助处理债权申报或其他保全事项。

（2）重视并积极参加第一次债权人会议，因为第一次债权人会议奠定了程序基础，会议内容包括审核债权人申报的债权，一定程度上引导着未来破产程序走向。

（3）除了关注与自身直接相关的利益外，还应当关注破产案件的公共性事务以提高债权的最终清偿率，如破产管理人的费用和报酬虽然并不直接由各债权人承担，但作为公共性的破产费用，占据了相对优先的清偿顺序，影响了普通债权实际获得清偿的金额，因此也需要关注其真实性、合理性和公允性。

（4）鉴于破产管理人在整个破产程序中承担着重要职能，如果 SPV 管理人所享有的债权数额较大而对监督破产管理人有一定需求，必要时应当积极申请参加债权人委员会工作，并重视对破产管理人的更换建议权，持续关注破产管理人是否存在不能依法、公正执行职务或者有其他不能胜任职务情形。

五、总结

总而言之，由于基础资产本身的特性，或原始权益人/资产服务机构在

① 参见安建主编：《中华人民共和国企业破产法释义》，法律出版社 2006 年版，第 153－154、161－164 页。

资产证券化项目存续期的继续参与，原始权益人/资产服务机构被接管或进入破产程序，将使项目的存续以及投资者的利益保护面临不同程度的挑战。

在金融机构所开展的信贷资产证券化项目中，基础资产一般能够实现与发起机构的破产隔离。并且，如金融机构被监管部门指定接管，监管机构一般会协调有实力的机构对陷入危机的金融机构进行重组，并尽可能确保金融机构日常业务的正常运营，金融机构作为资产服务机构仍可继续正常履行资产服务职能。

在非金融机构作为原始权益人/资产服务机构的破产重整或清算程序中，由于破产债务人的流动性已出现严重问题，不同债权人的利益诉求、债务人本身寻求重生的诉求纷繁复杂，SPV 管理人需特别注意根据交易文件的约定采取权利完善措施（或在更早的时候采取这些措施），聘请专业人士协助制定权利保护方案并积极代表 SPV 主张和行使有关权利；如项目仍可以继续存续，则需及时寻找合格的替代资产服务机构，与陷入破产的资产服务机构进行服务的转移和衔接。

第十章　破产隔离的重大案例解析

本章关注的重点问题

- 从两个典型案例来看，原始权益人进入破产程序或基础资产遭遇司法强制措施，对资产证券化产品有哪些影响?
- 在原始权益人存在破产风险的情况下，要求原始权益人追加额外担保是否是一种有效的风险防控措施?
- 在原始权益人破产申请被受理时，专项计划端哪些费用、收益会得到法院的支持?

实现破产隔离是资产证券化最重要的目标和效果之一，但并非所有的资产证券化项目都能够实现完全的破产隔离，基础资产的法律性质、证券化交易结构的不同安排等因素都会对破产隔离效果产生影响。原始权益人进入破产程序或基础资产遭遇司法强制措施，对资产证券化产品有哪些影响？我们通过两个案例进行重点分析。

一、邹平电力破产重整案

（一）案件概要

2015 年 12 月，邹平电力开展资产证券化项目，基础资产为邹平电力在 2015 年 10 月与邹平县供电公司（以下简称邹平供电）签订的购售电合同项下享有的特定期间的购售电合同债权及其从属权利。在此证券化项目中，邹平电力出具了《差额补足承诺函》，承诺发生约定事由后，向专项计划履行差额补足义务；同时，邹平供电针对邹平电力的差额补足义务出具专项计划担保函，提供全额不可撤销的连带责任保证。

2017 年 4 月，邹平电力、邹平铝业分别与专项计划管理人签订抵押合同，担保邹平电力对专项计划差额补足义务的履行。

2017 年 8 月 1 日，邹平县人民法院裁定受理邹平电力、邹平铝业的破产重整申请。之后，破产管理人提起诉讼，请求撤销邹平电力、邹平铝业为邹平电力差额补足义务向专项计划提供抵押担保的行为（以下简称担保撤销案①）。专项计划管理人也对邹平电力提起诉讼，请求确认对邹平电力的破产债权金额（以下简称债权确认案②）。

（二）法院的判决要点

1. 担保撤销案

担保撤销案解决的主要问题是，破产重整前新增的担保在什么情况下

① 山东省邹平县人民法院民事判决书，（2017）鲁 1626 民初 4302 号。
② 山东省邹平县人民法院民事判决书，（2018）鲁 1626 民初 1157 号。

可能被撤销。

邹平县人民法院撤销担保的法律依据为《企业破产法》第31条，该条规定："人民法院受理破产申请前一年内，涉及债务人财产的下列行为，管理人有权请求人民法院予以撤销：……（三）对没有财产担保的债务提供财产担保的……"根据该条规定，撤销担保需审查是否符合以下条件：该担保行为发生于人民法院受理破产申请前一年内；该担保行为属于对没有财产担保的债务提供财产担保。

（1）该担保行为发生于人民法院受理破产申请前一年内。

在担保撤销案中，邹平电力、邹平铝业与专项计划管理人的两份抵押合同签订于2017年4月1日，法院于2017年8月1日受理该二公司的破产重整申请，担保行为发生于法院受理破产申请前一年内。

（2）该担保行为属于对没有财产担保的债务提供财产担保。

首先，第三人提供的保证担保不属于"已有"财产担保。在担保撤销案中，邹平供电针对邹平电力的差额补足义务出具了担保函，以其全部财产提供保证担保，这是否意味着该差额补足义务不属于"没有财产担保的债务"？根据法院查明的事实，邹平供电提供的担保函中并未明确担保财产明细，亦未将需担保的财产到有关部门进行备案登记，且保证担保的义务主体是邹平供电，而非邹平电力、邹平铝业。据此，邹平县人民法院认为案涉情况满足《企业破产法》第31条中的规定，邹平电力、邹平铝业提供的抵押担保应当被撤销。

从法院的判决结果来看，法院认为保证担保并不属于《企业破产法》规定的财产担保。

财产担保通常与纯粹依靠担保人信用的信用担保相对，是指以特定财产担保债务履行的担保方式。而保证担保不指定特定财产，实质上是以保证人合法拥有的所有财产担保债务的履行。

其次，"没有财产担保的债务"中的"债务"包括债务人和第三人的债务。"没有财产担保的债务"中的"债务"是指哪一主体的债务，是破产债务人的债务还是第三人的债务？结合担保撤销案的判决，就邹平电力（破产债务人）而言，邹平电力以自身财产为没有自身财产担保且没有第三人财产担保的自身债务提供担保，属于“对没有财产担保的债务提供财产担保”；就邹平铝业（破产债务人）而言，邹平铝业以自身财产为没有自身财产担保且没有第三人财产担保的第三人债务提供担保，也属于“对没有财产担保的债务提供财产担保”。可见，法院对“债务”作了扩大解释，“债务”包含了债务人和第三人的债务。

那么，破产债务人以自身财产为已有自身或第三人财产提供担保的债务额外增加财产担保，是否可撤销呢？根据案例检索的结果，这种情形也存在被撤销的可能性。例如，在（2017）浙02民终2369号民事判决书中，法院认为“《企业破产法》第三十一条第三项所规定的‘债务’是‘没有财产担保的债务’，但根据前述破产法规定破产撤销权的目的，如果原有债务虽存在财产担保但不足以确保债权得以完全实现，债务人为此另行提供财产担保的情形也应属于该项规制范围之内”；在（2017）苏01民终7543号民事判决书中，法院认为“债务人对有财产担保的债务增加提供财产担保，扩大了债权人优先受偿权的范围，客观上也会导致全体债权人的可分配财产被不正当地减少，根据前述公平受偿原则的精神，也应该予以撤销，因此《中华人民共和国企业破产法》第三十一条第（三）项的规定中应该包括对有财产担保的债务增加提供财产担保的情形”。

2. 债权确认案

在债权确认案中，法院主要根据法律规定与相关合同约定，确定了破产债权的数额。

邹平电力在其出具的《差额补足承诺函》中承诺，“……2、发生违约事件或计划管理人宣布专项计划进入加速清偿程序，资产支持证券提前到期的，邹平电力公司应按照专项计划标准条款及本承诺函的约定承担差额补足义务，邹平电力公司应于资产支持证券提前到期日起十五个工作日内将差额补足款全额划转至专项计划账户；差额补足款为以下四（4）项之和与资产支持证券提前到期日专项计划账户资金余额的差额：（1）专项计划资产处置及清算费用、专项计划应支付的税、资产支持证券上市初费、上市月费、初始登记费、登记注册费、兑付兑息费、计划管理人的管理费、托管人的托管费、监管银行的监管费、其他中介机构费用等所有应付但尚未支付的专项计划费用及税负；（2）优先级资产支持证券未偿本金余额；（3）自上一个权益登记日（含该日，无上一个权益登记日的，为专项计划设立日）至资产支持证券提前到期日（不含该日），优先级资产支持证券未偿本金余额按照票面预期年收益率计算的预期收益；（4）自资产支持证券提前到期日起（含该日），至我司将差额补足款或保证人将履行担保义务的款项全额支付至专项计划账户之日（不含该日），各档优先级资产支持证券以未偿本金余额为基数按该档优先级资产支持证券票面预期年收益率的1.5倍按日计付的收益。……"

法院在判决中分析了两个问题：（1）兑付兑息费、托管费、监管费、优先级资产支持证券预期收益的计算到期日应是哪一日；（2）资产处置及清算费、律师见证费、提前到期日至担保人履行担保义务款项全额支付日优先级资产支持证券的收益、未及时履行差额补足义务的违约金及损害赔偿金是否应当计入破产债权。

对于上述第一个问题，法院以《企业破产法》第46条规定作为依据：未到期的债权，在破产申请受理时视为到期，附利息的债权自破产申请受理时起停止计息。根据该条，兑付兑息费、托管费、监管费及优先级资产支持证券未偿本金余额的预期收益都应于法院受理邹平电力的破产重整申请时到期，即2017年8月1日。邹平电力差额补足义务的"差额"是指专项计划账户内的资金与专项计划费用、优先级资产支持证券的各期预期收益、未偿本金余额之差。在邹平电力破产重整的情况下，该差额补足义务应当于破产申请受理之日被确定，因此，相应的优先级资产支持证券收益也应当计算至破产申请受理之日。

对于上述第二个问题，资产处置及清算费、律师见证费，法院主要依赖证据的关联性与真实性作出判断；根据《企业破产法》第46条第1款规定，优先级资产支持证券收益于破产申请受理日就应当停止计算，提前到期日[①]晚于破产申请受理日，因此提前到期日后优先级资产支持证券的收益都不计入破产债权的金额；根据《差额补足承诺函》，邹平电力履行差额补足义务应当在提前到期日（2017 年 8 月 30 日）之后 15 日内，而 2017 年 8 月 1 日法院就已经受理了邹平电力的破产申请，破产申请受理后，债权人应当在人民法院确定的债权申报期限内向管理人申报债权，按照《企业破产法》的有关规定计算相应的债权数额及其预期收益，因此破产债权中不应包含违约金、损害赔偿金的数额。

将原始权益人的主体评级下调、原始权益人发生丧失清偿能力事件作为加速清偿事件的触发机制是资产证券化中的常见安排，其基本原理在于发生一些风险事件但不足以影响证券兑付时，通过提前回收投资缓释风险。从债权确认案来看，在单一债务人的证券化项目中，如果遭遇债务人“突然”破产，加速清偿机制可能失灵，《企业破产法》的规定会使原始权益人对专项计划承担的义务受到影响。以法院受理破产申请为最重要的分界点，在法院受理破产申请日之后专项计划优先级资产支持证券的收益不能再持续计算。

二、平安大华公司执行异议案

2018 年 6 月 6 日，合肥中院的一份执行裁定书[②]引起了业内的广泛关注和讨论，并被称为“资产证券化破产隔离第一案”，原因在于企业资产证券化的计划管理人针对基础资产提出的权属主张首次得到了司法承认和支持。尽管该案并未涉及原始权益人的破产程序，并且法院对与该案类似的凯迪电力相关的后续其他案件作出了不同的裁决，但该案仍然在很大程度上提升了资产证券化从业人员对证券化资产风险隔离可获得司法认可的信心。

---

① 提前到期日一般系指专项计划发生违约事件之日或计划管理人宣布专项计划进入加速清偿程序之日。

② 参见安徽省合肥市中级人民法院执行裁定书，(2018) 皖 01 执异 43 号。

（一）案情简介

该案中，深圳平安大华汇通财富管理有限公司（以下简称平安大华公司）对合肥中院应合肥科技农村商业银行股份有限公司大兴支行（作为申请保全人，以下简称合肥科农行大兴支行）申请冻结南陵凯迪公司在国网安徽公司3000万元应收账款的行为提出执行异议，称合肥中院冻结支付的3000万元应收账款属于平安大华公司所有。

平安大华公司称，2015年6月12日，平安大华公司作为管理人设立了“平安凯迪电力上网收费权资产支持专项计划”（以下简称专项计划），募集资金11亿元，用于购买包括南陵凯迪公司在内的三家公司自专项计划设立日上月起至2020年6月12日止的电力上网电费收费权。平安大华公司与南陵凯迪公司于2015年4月签订了《基础资产买卖协议》，购买了南陵凯迪公司自专项计划设立日上月起至2020年6月12日止从国网安徽公司收取电费及各种补贴的权利，并已按照协议支付了全部对价，且于2015年11月在中国人民银行征信中心对应收账款转让事宜办理了动产权属统一登记。

合肥科农行大兴支行辩称，案涉的3000万元电费及补贴不属于平安大华公司管理的该专项计划，理由包括：（1）平安大华公司没有将对价全部支付至《基础资产买卖协议》约定的账户，而是将部分价款支付到隆回凯迪公司等账户，按照该协议约定，基础资产归属于专项计划所有的条件尚不具备；（2）《基础资产买卖协议》约定在监管银行将电费收入划入专项计划账户后，该笔款项的所有权才归属专项计划所有，划转之前仍属南陵凯迪公司所有；（3）《基础资产买卖协议》约定转让标的只是电力电费上网收费权，不涉及国家补贴。

（二）法律争议焦点分析

1. 争议焦点一：基础资产的法律性质是合同债权还是收益权？

（1）争议双方对基础资产的权利主张及根本分歧。

合肥中院认为，该案的关键在于平安大华公司对于其要求国网安徽公司协助冻结的南陵凯迪公司自2018年5月18日起至2021年5月17日止应支付的电费及补贴3000万元是否享有权利，以及如果享有权利，则是否属于足以排除执行的权利。

平安大华公司为证明其已取得案涉电力上网收费权，从多个方面进行了事实陈述和举证，包括但不限于：专项计划说明书、标准条款、基础资产买卖协议所载明的基础资产买卖交易事实，在基础资产买卖协议签署前就电力上网收费权转让事宜征得国网安徽公司的同意，支付基础资产转让对价的凭证，就基础资产转让事宜在中国人民银行征信中心办理动产权属统一登记的证明，在凯迪生态主体信用等级降级后平安大华公司向国网安徽公司发送的权利完善通知等。

相反，合肥科农行大兴支行辩称，《基础资产买卖协议》约定在监管银行将电费收入划入专项计划账户后，该笔款项的所有权才归属专项计划所有，划转之前仍属南陵凯迪公司所有。

这两种观点的根本分歧在于对基础资产性质的认定。如基础资产属于债权，则基础资产一旦发生转让，即使尚未通知债务人，也将在转让方和受让方之间发生法律效力，基础资产不再属于转让方财产而归属于受让方，受让方有权对法院因转让方债务而对基础资产进行的查封、冻结等执行行为提出排除执行异议。但若基础资产属于资产收益权（这在基础设施收费权类的资产证券化项目中比较常见），则相当于转让方向受让方作出了一项承诺，承诺将会把基础资产产生的现金收益交付给受让方，但受让方并未取得对债务人的债权；在转让方实际将现金收益交付给受让方之前，该现金收益的所有权仍归属于转让方，受让方就该现金收益仅享有请求支付的债权，该债权无法排除法院依据其他债权人的申请所作出的执行行为，即资产收益权的转让无法对抗法院的强制执行。在资产收益权转让交易中，往往会并存一项安排，即转让方将未转让给受让方的收益权所附着的基础权利（如基础设施收费权、特许经营权等）质押给受让方，以此限制转让方对基础权利的再次处分；同时，若转让方未按约定向受让方交付该收益权所对应的现金收益，受让方还可以作为质权人行使对基础权利的质权，从而就该等现金收益获得优先受偿，但该质权亦无法排除其他债权人对基础权利申请的强制执行。在资产收益权转让交易中，由于不涉及债权转让，往往不会在中国人民银行征信中心办理应收账款转让登记，也不会约定在特定情形发生后向债务人发送权利完善通知，要求债务人直接还款给受让方。

（2）人民法院将基础资产定性为合同债权。

本案中，《专项计划说明书》“定义条款”第28条对“基础资产”的定义为：“系指原始权益人在专项计划设立日转让给计划管理人的、原始权益人由于从事生物质发电业务而依照相关法律法规和合同约定而享有的自专项计划成立之日上月起至2020年6月止获得电费收入所对应的电力上网收费权。”根据“定义条款”第29条约定，“电费收入”系指在专项计划存续期间，基于基础资产产生的由国网湖南省电力公司、国网安徽公司、国网湖北省电力公司根据相关法律法规和其与原始权益人签署的《并网经济协议》《购售电合同》等合同的约定应当向原始权益人支付的全部现金流回款，包括但不限于电费、可再生能源补贴、调峰及停机补偿等产生的一切相关现金收入。

单纯从专项计划文件对基础资产的定义来看，并不能清晰判断基础资产属于债权还是收益权，而“获得××收入”这样的表述反而常常出现在关于收益权的定义中，笔者认为“基础资产”定义中未直接明确债务人或付款义务人，而对“电费收入”另作定义可能是由于其中的可再生能源补贴的最终来源是政府可再生能源发展基金，电力公司仅是起到支付通道的作用而已，因此未将原始权益人就可再生能源补贴享有的权利界定为对电力公司的债权。

执行裁定书的内容也并未提到平安大华公司明确主张其享有的基础资产权利为债权；相反，在该项目的交易安排中，平安大华公司与南陵凯迪公司既办理了应收账款的转让登记，又办理了应收账款质押登记，这为对基础资产性质的判断进一步造成了疑惑。而合肥中院要确定平安大华公司所享有的基础资产权利是否足以排除合肥科农行大兴支行所申请的执行，需对基础资产的性质进行分析判断。

合肥中院认定平安大华公司以支付11亿元对价的方式，受让取得了包括南陵凯迪公司在内的三家原始权益人自2015年5月起至2020年6月止因生物质发电自国网安徽公司等三家电力公司应取得的电费、可再生能源补贴、调峰及停机补偿等产生的一切相关现金收入债权。促使法院将平安大华公司所取得的基础资产定性为债权的因素，除了专项计划文件关于基础资产的定义外，可能主要还有以下几点：（1）原始权益人与平安大华公司达成电力上网收费权资产证券化的意向后，南陵凯迪公司向国网安徽公司进行了请示，2015年3月25日，国网安徽公司回复南陵凯迪公司，同意配合南陵凯迪公司依法转让电力上网收费权。（2）交易安排中含有在发生特定情形后向付款方发送权利完善通知并改变现金流归集路线的安排，这是典型的债权转让的交易安排。从项目实际执行情况来看，当凯迪生态主体信用等级被评级公司下调至C后，2018年6月14日，平安大华公司向国网安徽公司送达《关于〈平安凯迪电力上网收费权资产支持专项计划〉的权利完善通知》，要求国网安徽公司将电力上网收费收入款项直接支付至平安大华公司指定账户。该交易安排也是南陵凯迪公司需要提前向国网安徽公司进行请示取得其配合的原因。作为对比，在收益权转让交易中，由于转让交易并不向债务人披露，且不需要债务人的配合，因此一般不需要提前征求债务人的意见。（3）平安大华公司与南陵凯迪公司在中国人民银行征信中心做了应收账款转让的动产权属统一登记——初始登记。

最终，法院认为，平安大华公司对案涉执行标的所提出的执行异议，符合《执行异议规定》第25条第1款第5项规定的排除执行的情形①，依

① 《执行异议规定》第二十五条第一款　对案外人的异议，人民法院应当按照下列标准判断其是否系权利人：

（一）已登记的不动产，按照不动产登记簿判断；未登记的建筑物、构筑物及其附属设施，按照土地使用权登记簿、建设工程规划许可、施工许可等相关证据判断；

（二）已登记的机动车、船舶、航空器等特定动产，按照相关管理部门的登记判断；未登记的特定动产和其他动产，按照实际占有情况判断；

（三）银行存款和存管在金融机构的有价证券，按照金融机构和登记结算机构登记的账户名称判断；有价证券由具备合法经营资质的托管机构名义持有的，按照该机构登记的实际出资人账户名称判断；

（四）股权按照工商行政管理机关的登记和企业信用信息公示系统公示的信息判断；

（五）其他财产和权利，有登记的，按照登记机构的登记判断；无登记的，按照合同等证明财产权属或者权利人的证据判断。

法应予支持。

2. 争议焦点二：在同时存在应收账款转让登记、应收账款质押登记时，应如何认定交易性质？

本案中，虽然合肥科农行大兴支行未针对平安大华公司与南陵凯迪公司就基础资产办理应收账款质押登记这一情形提出任何抗辩，法院为了对交易性质作出判断，从而确定平安大华公司对执行标的所享有的权利性质，不可避免地对这个问题进行了论证。

合肥中院详细审查了《基础资产买卖协议》等交易文件关于基础资产买卖合意和价款支付方式的约定，并结合《基础资产买卖协议》签署前向付款方国网安徽公司征求意见、协议签署后办理应收账款转让登记，以及后续平安大华公司向国网安徽公司发送权利完善通知等事实，作出如下认定："虽然，就案涉债权，平安大华公司和南陵凯迪公司既办理了'应收账款转让登记'，又办理了'应收账款质押登记'，但结合前述三份合同，认定双方当事人就案涉电费及补贴，平安大华公司和南陵凯迪公司之间形成的是债权转让关系而非质押担保关系是双方当事人的真实意思表示，平安大华公司在受让债权后，又将自己设定为该债权的质押权人的行为无效。"

该项目中当事人同时办理了应收账款转让登记和应收账款质押登记，这种安排在收费权类资产证券化项目中并非孤例，大概是由于《民法典》颁布前中国法上债权转让对抗第三人的问题处于法律真空状态。虽然中国人民银行征信中心作为应收账款质押登记的指定登记部门同时也可以提供应收账款转让登记的公示服务，且2017年中国人民银行修订《应收账款质押登记办法》（已失效）时在该办法中增加了应收账款转让登记的规定，但该转让登记缺乏上位法的依据，因此其登记效力处于不确定状态。以该项目为例，如果平安大华公司和南陵凯迪公司仅办理了应收账款转让登记而未办理应收账款质押登记，且该转让事实未通知债务人国网安徽公司，则该转让登记很可能仅起到事实上的公示效果，假使南陵凯迪公司在将基础资产转让给专项计划后又将同一基础资产转让或质押给了第三人，关于平安大华公司与第三人之间就基础资产的权利孰优孰劣，理论上和司法实践中均存在争议。而在同时办理应收账款质押登记的情况下，平安大华公司可以主张第三方在存在应收账款质押登记的情况下仍受让应收账款或接受质押，由于应收账款质押登记是一种法定的质权公示方式，第三方理应查询和知晓该应收账款存在质权，未经质权人同意不得转让，因此其不属于善意第三人，且其受让或质押行为在后，因此不能对抗平安大华公司。

《民法典》颁布后，其在“保理合同”章第768条规定了同一应收账款多重保理的优先效力规则，且《担保制度司法解释》第66条第1款规定了同一应收账款同时存在保理、应收账款质押和债权转让时可参照《民法典》第768条确定优先顺序。虽然该等规定的解释和适用仍存在一定争议，但债权转让对抗第三人的规则已不再是一片空白。在目前的资产证券化实践中，应当不再会考虑就基础资产同时办理应收账款转让登记和质押登记了。

（三）案例评析

1. 本案的积极意义与局限性

本案被业内称为“资产证券化破产隔离第一案”，其特殊意义在于：在企业资产证券化开启以来的十余年时间中，很多从业人员包括境外投资者对于企业资产证券化交易中基础资产的破产隔离效果都是持怀疑态度的。本案虽然并不涉及原始权益人的破产程序，但是第一次在司法程序中肯定了计划管理人对债权性质的基础资产的权利可以对抗原始权益人的其他债权人；并且，法院在处理基础资产的性质认定和交易性质认定的问题上的分析思路对类似案件的处理及项目交易结构的设计具有较大的参考价值。

然而，应认识到，本案的积极效果具有一定的局限性，不应当过度放大。首先，不同基础资产类型具有差异性，其所能够实现的破产隔离效果也会呈现出差异，因此计划管理人或投资者在对项目风险进行判断以及选择相应的风险缓释措施时应充分认识到具体项目中基础资产的法律特点。其次，就本案所涉及的电力上网收费权或其他继续性合同债权而言，无法从根本上实现与原始权益人的破产隔离，因为债权的实现依赖于原始权益人的持续经营或对基础合同的持续履行。根据《企业破产法》第 26 条[①]、第 61 条[②]的规定，人民法院受理关于原始权益人的破产申请后，破产管理人经人民法院或债权人会议许可可以决定停止原始权益人的营业。根据《企业破产法》第 18 条[③]、第 69 条[④]的规定，管理人对破产申请受理前成立而债务人和对方当事人均未履行完毕的合同有权决定解除或者继续履行，管理人如果决定继续履行合同还需要及时报告债权人委员会，且对方当事

---

① 《企业破产法》第二十六条　在第一次债权人会议召开之前，管理人决定继续或者停止债务人的营业或者有本法第六十九条规定行为之一的，应当经人民法院许可。

② 《企业破产法》第六十一条　债权人会议行使下列职权：

（一）核查债权；

（二）申请人民法院更换管理人，审查管理人的费用和报酬；

（三）监督管理人；

（四）选任和更换债权人委员会成员；

（五）决定继续或者停止债务人的营业；

（六）通过重整计划；

（七）通过和解协议；

（八）通过债务人财产的管理方案；

（九）通过破产财产的变价方案；

（十）通过破产财产的分配方案；

（十一）人民法院认为应当由债权人会议行使的其他职权。

债权人会议应当对所议事项的决议作成会议记录。

③ 《企业破产法》第十八条　人民法院受理破产申请后，管理人对破产申请受理前成立而债务人和对方当事人均未履行完毕的合同有权决定解除或者继续履行，并通知对方当事人。管理人自破产申请受理之日起二个月内未通知对方当事人，或者自收到对方当事人催告之日起三十日内未答复的，视为解除合同。

管理人决定继续履行合同的，对方当事人应当履行；但是，对方当事人有权要求管理人提供担保。管理人不提供担保的，视为解除合同。

④ 《企业破产法》第六十九条　管理人实施下列行为，应当及时报告债权人委员会：

（一）涉及土地、房屋等不动产权益的转让；

（二）探矿权、采矿权、知识产权等财产权的转让；

（三）全部库存或者营业的转让；

（四）借款；

（五）设定财产担保；

（六）债权和有价证券的转让；

（七）履行债务人和对方当事人均未履行完毕的合同；

（八）放弃权利；

（九）担保物的取回；

（十）对债权人利益有重大影响的其他财产处分行为。

未设立债权人委员会的，管理人实施前款规定的行为应当及时报告人民法院。

人有权要求管理人提供担保，管理人不提供担保的，视为解除合同。结合本案而言，如果南陵凯迪公司进入破产程序，根据上述约定，原有的《购售电合同》可能无法继续履行或者被解除，则专项计划资产会因此遭受损失。

2. 在以收益权作为基础资产进行资产证券化时，应注意风险隔离机制的设计

在资产证券化项目中，电力上网收费权或基础设施类收费权并非均属于合同债权，更多的是收益权。在项目进行交易结构设计时，应根据收费权的特性及相关基础合同的约定等因素，合理界定基础资产的性质，以更好地实现风险隔离目标。

收益权并非一种法定的财产权利类型，在多数情况下是转让方和受让方在基础权利上以合同方式创设的一种权利，即收取基础权利所产生的收益的权利。根据约定，转让方负有将基础权利所产生的现金收益交付给受让方的义务，因此其实际上是受让方对转让方的一项债权，其权利的实现，一方面依赖于转让方的持续经营或持续履行基础合同，以便产生足够的现金流，另一方面也依赖于转让方持续履行其在收益权转让合同下的转付义务。在转让方转付收益权所对应的现金流之前，即使现金流已经产生，受让方对该等现金流的权利也很难对抗转让方的其他债权人，因此难以对抗法院的冻结或扣划；在转让方破产的情况下，收益权项下现金流回款存在被认定为转让方破产财产的风险。当然，特殊情况下，如收益权项下现金流回款被存放于转让方专门开立的监管账户，且该账户资金没有与转让方的其他资金混同，不排除法院仍可能支持受让方对该等资金的所有权。

本书第四章已详细论述了收益权的特点。在某些情形下，将收益权作为资产证券化的基础资产，是不得已的选择。例如，学校、医院等机构的将来收费收入，在转让时点并无现成的基础合同作为支撑，因此现阶段并不存在真实的债权，无法以债权作为基础资产。又或者，收费权本身不具有可转让性（包括依据法律规定不得转让，或相关基础合同存在对收费权的转让限制①)，转让方如果直接转让收费权，则会面临转让无效②或者转让方对基础合同对方当事人（债务人）违约的风险。但是，如果基于对基础资产特点及尽职调查结果的判断，将基础资产界定为合同债权或法定债权是可行的，则应考虑在交易文件中对基础资产的性质作出较为明确的界定，并设计相应的配套交易安排，如应收账款转让登记、债权转让通知等，以免引起不必要的争议，更好地实现与原始权益人的风险隔离。

3. 应注意资产买卖合同合法有效与基础资产和原始权益人有效隔离的区别

对于非法律专业人士而言，可能比较难理解资产买卖合同的生效和资产发生转移是存在关联但又彼此不同的两件事情。举个比较容易理解的例子，双方签订了房屋买卖合同并且合同生效，但房屋并不因合同生效就自然而然地归属受让方所有，而是需要办理不动产转让登记才能完成房屋权属的转移。在法律理论上将订立合同的行为称为债权行为，将办理房屋转让登记的行为称为物权行为，物权行为独立于债权行为。这个例子可以类推到其他的资产类型，如股权、债权、有限合伙份额、信托受益权等。因此在资产证券化交易中不仅要关注基础资产买卖合同的生效条件，也要关注基础资产转移的生效条件，后者往往包括基础资产清单的交割或者基础资产购买价款的支付。

更重要的是，如前面所反复强调的那样，基础资产能否实现破产隔离的效果，还取决于基础资产本身的法律性质以及交易结构的安排是否构成

---

① 《民法典》第五百四十五条第一款　债权人可以将债权的全部或者部分转让给第三人，但是有下列情形之一的除外：

（一）根据债权性质不得转让；

（二）按照当事人约定不得转让；

（三）依照法律规定不得转让。

② 在《民法典》生效后，因基础合同限制债权转让而导致转让无效的风险已经大大降低。因为《民法典》第545条第2款规定："当事人约定非金钱债权不得转让的，不得对抗善意第三人。当事人约定金钱债权不得转让的，不得对抗第三人。"在资产证券化交易中，基础资产往往为金钱债权，即使基础合同限制债权转让，该约定也不得对抗受让方，但转让方可能因此对债务人承担违约责任，并且债务人对受让方的履约配合意愿可能也比较低。

真实出售。就法律规定比较清晰的权利类型（如债权、股权、物权）而言，往往能够根据法律规定对基础资产的风险隔离效果作出较为准确的判断，但同样需要区分资产的特殊类型进行具体的分析。例如，在融资租赁债权作为基础资产的情况下，由于租赁物的所有权归属于出租人/原始权益人，即便融资租赁债权属于金额、期限较为特定的既有债权，也可能受到原始权益人破产的影响；又如，工程项目中的质保金债权，由于其付款条件的成就受到工程进度、质量等因素的影响（转让方本身在基础合同项下的债务尚未履行完毕），在过去相当长时间内交易所是不接受其作为入池基础资产的。目前，根据《上交所挂牌确认指引2号》① 的规定，上交所已经有条件地放开了对该类基础资产的限制。而就收益权类资产而言，由于绝大多数情况下收益权的权利内涵取决于当事人之间的合同约定，法律或司法解释未对该类权利的特征、效力等作出统一规定，因此交易各方应当认识到其存在的法律风险，并尽可能通过风险缓释措施降低相关风险。

总之，基础资产买卖合同生效并不等同于基础资产与原始权益人自身风险进行了有效的隔离，还是需要根据基础资产性质和具体交易安排进行具体分析。

---

① 《上交所挂牌确认指引2号》第3.2.2条第三款、第四款　以工程质量保证金或与工程质量保证金具备同样属性的资产作为基础资产入池的，可豁免本指引第3.1.2条第一项有关“原始权益人已经遵守并履行了基础资产所对应的任一份合同项下的义务”的要求，但应当符合下列要求：

（一）基础资产若为工程质量保证金，原则上应当符合《建设工程质量保证金管理办法》《建设工程质量管理条例》等相关工程质量规定，建设工程的保修范围、保修期限、保修责任等应当明确；

（二）基础资产回款期限应当与资产支持证券期限匹配；

（三）相关合同关于基础资产的扣除情形、返还条件、时间及金额等约定应当明确；

（四）维修义务的责任主体、维修义务涉及的资金来源等应当约定明确，并就维修义务人未能按照工程建设合同约定履行维修义务等违约情形设置相应的风险缓释措施，包括资产赎回和置换、向专项计划出具保函等；

（五）基础资产原则上应当以竣工项目的工程质量保证金为主。承包人报告期内工程建设及维修履约情况良好、质保金回收率情况良好的，可豁免本项要求。

未竣工项目的工程质量保证金入池的，管理人应当取得原始权益人出具的关于将按照工程合同约定尽责履行未完成的工程施工的承诺函，并就涉及争议、纠纷项目的基础资产、未能按期竣工验收项目的基础资产设置不合格资产赎回或置换等机制。

三、邹平电力破产重整案与平安大华公司执行异议案的比较分析

资产证券化最重要的效果就是实现破产隔离，如果基础资产实现了完全的破产隔离，那么SPV将不受原始权益人破产的影响，SPV财产将获得完全的独立性。与平安大华公司案外人异议案支持了管理人的执行异议请求（确认SPV资产的相对独立性）不同，邹平电力破产重整案并未对基础资产与原始权益人的破产隔离问题进行任何论述，这在一定程度上说明了这一类基础资产在证券化交易中存在的问题。

（一）继续性合同的特点

继续性合同，指合同的内容并非一次给付可以完结，而是继续地实现的合同，时间因素在债的履行上居于重要地位。购售电合同债权就是一种典型的继续性合同债权。一般而言，发电企业与供电公司签订的购售电合同会约定上网期间，以及这段期间供电上网及电费结算方式。债权总额取决于发电企业在此期间实际上网供电的总额。因此，当发电企业将购售电合同债权作为基础资产转让至专项计划时，持续的现金流依赖于发电企业持续地发电，持续地履行其在购售电合同中的义务。

（二）平安大华公司执行异议案——执行程序中的继续性合同债权

平安大华公司案外人异议案是在第三人执行案中，确认了SPV财产的相对独立性。

该案涉专项计划原始权益人正常存续，不存在特殊情况。基础资产为购售电合同债权，基础资产转让给专项计划已通知债务人，该转让也在中国人民银行征信中心进行了应收账款转让登记。在原始权益人与其另一位债权人的执行案中，法院将专项计划项下的应收电费确认为该执行案的执行标的。专项计划管理人从基础资产独立性的角度提出执行异议，主张专项计划就案涉购售电合同债权拥有权利。法院认可基础资产转让的法律效果，承认平安大华公司对于案涉应收电费拥有权利。该判决从司法维度表

明，继续性合同债权转让将完全实现债权转让的效果，能够对抗第三人对该债权的权利主张。在正常情况下，该类基础资产能够区别于原始权益人的其他资产，不受原始权益人其他债权债务的影响。

（三）邹平电力破产重整案——破产中的继续性合同债权

在邹平电力破产重整案之债权确认案中，基础资产也是购售电合同债权，但是专项计划管理人并未根据基础资产的独立性主张诉求，而是从《差额补足承诺函》的角度提出了自己的主张。显而易见的是，该案中基础资产并未产生独立于原始权益人的效果。

与平安大华公司案外人异议案不同，债权确认案原始权益人处在破产重整的状态。原始权益人的破产重整对基础资产的影响有二：首先，原始权益人极有可能无法继续履行供电义务，相应的债权无法产生，基础资产不再产生现金流的可能性大大增加。其次，由于继续性合同需要债务人持续履行合同债务，在原始权益人的破产申请被受理时点，购售电合同属于双方均未履行完毕的合同。《企业破产法》第 18 条第 1 款第 1 句规定："人民法院受理破产申请后，管理人对破产申请受理前成立而债务人和对方当事人均未履行完毕的合同有权决定解除或者继续履行，并通知对方当事人。"若购售电合同被解除，购售电合同债权将会消灭。由于继续性合同的性质，其解除后通常并不发生恢复原状的义务，但是解除时点向后的债权债务应当消灭。在这种情况下，基础资产已经不存在了，也就无法保证资产支持证券的偿付。因此，在原始权益人申请破产时，直接要求差额补足承诺人履行补足义务是更直接有效的选择。

邹平电力破产重整案为我们呈现了原始权益人破产时，专项计划可能产生的各种问题，相关的法院判决也为今后相似法律问题的处理提供了参考。

1. 在破产申请受理前一年内，债务人以自身财产提供担保，无论担保的债务是自身债务还是第三人债务，也无论该债务是否已经存在财产担保或者人的担保，如果提供该项担保后客观上致使原有债权人中的个别债权人的优先受偿范围扩大了，则都可能被撤销。

2. 在单一债务人的证券化项目中，加速清偿机制可能在债务人“突然”破产的情况下失灵，因此，对于单一债务人的证券化项目，建议将债务人预期违约纳入加速清偿或提前终止等机制的触发条件，以便及时采取补救措施。

3. 继续性合同债权作为基础资产，由于该债权产生的基础合同需要原始权益人持续地履行，因此无法实现破产隔离效果。当原始权益人破产时，仅靠基础资产的独立性无法保障资产支持证券持有人的利益，计划管理人应当从差额补足承诺等增信措施入手主张权利。这一原则也应适用于未来债权作为基础资产的证券化项目。